ANGELIKA SCHWARZHUBER

Ziemlich bunte Zeiten

Autorin

Angelika Schwarzhuber lebt mit ihrer Familie in einer kleinen Stadt an der Donau. Sie arbeitet auch als erfolgreiche Drehbuchautorin für Kino und TV, unter anderem für das mehrfach mit renommierten Preisen, unter anderem dem Grimme-Preis, ausgezeichnete Drama »Eine unerhörte Frau«. Zum Schreiben lebt sie gern auf dem Land, träumt aber davon, irgendwann einmal die ganze Welt zu bereisen.

Von Angelika Schwarzhuber ebenfalls bei Blanvalet erschienen:

Liebesschmarrn und Erdbeerblues · Hochzeitsstrudel und Zwetschgenglück · Servus heißt vergiss mich nicht · Der Weihnachtswald · Barfuß im Sommerregen · Das Weihnachtswunder · Ziemlich hitzige Zeiten · Das Weihnachtslied · Ziemlich turbulente Zeiten · Das Weihnachtsherz · Ziemlich runde Zeiten · Die Weihnachtsfamilie

Angelika Schwarzhuber

Ziemlich bunte Zeiten

Roman

blanvalet

MIX
Papier | Fördert
gute Waldnutzung
FSC® C014496
FSC
www.fsc.org

Klimaneutral*
Druckprodukt
ClimatePartner.com/14044-1912-1001

Penguin Random House Verlagsgruppe FSC® N001967

1. Auflage

Dieses Werk wurde vermittelt durch die Literarische Agentur
Thomas Schlück GmbH, 30161 Hannover
Redaktion: Alexandra Baisch
Umschlaggestaltung: © Johannes Wiebel | punchdesign,
unter Verwendung einer Illustration von Max Meinzold
LH · Herstellung: sam
Satz: GGP Media GmbH, Pößneck
Druck und Bindung: GGP Media GmbH, Pößneck
Printed in Germany
ISBN: 978-3-7341-1210-2

www.blanvalet.de

Für Leon Johannes.
Mögest Du in einer friedlichen, toleranten und
bunten Welt aufwachsen.

Kapitel 1

Zwei auf einem Turm

»Bitte, Ben …«

»Komm schon!«

»Aber … ich … ich kann nicht mehr!«

»O doch! Du kannst, Ilona!«, feuerte ich sie an.

Ihr lautes Schnauben klang allerdings tatsächlich etwas beängstigend. Sollten wir besser abbrechen? Doch eigentlich hatten wir es fast geschafft.

»Du musst nur noch ganz kurz durchhalten!«, ließ ich deswegen nicht locker.

»Nur … eine … klitzekleine … Pause!«, bat sie und japste vor jedem Wort nach Luft.

»Na gut!«, willigte ich ein. Schließlich wollte ich sie anspornen und nicht riskieren, dass sie mir noch umkippte.

Sie blieb so abrupt auf der Treppe stehen, dass ich fast in sie hineingelaufen wäre.

Als sie sich zu mir umdrehte, war ihr Gesicht knallrot, und der Schweiß rann ihr über die Schläfen, an denen dunkelblonde Haarsträhnen klebten. Sie hielt sich am Geländer fest und schloss die Augen.

»Alles okay?«

Sie nickte.

»Du bist ein Sklaventreiber, Ben Fuchs!«, murmelte sie nach ein paar Sekunden.

»Erstens bist du alles andere als eine Sklavin, meine liebe Ilona Heubach, und zweitens warst du damit einverstanden, dass wir auf den Turm steigen.«

»Weil du nicht lockergelassen hast!«

»Weil du mir dankbar sein wirst, wenn wir da oben stehen. Das wird ein unvergessliches Erlebnis, du wirst schon sehen!«

»Trotzdem – eine Schnapsidee bei 29 Grad schon am Vormittag!«

Womit sie nicht ganz unrecht hatte. Es war erst kurz nach zehn, und mein T-Shirt war jetzt schon durchgeschwitzt. Aber es gab nur diese eine Gelegenheit, und die hatten wir nutzen wollen.

Ilona öffnete wieder die Augen, während zwei junge Frauen in knackigen Shorts und schulterfreien Shirts an uns vorbei nach oben marschierten und sich dabei so locker unterhielten, als würden sie gemütlich durch die Stadt bummeln.

»In meinem nächsten Leben komme ich nicht mehr als unsportliches Moppelchen, sondern als durchtrainierte Sportskanone auf die Welt!«, beschloss Ilona und schaute den beiden seufzend hinterher.

»So unsportlich bist du jetzt auch wieder nicht. Und überhaupt – es gibt einen enormen Spielraum zwischen Sportskanone und Couchpotato, meine Liebe. Du musst es also auch in deinem nächsten Leben nicht so extrem angehen. Außerdem bin ich über die kleine Pause auch ganz froh«, übertrieb ich ordentlich, damit sie sich besser fühlte.

»Du?« Sie lachte ungläubig. Natürlich nahm sie mir das nicht ab.

»Neben der Arbeit im Laden und den vielen Abendveranstaltungen komme ich ja leider kaum mehr zum Trainieren. Und wenn ich endlich mal eine freie Minute habe, dann …«

»Dann bist du ein ziemlich gefragter Babysitter«, vollendete Ilona meinen Satz.

»Genau. Und ich mache das alles auch sehr gern!«, beteuerte ich. Tatsächlich war ich ganz vernarrt in meine Patenkinder und glücklich, möglichst viel Zeit mit ihnen zu verbringen.

Und ich liebte auch meinen Job in Ilonas Delikatessenladen in Prien am Chiemsee. Besonders den dazugehörigen Catering-Service, den wir in fast zwei Jahren erfolgreich ausgebaut hatten.

Obwohl meine Chefin Ilona mit ihren knapp dreiundfünfzig Jahren meine Mutter sein könnte, war sie eher wie eine ältere Lieblingsschwester oder gute Freundin für mich, mit der man in jeder Lebenslage buchstäblich durch dick und dünn gehen konnte.

»Ohne mich wärst du schon längst oben!«, riss sie mich aus meinen Gedanken.

»Ohne dich wäre ich gar nicht hier. Außerdem ist es schöner, mit dir an meiner Seite langsam nach oben zu kommen, als ganz allein schon längst oben zu sein.«

»Für eine philosophische Analyse deiner Worte fehlt mir im Moment die Energie, aber es ist lieb, was du gesagt hast.«

»Und so war es auch gemeint.«

Sie lächelte.

»Komm, bringen wir es hinter uns!«

»Okay!«

Langsam setzten wir uns wieder in Bewegung. Stufe für Stufe.

»Du machst das super!«, lobte ich sie. »Jetzt haben wir es wirklich gleich geschafft.«

Sie hob den Kopf.

»Was … was ist … das denn?«, rief sie ächzend, als sie das letzte Stück sah.

Bis ganz nach oben kam man nur über eine steile Metallleiter und musste zum Schluss noch durch eine Art Luke hinaussteigen. Ein älterer Mann vor uns versuchte gerade, nach draußen zu klettern, blieb aber mit seinem großen Rucksack in dem engen Durchgang stecken. Erst als er wieder zwei Stufen nach unten stieg, den Rucksack abnahm und ihn als Erstes oben aus der Luke schob, klappte es.

»Das kann doch … echt nicht wahr sein!«, schimpfte Ilona und klang genervt.

»Tut mir leid, das hab ich auch nicht gewusst. Wenn du lieber wieder runter …«

»Jetzt wieder runter? Also aufgeben? O nein! Garantiert nicht!«, unterbrach sie mich entschlossen. »Jetzt habe ich mich schon bis fast nach oben gequält, da mache ich doch auf den letzten Metern keinen Rückzieher mehr!«

Ich lächelte. Nichts anderes hatte ich erwartet. Das war eben Ilona, wie ich nicht zum ersten Mal feststellen konnte. Auch, wenn ihre Freundinnen oder ich sie manchmal fast buchstäblich ein wenig anschieben mussten, so stellte sie sich am Ende doch immer ihren Herausforderungen.

»Super! Und zur Belohnung gibt es später ein Eis.«

»Das versteht sich von selbst!«

»Na, dann hoch mit dir!«, feuerte ich sie an. »Soll ich dich zur Sicherheit an den Beinen halten und dann schieben?«

»Nur, wenn du einen Tritt ins Gesicht riskieren möchtest. Ich bin superkitzelig in den Kniekehlen und kann für nichts garantieren, falls du mich dort versehentlich berühren solltest.«

Ich kicherte.

»Das wusste ich ja noch gar nicht!«

»Woher auch? Das posaune ich schließlich nicht in die ganze Welt hinaus.«

»Ich bin jedenfalls gleich hinter dir und pass auf dich auf.«

»Danke!«

»Gerne!«

»Wobei – wenn ich abrutsche und auf dich drauffalle, dann bist du platt wie ein Pfannkuchen und wirst mir wohl kaum mehr helfen können.«

Sie prustete los, und ich lachte ebenfalls bei dieser Vorstellung. Sie besaß einen großartigen Humor und nahm sich auch selbst gern auf die Schippe. Trotzdem wollte ich nicht, dass sie sich immer so klein machte – oder in diesem Fall eher so groß – oder besser gesagt so schwer. Ich mochte sie einfach und wollte, dass sie sich so wohlfühlte, wie sie nun mal war, eine vermeintliche Idealfigur hin oder her.

»Von wegen platt wie ein Pfannkuchen. Ich bin doch kein Krisperl, das nichts aushält!«, hielt ich deswegen dagegen. »Außerdem wirst du nicht runterfallen. Die Leiter hier ist kaum steiler als die Zugleiter zu deinem Speicher. Da bist du schließlich auch noch nie abgestürzt!«

Sie warf mir einen kurzen Blick zu und nickte dann.

»Du hast recht, Ben. Na gut, jedenfalls kannst du von Glück sagen, dass ich meine Beine rasiert habe und heute vor allem keinen Rock trage!«, witzelte sie erneut, während sie in ihren knielangen Shorts langsam die ersten Sprossen nach oben stieg.

»Ich wäre schon nicht gleich blind geworden!«, beteuerte ich, und wir prusteten wieder los. Es war herrlich, mit Ilona albern zu sein.

Schließlich erklomm Ilona das letzte Stück problemlos und völlig ohne meine Hilfe, und wir hatten es geschafft. In über fünfzig Metern Höhe standen wir ganz oben auf dem sogenannten Bell Tower und waren beide überwältigt von dem herrlichen Blick auf die mittelalterliche Altstadt von San Gimignano und die sanften Hügel der Toskana.

»Wow – die Mühe hat sich wirklich mehr als gelohnt!«, schwärmte Ilona, nachdem sich ihr Atem wieder verlangsamt hatte.

»Auf jeden Fall! Man kann sich kaum sattsehen an dieser schönen Gegend.«

»Und wie witzig das ist mit diesen vielen Türmen hier!«

»Man nennt San Gimignano nicht umsonst das Manhattan der Toskana!«

Schon auf der Herfahrt hatte uns die ungewöhnliche Skyline der kleinen Stadt in der Provinz Siena begeistert, die von Weitem tatsächlich ein wenig an New York erinnerte.

»Dabei waren es früher noch sehr viel mehr Türme. Das kann man sich jetzt gar nicht mehr vorstellen! Zweiundsiebzig Geschlechtertürme. Jede einflussreiche Familie wollte damals den höchsten haben!«, erinnerte sich Ilona an die Infos aus dem Reiseführer, und obwohl ihre Stimme am Ende einen etwas schlüpfrigen Tonfall angenommen hatte, verkniff sie sich eine Anspielung über den ewigen Wettbewerb darüber, den größten – in diesem Fall höchsten Turm – zu haben.

Ich ging ebenfalls nicht darauf ein und ergänzte: »Davon sind immerhin noch fünfzehn Türme übrig geblieben.«

Ilona sah sich lächelnd um und seufzte dann zufrieden.

»Danke, dass du nicht lockergelassen hast, Ben.«

»Ich bin mir sicher, du hättest auch ohne mich nicht aufgegeben.«

»Ohne dich wäre ich gar nicht erst auf diesen Turm gestiegen«, erklärte sie.

»Da siehst du mal, wie glücklich du dich schätzen kannst, mich zu haben, liebe Ilona. Ich bin ganz hervorragend darin, dich anzutreiben. Manchmal muss man seine Grenzen ein wenig ausreizen. Nur so kann man seinen Horizont erweitern.«

Sie nickte.

»Und das buchstäblich!«

Schweigend genossen wir eine Weile lang das traumhafte Panorama und machten dann Fotos von der wunderbaren Landschaft.

»Entschuldigung?«, sprach uns in diesem Moment eine junge Frau von der Seite an.

»Ja?« Ich wandte mich zu ihr und einer weiteren jungen Frau um. Es waren die beiden, die uns vorhin so leichtfüßig auf dem Weg nach oben überholt hatten.

»Könntest du vielleicht ein Foto von mir und meiner Schwester machen?«, bat sie mit einem unüberhörbaren hessischen Dialekt, den ich sehr mochte. Offenbar hatten sie mitbekommen, dass auch wir uns auf Deutsch unterhielten.

»Klar!«

»Danke!«

Lächelnd reichte sie mir ihr Handy. »Ich bin übrigens die Pamela.«

»Und ich die Nele«, erklärte die andere und warf schwungvoll ihre dunkelbraune Mähne nach hinten.

»Okay … Dann stellt euch mal auf, Pamela und Nele!«, sagte ich. Mir war vorhin schon aufgefallen, dass die beiden mir immer wieder unmissverständliche Blicke zugeworfen und getuschelt hatten. Doch für einen Flirt waren sie bei mir an der falschen Adresse.

Die Schwestern stellten sich nebeneinander, steckten die Köpfe zusammen und lächelten mit etwas übertriebenem Schmollmund in die Kamera. Ich knipste.

»So. Fertig!«

»Kannst du vielleicht noch welche machen, bei denen wir da drüben stehen?«, bat Nele.

»Sicher.«

Wir gingen auf die gegenüberliegende Seite des Turms, und sie setzten sich erneut in Pose.

Ich bemerkte Ilonas amüsierten Blick und erwartete, jeden Moment einen Kommentar von ihr zu hören, doch zu meiner Überraschung blieb der aus.

»So, das war's!«, sagte ich schließlich, nachdem ich zur Sicherheit gleich mehrere Fotos geschossen hatte.

Pamela kam auf mich zu, und ich gab ihr das Handy zurück. Sie und ihre Schwester sahen sich rasch die Bilder an.

»Super! Danke!«, flötete Nele. »Das war echt ziemlich süß von dir.«

»Kein Ding.«

»Von wo kommst du denn her?«, wollte Pamela wissen, die unsere Begegnung wohl noch ein wenig länger hinauszögern wollte.

»Vom Chiemsee!«, antwortete Ilona, die sich nun doch ins Gespräch einmischte. »Aus Prien, um genau zu sein!«

»Cool! Da war ich mal bei einer Klassenfahrt. Nele und ich kommen aus Kassel.«

»Dort soll es auch sehr schön sein«, meinte ich und überlegte, wie ich die beiden am besten wieder loswerden konnte. Sie machten zwar einen ganz netten Eindruck, doch eigentlich wollte ich hier in Ruhe mit Ilona den Ausblick genießen.

»Vor allem der Bergpark Wilhelmshöhe«, sagte Nele.

»Ich mache gern auch ein Foto von dir und deiner Mutter, wenn du das möchtest«, bot Pamela an.

Meiner Mutter?!

Ilonas Augenbrauen zogen sich bedrohlich zusammen, und sie öffnete schon den Mund, um zu protestieren, da legte ich einen Arm um sie und zog sie an mich.

»Ein schönes Foto von uns beiden wäre doch toll, nicht wahr, mein Liebling?«

Als die Frauen verdutzt aus der Wäsche guckten, fuhr ich fort. »Ilona und ich sind gerade auf Hochzeitsreise«, erklärte ich und gab meiner angeblichen frisch Angetrauten einen liebevollen Kuss auf die Wange.

»Klar, Schatz!«, spielte sie sofort bei meiner Schwindelei mit und schmiegte sich noch enger an mich. »Wobei ich ja immer viel lieber Selfies von uns beiden mache, mein Tiger!« Sie unterstrich ihre Worte mit einem kehligen Gurren.

Ich musste mich zusammenreißen, um nicht laut loszuprusten.

»Ich weiß, mein Kätzchen!«, schaffte ich es dennoch zu sagen und zwinkerte ihr lasziv zu.

Den Schwestern schien es völlig die Sprache verschlagen zu haben.

Ich reichte Pamela mein Handy, und Ilona und ich lächelten breit, als sie ein Foto von uns machte.

Danach schienen die beiden es auf einmal sehr eilig zu haben. Sie verabschiedeten sich und verschwanden durch die Luke nach unten.

»Da haben wir die Schwestern wohl etwas überfordert«, begann Ilona vergnügt. »In ihrer Welt ist es sicher unvorstellbar, dass ein so unverschämt attraktiver junger Mann wie du mit einem Moppelchen wie mir zusammen ist, das vom Alter her tatsächlich deine Mutter sein könnte.«

»Meine liebe Ilona, ich sag dir jetzt mal was: Wenn du nicht einen so tollen Freund hättest und ich auf Frauen stehen würde, dann würde ich bei dir vermutlich tatsächlich in Versuchung geraten … mein Kätzchen!«

Sie verpasste mir einen Klaps gegen die Schultern.

»Autsch!«

»Red keinen solchen Unsinn … Trotzdem süß, dass du das sagst … mein Tiger!«

Wir kicherten erneut, und ich hoffte, dass sie den Spitznamen schnell wieder vergessen würde.

»Schau mal, das Foto von uns beiden ist aber wirklich schön geworden!« Ich zeigte ihr am Handy die Aufnahme, die Pamela gemacht hatte.

»Tatsächlich! Da schaue ich mal nicht aus wie das Michelin-Männchen … Sollen wir es in unsere WhatsApp-Gruppe schicken?«, schlug Ilona vor.

»Das machen wir!«

Vor ein paar Monaten hatten Ilona und ihre beiden besten Freundinnen, die Zahnärztin Zoe und deren Mitarbeiterin Anna, mich zu ihrer exklusiven Chatgruppe hinzugefügt.

»Wir sind so etwas wie die drei weiblichen Musketiere vom Chiemsee – und jetzt haben wir mit dir auch noch unseren hübschen d'Artagnan«, hatte Ilona damals erklärt.

Diese besondere Ehre verdankte ich dem Umstand, dass ich mit allen drei Frauen auf unterschiedliche Weise eng verbunden war:

Ilona war meine Chefin und gute Freundin.

Anna war die Schwiegermutter meines Bruders, und sie kannte mich schon als kleinen Jungen und besten Kumpel ihrer älteren Tochter Leonie, die inzwischen meine Schwägerin war.

Und Zoe – nun, die lebensfrohe Zahnärztin hatte mich zu einem Zeitpunkt, als sie noch davon ausging, künftig eine alleinerziehende Mutter zu sein, zu einem der Paten ihres Sohnes Sebastian gemacht. Inzwischen war sie mit ihrem Zahnarztkollegen Hendrik verheiratet, und die beiden hatten noch einen weiteren Sohn, Tommy, den sie adoptiert hatten, nachdem dessen Eltern bei einem Brand in Uganda ums Leben gekommen waren.

Seitdem ich in der Chatgruppe der drei Freundinnen mitmischte, erfuhr ich die spannenden Neuigkeiten aus erster Hand und holte mir selbst auch immer wieder mal Rat bei den drei Frauen und tauschte mich mit ihnen aus.

Ein eher praktischer Grund, dass sie mich dazugeholt hatten, war sicherlich auch, dass ich häufig als Babysitter für Tommy und Sebastian einsprang. Manchmal auch dann, wenn die drei Freundinnen zu einem gemütlichen Frauenabend in ihrer Lieblingspizzeria Dolce Vita in Prien am Chiemsee verabredet waren. Somit war ich stets über ihre Pläne auf dem Laufenden und konnte gleich Bescheid sagen, ob ich an den besagten Tagen Zeit hatte oder nicht!

Kaum hatten wir das Foto geschickt, kam schon eine Rückmeldung von Anna: *Schönes Foto – Nächstes Mal nehmt ihr mich bitte mit.*

Klar doch!, tippte ich.

Von Zoe kam eine Sprachnachricht:

»Super, dass ihr so eine tolle Zeit habt. Aber jetzt schnell nach Hause mit euch. Tommy und Sebastian brauchen ganz dringend ihren Lieblingsbabysitter Ben!«

Ich drücke auf den Knopf, um ebenfalls eine Sprachnachricht aufzunehmen.

»Hey, Zoe, wir machen uns gleich auf den Heimweg und werden ...«, begann ich, da redete Ilona dazwischen:

»Zuerst werden wir noch ein Eis essen. Hier soll es nämlich das angeblich beste Gelato der Welt geben. Das lasse ich mir gewiss nicht entgehen, nur damit Ben so schnell wie möglich deine Schreihälse verhätscheln kann, meine liebe Zoe!«

»Hör einfach nicht zu, Ilona meint das nicht so!«, fügte ich rasch hinzu.

»Tut sie doch – auch wenn es die süßesten Schreihälse der Welt sind«, beteuerte meine Chefin.

Bevor sie noch mehr sagen konnte, schickte ich die Nachricht ab.

»Das war ja klar, du unersättliche Naschkatze, dass du beim Thema Eis nicht Nein sagen kannst. Aber ich will kein Jammern von dir hören, wenn du wieder zugenommen hast«, schickte Zoe eine neue Nachricht, und im Hintergrund war nun tatsächlich das Schreien des fast sieben Monate alten Babys zu hören.

Ilona nahm mir rasch das Handy aus der Hand und sprach eine weitere Nachricht auf:

»Wenn du mir so kommst, dann werde ich die eingelegten Artischocken, die ich extra für dich mitbringen wollte, selbst essen.«

»Wage es bloß nicht!«, kam es von Zoe zurück. Sie liebte Artischocken.

»Na gut, aber dafür musst du das nächste Essen im Dolce Vita bezahlen. Und jetzt kümmere dich endlich um den kleinen Herrn Petrides!« – das war der Spitzname von Baby Sebastian, der noch aus der Zeit von Zoes Schwangerschaft stammte. »Das kann man ja gar nicht mit anhören, wie der arme kleine Kerl heult! Und gibt ihm und Tommy ein Küsschen von Tante Ilona.«

Die selbst kinderlose Ilona war gemeinsam mit mir Patin des Jungen, und sie liebte den Zwerg wie auch dessen ein Jahr älteren Bruder Tommy, als wären es ihre Enkelsöhne.

Eine weitere Nachricht kam von Zoe zurück:

»Der Kleine schreit nur, weil er sich über den Lautsprecher deine Stimme anhören muss. Und jetzt iss dein Eis, damit du wieder bessere Laune bekommst.«

Ilona grinste und schickte ein Smiley mit Herzchen in die Gruppe.

»Ihr zwei …« Amüsiert schüttelte ich den Kopf und nahm ihr mein Handy weg.

Diese Sticheleien waren allerdings ganz normal zwischen Ilona und Zoe. Während die beiden es total genossen, einander zu foppen und auf die Palme zu bringen, versuchte die harmoniesüchtige Anna immer wieder vergeblich, zwischen ihnen zu schlichten und zu vermitteln.

Kapitel 2

Eiszeit und besondere Wünsche

Nach unten ging es erstaunlich schnell. Die Aussicht auf ein Eis schien Ilona zu beflügeln. Nachdem wir den Turm verlassen hatten, war es zur berühmten Gelateria Dondoli auf der Piazza della Cisterna nur ein Katzensprung.

Ich deutete auf das Schild über dem Eingang des kleinen Ladens, vor dem eine mindestens fünfzehn Meter lange Schlange anstand. Und das bereits am Vormittag. Also gab es mehr Leute, die genau wie wir um diese Tageszeit schon Lust auf Eis hatten.

»Gelato World Champion!«, las ich. »Da bin ich jetzt aber mal gespannt, ob das tatsächlich so gut schmeckt.«

»Ich auch. Chris hat mir erzählt, dass der Besitzer des Ladens einer der besten Gelatiere der Welt sein soll und vielfach für seine Eissorten ausgezeichnet wurde.«

Chris war Ilonas Freund, mit dem sie eine Fernbeziehung führte. Die beiden hatten sich vor knapp zwei Jahren kennengelernt. Damals hatte Ilona zusammen mit Anna und Zoe die Biomanufaktur *Alessia* in der toskanischen Maremma besucht, um die Geschäftsverbindung zu vertiefen. Dabei hatten Ilona und der gebürtige Österreicher Chris sich nach einigen Turbulenzen ineinander verliebt. Da Ilona noch nicht bereit war, ihre

Zelte am Chiemsee abzubrechen, und Chris seine Familie auf dem toskanischen Hof weiterhin unterstützen wollte, pendelten die beiden seitdem regelmäßig alle paar Wochen hin und her. Dies verbanden sie jeweils mit den Lieferungen von Produkten vom Biohof für unseren Delikatessenladen und das Catering.

Dieses Mal hatte ich Ilona zum ersten Mal begleiten dürfen, um mir vor Ort selbst ein Bild zu machen und alle kennenzulernen. Wir hatten vier großartige Tage mit Chris, seiner Schwester Claudia und Alessia, der namensgebenden Mitbesitzerin des Biohofes verbracht.

»Weißt du schon, was du möchtest?«, riss Ilona mich aus meinen Gedanken.

»Noch nicht. Du?«

»Ich auch nicht. Aber was ich sicher weiß, ich nehme drei Kugeln. Immerhin hatte ich heute bis auf einen Cappuccino noch kein Frühstück.«

»Da schließe ich mich an! Eis zum Frühstück – das haben wir auch nicht alle Tage.«

»Umso mehr werde ich es genießen!«

Es dauerte fast zehn Minuten, bis wir in dem überraschend kleinen Laden endlich vor der Theke standen. Die Auswahl war riesig und verlockend, und die Verkäuferinnen hatten alle Hände voll zu tun, die Kundschaft zu bedienen.

Es gab alle möglichen klassischen und auch einige sehr experimentelle Sorten, da konnte einem die Entscheidung wirklich schwerfallen. Doch da hinter uns die Schlange immer länger wurde, blieb keine Zeit für lange Überlegungen.

Ilona bestellte je eine Kugel Vanille, Pfirsich und Limoncello. Ich Schokolade, Brombeere mit Lavendel und Haselnuss. Natürlich in einer knusprigen Waffel.

Mit dem Eis in der Hand spazierten wir die wenigen Meter bis zum mittelalterlichen Steinbrunnen in der Mitte des Platzes und setzten uns auf die Stufen. Schon vor einer Weile hatten sich Wolken vor die Sonne geschoben, und ein leichter Wind war aufgekommen. Dadurch war die Hitze erträglicher geworden.

»Ob es das beste Eis der Welt ist, kann ich natürlich nicht sagen. Aber es ist auf jeden Fall das beste Eis, das ich je gegessen habe«, schwärmte ich und leckte genussvoll über das cremige Haselnusseis.

»Hm. Es ist wirklich richtig, richtig lecker!«, beteuerte Ilona. »Aber das selbst gemachte Kastanieneis, das ich bei meinem ersten Besuch in der Toskana bei Alessia gegessen habe, hat mir noch einen kleinen Ticken besser geschmeckt.«

»Echt?«

»Echt!«

»Vielleicht komme ich beim nächsten Mal auch in diesen Genuss«, meinte ich und leckte rasch über den Rand des Hörnchens, damit mir das schmelzende Eis nicht über die Finger tropfte.

»Oder wir lassen uns das Rezept von ihr geben und probieren es selbst aus. Ich habe doch sowieso vor, mir eine Eismaschine zu kaufen.«

»Falls Alessia das Rezept herausrückt.«

»Ich rufe sie an, sobald wir zurück sind, und frage sie. Aber Alessia ist so ein Schatz – ich bin mir sicher, sie wird nicht Nein sagen.«

»Alessia ist wirklich besonders«, stimmte ich ihr zu. Ich hatte die letzten Tage ziemlich viel Zeit mit der quirligen Italienerin verbracht. Sie hatte mir die Olivenhaine, die Gemüsebeete und Gewächshäuser gezeigt, und wir hatten gemeinsam ein paar neue Rezepte für mediterrane Aufstriche und Antipasti ausprobiert, die Ilona und ich für den Delikatessenladen in großen Stückzahlen orderten. Am meisten Spaß hatten wir jedoch dabei gehabt, für das gemeinsame Abendessen im Patio zu kochen, wobei wir uns gegenseitig Tipps gaben und ein paar besondere Rezepte verrieten.

»Die vier Tage auf dem Hof sind viel zu schnell vergangen«, sagte ich.

Ilona seufzte.

»Ja, wem sagst du das? … Ich wäre auch gern noch länger geblieben.«

Doch die Kundschaft im Laden wollte versorgt und der Cateringservice am Laufen gehalten werden, deswegen waren wir zeitlich leider eingeschränkt.

Vor Kurzem hatte Ilona mit Martina immerhin eine weitere feste Angestellte im Geschäft und zwei flexible Teilzeitkräfte eingestellt, die je nach Bedarf im Laden, aber vor allem beim Catering einsprangen. Nur so war es überhaupt möglich gewesen, dass Ilona und ich die Fahrt nach Italien gemeinsam hatten machen können.

Und wenn ihr Studium es zuließ, half auch Annas jüngste Tochter Emma im Laden mit. Sie war eine leidenschaftliche Hobbyköchin, und ich hatte mit ihr gemeinsam schon unzählige Stunden in der Küche ihrer Mutter verbracht, um für die Familie besondere Gerichte zu zaubern. Emma war wie eine jüngere Schwester für mich und trotz ihrer erst 19 Jahre ein unglaublich kluges Mädchen, mit dem ich mich stundenlang in Gespräche über Gott und die Welt verlieren konnte.

»Hmmm, dieses Limoncello-Eis hat es aber wirklich in sich«, schwärmte Ilona. »Gut, dass wir einen Abstecher hierher gemacht haben.«

Ilonas Freund Chris hatte uns gebeten, auf der Heimfahrt zwei Kisten Olivenöl bei einem seiner Kunden in San Gimignano abzuliefern. Den Gefallen hatten wir ihm natürlich gern getan und den kleinen Umweg gleich mit einem kurzen Spaziergang durch die mittelalterliche Stadt verbunden.

»Ja … Der Blick vom Turm und das Eis waren es wirklich wert. Schade nur, dass wir nicht mehr Zeit haben, die herrliche Gegend hier näher zu erkunden.«

Ilona nickte.

»Wirklich schade. Volterra soll auch eine ganz tolle Stadt sein«, meinte sie.

»Und genau deswegen kommt sie auch auf meine Liste in Kategorie A.«

»Welche Liste? Und was bedeutet Kategorie A?«, fragte sie neugierig.

»Ich führe schon seit Jahren eine Liste, die in drei Kategorien unterteilt ist: Wünsche, die sich realistisch gesehen relativ einfach erfüllen lassen, kommen in Kategorie A. Wünsche, die sich eher schwieriger erfüllen lassen, aber nicht unmöglich sind, kommen in Kategorie B.«

»Und was steht in Kategorie C?«

»Wünsche, deren Erfüllung man selbst nicht beeinflussen kann und die manchmal vielleicht sogar ein Wunder brauchen, um wahr zu werden.«

»Ein Wunder?« Sie sah mich überrascht an.

Ich zuckte mit den Schultern.

»Ja, oder gute Mächte, besondere Umstände, göttliche Fügung oder glückliche Zufälle. Wie immer man es auch nennen mag.«

»Das ist ja spannend. Stehen viele Wünsche in dieser dritten Kategorie?«

»Eigentlich nur ganz wenige.«

»Aber du verrätst sie mir nicht?«

»Natürlich nicht.«

»Kannst du mir zumindest sagen, ob sich davon schon welche erfüllt haben.«

»Einige Wünsche haben sich tatsächlich schon erfüllt.«

Ich musste grinsen, als ich ihren Gesichtsausdruck sah, der mir verriet, dass sie vor Neugierde fast platzte.

»Irgendwie schön, so eine Liste«, sagte sie jedoch nur und knabberte an ihrem Waffelhörnchen.

»Zum Beispiel habe ich mir im letzten Jahr ganz fest gewünscht, dass es bei Zoe mit einer Schwangerschaft klappt«, verriet ich ihr nun doch.

»Das haben wir wohl alle.«

»Und es hat funktioniert. Schneller, als wir das alle für möglich hielten.«

Sie nickte. Wir lächelten und schwiegen dann einige Sekunden.

»Ben?«

»Ja?«

»Könntest du bitte für mich einen Wunsch in Kategorie B setzen?«

»Du meinst, schwierig, aber nicht unmöglich, ihn zu erfüllen?«

»Genau. Ich versuche immer, vernünftig zu sein, aber die Abschiede von Chris fallen mir jedes Mal schwerer.«

»Ich weiß.«

Ich legte ihr einen Arm um die Schultern und drückte sie an mich.

»Ich würde so gern mehr Zeit mit Chris verbringen, aber ich bringe es nicht fertig, den Chiemsee und euch alle zu verlassen und in die Toskana zu ziehen«, meinte sie und seufzte erneut.

»Das verstehe ich! Aber letztlich musst du auf dein Herz hören.«

Ilona lachte trocken.

»Mein Herz ist ein Kasperl. Das kann ich nicht ernst nehmen. Es kann sich nicht entscheiden und will jeden Tag was anderes.«

Ich lächelte aufmunternd.

»Dann bist du eben noch nicht so weit, eine Entscheidung zu treffen. Ich bin mir sicher, irgendwann kommt der Tag, und dann weißt du ganz genau, was zu tun ist. Aber wenn du möchtest, dann kommt das natürlich sehr gern auf meine Liste.«

»Danke. Das wäre echt super!«

Sie schob sich das letzte Stück der Waffel in den Mund, bevor sie sich mit der kleinen Papierserviette die Finger abwischte.

»Und jetzt muss ich noch was mit dir besprechen, das ich nicht mehr länger aufschieben möchte«, sagte sie.

»Was denn?« Ich sah sie neugierig an.

»Seitdem du bei mir angefangen hast, hat das Geschäft sich wirklich super entwickelt. Und das ist maßgeblich auf dein Engagement zurückzuführen.«

»Es macht mir auch echt viel Spaß. Und mit dir als Chefin sowieso«, beteuerte ich und verputzte nun ebenfalls das letzte Stück meiner Waffel.

»Trotzdem. Ben, ich will nicht mehr länger deine Chefin sein!«

»Was?« Ich sah sie verdutzt an. »Du willst mich doch nicht etwa feuern?«, fragte ich in der Überzeugung, dass das ein Scherz sein musste.

Ihr Blick wurde ernst. Sie nickte.

»Doch. Das will ich. Ich möchte nicht mehr, dass du mein Angestellter bist.«

»Aber Ilona …«

Jetzt war ich etwas irritiert. Sie hatte doch eben beteuert, wie zufrieden sie mit meiner Arbeit war.

»Ich will deswegen nicht mehr, dass du mein Angestellter bleibst, weil ich dich gern als gleichberechtigten Geschäftspartner an meiner Seite hätte.«

Nun lächelte sie verschmitzt.

»Was?«

»Natürlich nur, wenn du das auch möchtest! Vielleicht willst du lieber ein eigenes Lokal eröffnen oder Schiffskoch werden oder was weiß ich?«

»Ilona Heubach! Du bist mir vielleicht eine …!«, begann ich, dann grinste ich breit. »Nein! Also, ich meine Nein, ich habe im Moment nicht vor, ein eigenes Lokal zu eröffnen und auch sonst nichts.«

»Und? Willst du einsteigen?«

»Und ob ich das will!«, beteuerte ich. »Stell dir vor, damit erfüllt sich sogar einer meiner Wünsche aus der Kategorie B.«

Ilona grinste.

»Wirklich?«

»Ja! Ich habe sehr gehofft, dass du mir das einmal anbieten würdest. Und ich habe tausend Ideen, was wir noch alles machen könnten. Natürlich habe ich Ersparnisse, die ich ins Geschäft einbringen kann, wenn ich bei dir als Partner einsteige«, erklärte ich eifrig.

»Das besprechen wir alles in Ruhe. Über das Vertragliche werden wir uns sicherlich einig«, meinte Ilona, und ich jubelte innerlich.

»Ich könnte mir keine bessere Geschäftspartnerin vorstellen als dich, Ilona.«

»Dito! Und wenn ich den Laden künftig mit in deinen Händen weiß, dann kann ich vielleicht ab und zu auch mal länger bei Chris bleiben. Zumindest wäre das für meine Beziehung eine Lösung, die mir erst mal ein wenig mehr Zeit mit ihm ermöglichen könnte, bis wir irgendwann dann doch in der Lage sind, eine endgültige Entscheidung zu treffen.«

»Das lässt sich alles machen«, rief ich, und in meinem Überschwang zog ich sie fest an mich und gab ihr einen Kuss auf die Wange.

In diesem Moment verließen Pamela und Nele gerade die Gelateria mit je einem Becher Eis in der Hand. Ich bemerkte ihre Blicke, als sie uns am Brunnen entdeckten.

Sie mussten uns wirklich für ein sehr glückliches Paar halten. Und das waren wir auch. Wenn auch in völlig anderer Hinsicht, als die beiden annahmen. Ilona und ich waren beste Freunde, und in ganz naher Zukunft würden wir auch gleichberechtigte Partner unseres kleinen florierenden Unternehmens sein.

»Ich bin echt so happy, dass du Lust hast!«, sagte Ilona strahlend. »Dann können wir uns ja auf der Rückfahrt schon mal einen neuen Namen für *Ilonas Delikatessenladen* überlegen.«

»Machen wir. Apropos Rückfahrt – vielleicht sollten wir uns jetzt wirklich langsam auf den Weg machen!«, schlug ich vor.

Nach dieser schönen Nachricht konnte ich es kaum mehr erwarten, nach Hause zu kommen und mich in die Arbeit zu stürzen.

»Ja. Lass uns aufbrechen!«

Mit flotten Schritten gingen wir zu unserem Lieferwagen, den wir auf einem Parkplatz ganz in der Nähe abgestellt hatten.

Bevor wir in den Wagen stiegen, der voll mit Olivenöl, Gebäck, Käse, Pasta, diversen Essigsorten, Pesto, Gelees und eingelegtem Gemüse aus dem Biohof und regionalen Weinen war, hatte ich das Gefühl, noch mal etwas sagen zu müssen, und nahm ihre Hand.

»Meine liebe Ilona …«

»Das wird jetzt aber kein Heiratsantrag?«, unterbrach sie mich mit einem gespielt besorgten Blick.

»Nicht ganz«, sagte ich. »Aber vielleicht eine besondere Erklärung, die längst einmal fällig ist … Weißt du noch, vor knapp zwei Jahren, als ich nach meiner Trennung total fertig war?«

»Wie könnte ich das vergessen? Du warst echt ein Häufchen Elend. Wir hatten alle Hände voll zu tun, dich aufzumuntern.«

Diese Beschreibung traf es wohl ziemlich genau.

»Anna und Zoe haben darauf gedrängt, dass ich in deinem Laden einspringe, damit ihr drei gemeinsam in die Toskana fahren konntet. Es war das Beste, das mir passieren konnte. Zu dem Zeitpunkt hätte ich niemals gedacht, wie sehr das mein Leben verändern würde.«

»Und auch meines!«

»Danke, Ilona. Für damals. Und für dein Angebot heute.«

»Ich danke dir, Ben, dass du eingesprungen und bei mir geblieben bist und dass du heute mein Angebot angenommen hast.«

»Ich freue mich echt wie ein Schnitzel auf unsere weitere Zusammenarbeit!«, erklärte ich grinsend.

»Ich mich erst!«

Wir umarmten uns noch einmal ganz fest und stiegen dann in den Wagen.

Kapitel 3

New York

Die Zeit während der Heimfahrt zum Chiemsee verging wie im Flug. Wir besprachen unsere zukünftige Zusammenarbeit als Partner, spannen viele Ideen und grübelten über einen neuen Firmennamen. Wir hatten zwar einige Ansätze, aber eine zündende Idee war nicht dabei.

»Da fällt uns sicher bald was ein«, sagte Ilona kurz vor Mitternacht, nur wenige Kilometer von unserem Ziel entfernt, und gähnte.

»Klar doch. Es eilt ja nicht.«

Auch ich war inzwischen doch schon ziemlich müde und froh, dass wir gleich zu Hause wären. Trotzdem mussten wir noch die Ware aus dem Wagen in den Lagerraum und die frischen Produkte aus der akkubetriebenen Kühlbox, die wir extra für den Lieferwagen angeschafft hatten, in die Kühlung räumen.

Dann verabschiedeten wir uns.

»Gute Nacht, mein zukünftiger Kompagnon!«

»Gute Nacht, meine zukünftige Kompagnera ... oder wie heißt die weibliche Form?«

»Keine Ahnung ... Und das ist mir auch egal. Ich bin jetzt viel zu müde, um darüber nachzudenken!« Ilona gähnte erneut herzhaft.

»Bis morgen, Ilona!«

»Bis morgen, mein Tiger!«

Sie zwinkerte mir zu, ging nach oben in ihre Wohnung über dem Laden, und ich machte mich auf den kurzen Fußweg zu mir nach Hause.

Doch als ich eine halbe Stunde später im Bett lag, konnte ich trotz der Müdigkeit ewig nicht einschlafen und wälzte mich nur von einer Seite auf die andere. Schließlich stand ich auf, holte eine Flasche Bier aus dem Kühlschrank und ging hinaus auf den kleinen Balkon. Es war eine dunkle Nacht, kein einziger Stern war am Himmel zu sehen. In der Toskana war es sehr heiß gewesen, doch hier im Chiemgau war es für fast Ende Juni tatsächlich etwas kühl, und ich zog mir noch rasch einen Pullover über mein T-Shirt. Trotzdem tat die frische Luft nach der knapp zehnstündigen Autofahrt gut. Ich nahm einen großen Schluck Bier und ließ meine Gedanken schweifen.

Ich war begeistert über die Aussicht, bald Mitinhaber des Geschäftes zu sein, und freute mich riesig auf die Herausforderung, die diese neue Position mit sich bringen würde. Gleichzeitig war mir unverhofft auch ein wenig melancholisch zumute. Nicht ganz zwei Jahre waren es her, seitdem ich angefangen hatte, bei Ilona zu arbeiten. Und genau so lange war ich nun schon Single. Die meiste Zeit kam ich super damit klar und hatte ohnehin so viel um die Ohren, dass ich vermutlich gar keine Zeit für eine neue feste Partnerschaft gehabt hätte. Doch in diesem Moment gestand ich mir ein, dass in meinem Leben womöglich dennoch etwas fehlte. Ich fühlte mich einsam. Das war ein Gefühl, das ich normalerweise gar nicht kannte und auch nicht haben wollte. Vielleicht war Einsamkeit ja auch das falsche Wort, und ich sollte es durch den Begriff Sehnsucht ersetzen. Sehnsucht nach einem Menschen, der mich nach diesen paar Tagen ungeduldig erwartet und mit einer Umarmung willkommen geheißen hätte. Wie schön wäre es jetzt, die Freude über die neue berufliche Perspektive mit einem Partner zu teilen und ein wenig zu feiern.

Ich seufzte und fragte mich, ob ich mich überhaupt je wieder verlieben würde. Doch wollte ich das eigentlich? Mich noch einmal auf einen anderen Menschen einlassen, ihm völlig vertrauen und gemeinsam Pläne für die Zukunft schmieden? Und dadurch riskieren, wieder so verletzt zu werden wie bei der Trennung von der – wie ich damals dachte – großen Liebe meines Lebens? Auch wenn ich es mir selbst nicht eingestehen mochte, so hatte ich immer noch daran zu knabbern, wie übel ich damals betrogen und abrupt aus meinem vermeintlich perfekten Leben gekickt worden war.

Natürlich wollte ich nicht als enthaltsamer Mönch leben, aber vielleicht war es ja besser, keine feste Partnerschaft mehr einzugehen, um nicht wieder diesen Schmerz zu riskieren, der mich damals völlig aus der Bahn geworfen hatte.

Ich nahm einen weiteren Schluck Bier und versuchte, die sentimentalen Gedanken zu verdrängen. Eigentlich hatte ich doch auch als Single ein schönes Leben mit all den tollen Menschen, die mir ans Herz gewachsen waren. Mir ging es gut! Richtig gut sogar. Doch trotzdem war da dieses Sehnen …

Ich seufzte wieder und nahm einen weiteren Schluck aus der Flasche.

Sollte ich den Wunsch nach einer neuen Partnerschaft auf meine Liste setzen? So unwahrscheinlich, wie mir das derzeit erschien, kam dafür jedoch höchstens Kategorie C in Frage.

Meine Gedanken wurden von einer Nachricht auf meinem Handy unterbrochen. Sie war von Emma.

Hi, Ben, noch wach?

Hellwach!

Gleich darauf klingelte mein Handy.

»Hey, Hexlein, was ist los?«, fragte ich Annas jüngste Tochter und war froh über die Ablenkung, während ich mit der inzwischen leeren Bierflasche zurück ins Wohnzimmer ging und die Balkontür schloss.

»Ben, es gibt supercoole Neuigkeiten!«, rief die Neunzehnjährige, und die Aufregung in ihrer Stimme war nicht zu überhören.

»Du hast dich verliebt!?«

»Ach was – Tüddeldingskram! Es ist viel viel cooler! Sogar megastisch cool!«

Ich unterdrückte ein Lachen über ihre speziellen Wortneuschöpfungen und machte es mir auf dem cognacfarbenen Ledersofa bequem, das meine Eltern mir bei ihrem Umzug nach Griechenland überlassen hatten. Es stammte noch von meinem Großvater und war eines der wenigen Möbelstücke, die ich nach meiner Trennung von Bernhard in die neue Wohnung mitgenommen hatte.

»Cooler und megastischer, als sich zu verlieben?«, fragte ich.

»Verlieben kann man sich ja ständig. Und überall. Fast jeder Mensch verliebt sich irgendwann, meistens sogar mehrmals. Das ist ja keine Hexerei und etwas völlig Normales. Aber ich werde …« Sie machte eine spannungsgeladene Pause.

»Was denn nun?«

»Halt dich fest! Ich werde mein Studium in München schmeißen und nach New York gehen!«

»Wie bitte – was wirst du?«, fragte ich völlig perplex und rutschte auf dem Sofa ganz nach vorn.

»Brauchst du ein Hörgerät?«, zog sie mich auf.

»Eher ein paar Sekunden Zeit, um das mal eben sacken zu lassen!«

Emma lachte übermütig.

»Du willst wirklich nach Amerika gehen?«

»Yep. Und du musst mir bitte helfen, das meiner Mama und Omi beizubringen.«

Ich schluckte.

»Ich? Das ist jetzt nicht dein Ernst, oder?«

»Doch. Du bist wie ein älterer Bruder für mich, und ich brauch dich, Ben. Wenn du dabei bist, dann fällt es mir nicht so schwer, ihnen zu sagen, dass ich bald für zwei Jahre weg bin.«

»Okay … Dann erzähl mal, Hexlein, wie kam es denn dazu?«

»Gut! Jetzt wirst du aber echt gleich Augen machen!«, warnte sie mich vor.

»Das tu ich jetzt schon. Nachdem du so lange überlegt hast, was du studieren willst, dachte ich, dass Archäologie genau das Richtige für dich ist. Und jetzt willst du das Studium wieder aufgeben?«

»Na ja. Vielleicht ist es eher ein schlechtes Zeichen, wenn man für so eine Entscheidung so lange braucht. Wobei, das Studium macht mir schon auch Spaß.«

»Aber die antiken Kulturen können dich offenbar nicht völlig begeistern?«

»Nicht, wenn ich die Wahnsinnschance bekomme, an einer renommierten privaten New Yorker Musikakademie aufgenommen zu werden.«

Mir verschlug es die Sprache.

»Bist du noch da, Ben?«

»Äh. Ja. Wie kommt das denn jetzt?«, fragte ich ehrlich verblüfft.

»Ich weiß, ich habe immer gesagt, dass ich Musik nur als Hobby machen möchte. Aber das habe ich eigentlich nur gesagt, weil ich Angst hatte, dass mir die Musik vielleicht irgendwann nicht mehr so viel Spaß machen könnte, wenn ich damit meine Brötchen verdienen muss.«

»Und was hat deine Meinung geändert?«

»Letztes Mal an Fasching, da haben wir doch mit unserer Band *Crazyblubb* in *Didis Oberstübchen* gespielt.«

Didis Oberstübchen war eine gemütliche Musikkneipe in der Nähe von Rosenheim, in der regelmäßig Konzerte und kulturelle Veranstaltungen stattfanden.

»Ich kann mich erinnern«, sagte ich, auch wenn ich selbst an diesem Tag nicht dort gewesen war, und ging zum Kühlschrank, um mir noch ein Bier zu holen.

»Tja und da … also da …«, sie zögerte plötzlich.

»Was war da, Emma?«

Sie lachte etwas nervös.

»Na ja. Stell dir vor, an dem Tag war auch Jo bei unserem Konzert.«

»Jo? Du meinst jetzt aber nicht etwa Jo Ranke?«, hakte ich nach.

Jo Ranke war ein international bekannter Komponist und für die Filmmusik zu einem Blockbuster sogar schon einmal für einen Oscar nominiert gewesen. Er hatte viele Jahre sehr erfolgreich in Hollywood gelebt und gearbeitet, bis er vor etwa zwei Jahren zurück in seine alte Heimat an den Chiemsee gekommen und dort in das Haus seiner verstorbenen Eltern gezogen war.

»Doch. Genau den meine ich«, sagte Emma und fuhr schnell fort: »Jo kam nach dem Konzert zu uns und hat uns gratuliert. Er fand unseren Auftritt voll gut. Wir haben uns damals lange unterhalten, und er meinte, dass ich eine ganz besondere Stimme habe.«

»Man muss nicht Jo Ranke sein, um das festzustellen«, beteuerte ich. Emma hatte ihr außergewöhnliches Talent nicht nur als Sängerin in der Band, sondern auch im Schulchor und bei zahlreichen Sologesangsauftritten bei verschiedenen Veranstaltungen gezeigt. Wir alle hatten sie nach dem Abitur fast schon bekniet, eine musikalische Ausbildung zu machen, doch bisher hatte sie das immer abgelehnt.

»Ist dieser Ranke etwa dafür verantwortlich, dass du jetzt nach New York gehen willst?«, fragte ich etwas ungehalten. »Du weißt, dass er für deine Mutter ein rotes Tuch ist.«

Jo war Annas erste große und unglückliche Liebe gewesen, wie ich bei Gesprächen mit den drei Freundinnen erfahren hatte. Nach seiner unerwarteten Rückkehr an den Chiemsee hatte er Annas Gefühlsleben ein zweites Mal ordentlich durcheinandergewirbelt, was zu ziemlichen Verwicklungen geführt hatte.

»Inzwischen findet Mama ihn überhaupt nicht mehr soooo schlimm«, verteidigte Emma ihn. »Und er hat echt was drauf! In seinem Studio …«

»Du warst bei ihm in seinem Studio?«, unterbrach ich sie aufgebracht. Immerhin war Jo Ranke nicht nur für seine Musik, sondern auch dafür bekannt, dass er sich gern mit Frauen umgab, die oft nicht mal halb so alt waren wie er.

»Jetzt krieg dich mal wieder ein, Ben«, sagte Emma, nun

etwas sauer. »Ja. Ich war bei ihm zu Hause in seinem Studio. Aber ich steh ganz bestimmt nicht auf ein Sugar-Daddy-Verhältnis! Traust du mir so was wirklich zu?«

»Eigentlich nicht, aber …«

»Außerdem weiß Jo, wer meine Mama ist«, unterbrach sie mich, »und er verhält sich mir gegenüber total okay. Es ging rein um Musik! Auch wenn viele ihn nicht leiden können, in der Sache ist er ein Vollprofi.«

Ihre ehrliche Empörung beruhigte mich etwas.

»Tut mir leid, Hexlein. Ich will einfach nur …«

»… dass es mir gut geht!«, unterbrach sie mich erneut. »Weiß ich doch. Und das lieb ich ja auch so an dir, Ben. Aber du musst dir wirklich null Sorgen machen.«

»Na gut!«, lenkte ich ein. »Dann erzähl mal weiter.«

»Also, Jo hat mir von dieser Akademie erzählt und dass sie dort in jedem Jahr ein besonderes Stipendium vergeben und man sich auch aus dem Ausland bewerben kann. Er hat mir vorgeschlagen, dass ich es versuchen soll. Ich habe in seinem Studio zwei meiner eigenen Songs und einen Covertitel aufgenommen, und er hat mir auch bei dem Bewerbungsvideo und den ganzen Formalitäten geholfen.«

»Das ist ja wirklich sehr nett von ihm. Aber wieso hast du sonst keiner Menschenseele was davon erzählt?«

»Leo weiß es.«

»Ach ja? Und ist deine Schwester die Einzige?«

»Keine Ahnung, ob sie es Timo gesagt hat. Ich dachte doch nie im Leben, dass ich das Stipendium wirklich bekommen würde. Ehrlich nicht. Aber heute Abend kam der Anruf aus New York. Von über zweihundert Bewerbern haben sie mich ausgewählt, Ben. Stell dir das vor! Mich!«

»Das überrascht mich gar nicht, Emma, du bist nämlich echt gut!«

»Und sie bezahlen mir sogar den Hinflug und ein Zimmer in einer WG mit anderen Schülern der Akademie, also muss ich mich nicht darum kümmern.«

Ich konnte die unglaubliche Freude und Aufregung in ihrer Stimme hören. Und es war ja auch eine echt große Sache, so wie sie das schilderte.

»Das ist wirklich, wirklich, wirklich großartig, Emma! Ich freue mich mega für dich!«

»Danke, Ben.«

Für ein paar Sekunden herrschte Stille, bis sie weitersprach:

»Weißt du, ein klein wenig hab ich schon Bammel davor, aber es ist auch ein ziemliches Abenteuer, oder?«

Ich lachte leise.

»Das ist es bestimmt! Und ein wenig Bammel ist völlig in Ordnung, bei einer so großen Sache. Trotzdem weiß ich, dass du das wuppen wirst, Hexlein.«

»Jetzt muss ich es nur noch Mama und Omi beibringen …«

Das würde nicht ganz so einfach werden, weil letzten Herbst schon Annas Tochter Leo und mein Bruder Timo mit meiner kleinen Nichte Lena Charlotte nach Wien gezogen waren. Obwohl Anna immer versuchte, es zu überspielen, so wussten wir doch alle, wie traurig sie insgeheim darüber war, dass sie ihre kleine Enkeltochter damit nur noch alle paar Wochen sehen konnte. Ich konnte das sehr gut nachvollziehen, denn als Patenonkel hätte ich die kleine Le-Lo, wie ich Lena Charlotte nannte, ebenfalls gern viel öfter gesehen. Wenn nun auch noch Emma für zwei Jahre nach New York ging … Dann würde sie nicht nur Anna sehr fehlen, sondern auch mir. Aber die

Chance, die New York für sie darstellte, war tatsächlich unglaublich.

»Schade, dass deine Schwester nicht hier ist, um uns zu unterstützen. Aber irgendwie kriegen wir das schon hin!«, versprach ich.

Trotzdem war ich mir ziemlich sicher, dass Anna nicht sonderlich begeistert darüber wäre, dass Jo Ranke seine Finger hier mit im Spiel hatte.

Kapitel 4

Dolce Vita

»Auf Ilona und Ben!«, rief Anna am nächsten Tag in der Pizzeria Dolce Vita, und wir stießen mit Pinot Grigio – und Mineralwasser für Zoe, die immer noch stillte – auf die zukünftige Geschäftspartnerschaft an.

Ilona hatte es sich nicht nehmen lassen, ihre beiden Freundinnen Anna und Zoe und mich einzuladen, um unser gemeinsames Vorhaben gebührend zu feiern.

»Das ist wirklich eine super Entscheidung, Ilona!«, sagte Anna und fächelte sich mit der Speisekarte Luft zu, weil sie wohl wieder einmal eine ihrer Hitzewellen vertreiben musste, die sie schon seit Jahren plagten. »Wenn man Ben als Copiloten mit an Bord hat, kann absolut nichts schiefgehen!«

»Sehe ich genauso!« Zoe nickte.

»Danke, ihr beiden!« Ich warf ihnen Luftküsschen zu.

»Ja, das wird alles ganz großartig. Leider haben wir bis jetzt noch keinen passenden neuen Namen für den Laden gefunden!«, meinte Ilona. »Falls euch was einfällt, wir sind für jeden guten Vorschlag dankbar!«

»Das kann doch nicht so schwierig sein«, meinte Anna.

»Ist es aber«, bestätigte ich. »Wir zerbrechen uns schon die ganze Zeit den Kopf darüber.«

Und darüber, wie ich dir am besten beibringe, dass deine jüngste Tochter am Ende des Sommers für zwei Jahre nach Amerika gehen wird, liebe Anna.

Emma und ich hatten die letzte Nacht noch lange über ihre Pläne gesprochen, und ich musste mehrmals versprechen, bis zum Gespräch mit ihrer Mutter und Großmutter Stillschweigen zu bewahren. Ich hatte allerdings keine Ahnung, ob ich das wirklich bis zum Wochenende für mich behalten konnte. Am liebsten hätte ich Ilona eingeweiht und sie um Unterstützung oder zumindest um ihren Rat gebeten, wie wir die Sache am besten angehen sollten.

»Du siehst aus, als ob dir gerade ein passender Name durch den Kopf ginge, Ben!«, riss Anna mich aus meinen Überlegungen und interpretierte meine Miene dabei völlig konträr zu meinen Gedanken.

Ich fühlte mich irgendwie ertappt und schüttelte rasch den Kopf.

»Leider nicht.«

»Wie wär's denn mit *Genießen mit Ilona und Ben*?«, schlug Zoe vor.

»Irgendwie hört sich das etwas schlüpfrig an«, sagte Anna.

»Das würde eher für einen Swingerclub passen!«, meinte Ilona und kicherte.

»*Delikat essen bei Ilona und Ben*?«, überlegte Anna.

Ich zuckte mit den Schultern.

»Ich weiß nicht. Das klingt etwas hölzern.«

»Ach, euch wird schon noch was einfallen!«, meinte Zoe abwesend und warf zum wiederholten Mal einen Blick auf ihr Handy.

»Hey, jetzt entspann dich mal, Zoe!«, sagte Ilona. »Hendrik kommt schon klar mit den Jungs!«

»Hoffentlich.«

»Außerdem ist Paul bei ihm. Die beiden schaffen das schon!«, beruhigte Anna sie. Annas Mann Paul hatte sich mit Zoes Mann Hendrik angefreundet, nachdem der Zahnarzt am Ende des letzten Jahres nach Prien gezogen war.

»Und im Notfall können sie anrufen, und wir sind in ein paar Minuten dort«, erinnerte ich sie.

»Ihr habt ja recht.« Zoe seufzte. »Wer hätte gedacht, dass ich mich mal zu so einer Glucke entwickeln würde?«

»Ehrlich? Kein Mensch!«, meinte Ilona trocken. »Mit deiner überbordenden Fürsorge holst du ja sogar Anna noch ein. Das müssen wir dir dringend wieder austreiben.«

»Unbedingt! Der Titel *Oberglucke* ist schließlich mir vorbehalten«, kommentierte Anna mit einem Zwinkern.

In diesem Moment kam das Essen.

»Einmal gebratener Lachs mit Salat«, sagte Bedienung Hedi und stellte den Teller vor Zoe. »Zweimal Tortellini alla Casa für Ilona und Ben … und die Spezial-Pizza für Anna mit einem besonderen Gruß von Ronaldo.«

Wir warfen einen Blick zur Durchreiche, von wo aus Ronaldo, der Koch im Dolce Vita, uns kurz zuwinkte. Oder besser gesagt, er winkte Anna zu. Für sie hatte er – ganz platonisch – ein besonderes Faible, wie ich inzwischen wusste, und er dekorierte ihr Essen stets ausgefallen fantasievoll. Anna winkte fröhlich zurück.

»Deine Pizza ist echt ein kleines kulinarischen Kunstwerk!«, staunte ich, beeindruckt über die Anordnung von roten, gelben und schwarzen Cocktailtomaten, Salamischeiben, Zwiebelringen und frischem Rucola.

»Ronaldo schafft es immer wieder, mich zu überraschen. Es ist unglaublich, was ihm alles einfällt.«

»Heute hat er sich aber auch geschmacklich mal wieder selbst übertroffen!«, schwärmte Ilona nach dem ersten Bissen.

Ich nickte und musste neidlos zugeben, dass Ronaldo ein Koch war, der sein Handwerk besonders gut beherrschte.

»Und irgendwann finde ich auch noch die Geheimzutat in der Füllung der Tortellini heraus!«, verkündete ich unverzagt. Unverkennbar waren Ricotta, Parmesan, ein Hauch Zitrone und ganz fein gehackte Pinienkerne, alles gebunden mit Eigelb. Doch das war noch nicht alles, und ich kam einfach nicht darauf, was es war.

»Man muss nicht jedes Geheimnis ergründen, Ben. Man kann auch einfach mal nur genießen«, meinte Zoe und schob sich eine Gabel voll Lachs in den Mund.

Doch nachdem das Kochen nicht nur mein Beruf, sondern auch meine Leidenschaft war, hatte ich natürlich den Ehrgeiz, solchen Geschmackserlebnissen ganz genau auf den Grund zu gehen.

Zoe bekam eine Nachricht auf ihr Handy, das griffbereit neben ihrem Teller lag.

»Es ist nicht von Hendrik«, erklärte sie erleichtert. »Jenny hat geschrieben und ein Foto geschickt.«

Jenny war im Januar als Au-pair zu Zoe und ihrer Familie gekommen. Die Zahnärztin hatte das Mädchen ein Jahr zuvor bei einem Urlaub auf den Kapverden kennengelernt und sich mit ihr und Jennys Großmutter Blanca – die von allen Mama Blanca genannt wurde – angefreundet. Zoe hatte das Mädchen nicht nur nach Deutschland geholt, um Unterstützung für ihre Kinder zu haben, sondern vor allem auch, um Jennys Glück ein wenig auf die Sprünge zu helfen, die sie von der ersten Begegnung an ins Herz geschlossen hatte. Das Mädchen hatte bei einem Unfall vor Jahren einen Fuß verloren, und Zoe hatte sich dafür eingesetzt, dass sie hier in Deutschland medizinisch bestens versorgt wurde und vor drei Monaten auch eine Prothese erhielt, mit der sie inzwischen schon ziemlich gut zurechtkam. Doch damit nicht genug. Da Jennys Eltern auf den Kapverden keine Arbeit gefunden hatten, mit der sie die Familie hätten ernähren können, mussten Jennys Eltern schon vor Jahren schweren Herzens die Insel verlassen, um in Lissabon Arbeit anzunehmen und regelmäßig Geld nach Hause zu schicken. Jenny und ihre inzwischen erwachsenen Geschwister waren von Mama Blanca aufgezogen worden. Zoe hatte es Jenny ermöglicht, ihren Urlaub, der ihr als Au-pair zustand, bei den Eltern in Lissabon zu verbringen.

»Was schreibt sie denn?«, wollte Anna wissen.

»Dass sie die letzten Tage mit ihren Eltern noch sehr genießt, sie sich aber schon freut, am Wochenende wieder zu uns zu kommen. Und dass sie Tommy und Sebastian schon sehr vermisst.«

»Mich vermisst sie nicht?«, fragte Ilona gespielt empört und spießte einen Tortellino auf, den sie sich genüsslich in den Mund schob.

»Wenn dann höchstens die kleinen Schokokuchen im Glas, die sie so mag und die du ihr immer mitbringst«, feixte Zoe, und Ilona verdrehte die Augen.

»Schaut mal.« Sie zeigte Jennys Foto in die Runde, auf dem das dunkelhäutige Mädchen am Ufer des Tejo neben ihren Eltern stand und strahlend in die Kamera grinste.

»Sie ist einfach ein Sonnenschein!«, schwärmte Ilona.

Wir nickten alle.

»Ich bin so froh, dass alles so gut geklappt hat«, sagte Zoe. »Mit der Prothese und mit der Reise zu ihren Eltern.«

»Jenny ist ein Glückspilz, weil ihr euch auf den Kapverden begegnet seid«, bemerkte ich, doch Zoe schüttelte lächelnd den Kopf.

»Der Glückspilz bin ich, Ben. Die Begegnung mit ihr und Mama Blanca hat mein Leben endlich in eine ganz andere Bahn gelenkt.«

»Auch wenn das mit deinem Unfall doch sehr drastisch war«, rief Anna ihr in Erinnerung. Tatsächlich war Zoe bei einem schweren Autounfall kurz nach der Begegnung mit Jenny und ihrer Großmutter dem Tod nur mal gerade so von der Schippe gesprungen.

»Aber genau diesen drastischen Auslöser habe ich gebraucht, um mir darüber klar zu werden, dass ich nicht nur ständig darüber nachdenken, sondern schnellstens endlich auch handeln musste, wenn ich in meinem Alter noch eine Familie haben wollte.«

»Bei dir hatte es mit fast dreiundvierzig aber auch schon ganz mächtig Ticktack gemacht«, scherzte Ilona und ahmte dazu mit dem Zeigefinger die passende Bewegung nach.

»Ich fand das ziemlich mutig von dir, Zoe, dass du als damals noch alleinstehende Frau beschlossen hattest, durch eine Samenspende Mutter zu werden«, sagte ich.

Ilona nickte. »Und bei unserer Superheldin Zoe hat es natürlich gleich beim ersten Anlauf funktioniert.«

»Tja – wer kann, der kann.«

»Kommt, wir machen ein Selfie von uns und schicken es Jenny!«, schlug ich vor.

»Gute Idee«, sagte Zoe und nahm ihr Handy.

Wir steckten unsere Köpfe über dem Tisch zusammen und grinsten in die Kamera. Zoe schickte das Foto weg.

»Ist das … Bernhard?«, flüsterte Anna plötzlich, die von ihrem Platz aus die Eingangstür sehen konnte.

Bei diesem Namen schien mein Herz für einen Schlag auszusetzen.

»Ja!« Ilona nickte und murmelte: »Bloß nicht umdrehen, Ben!«

Es kostete mich enorme Überwindung, auf sie zu hören.

»Ist er allein?«, fragte ich, obwohl ich das eigentlich gar nicht wissen wollte. Mein Mund fühlte sich so trocken an, dass ich kaum mehr schlucken konnte. Vor lauter Schreck war mir buchstäblich die Spucke weggeblieben. Rasch nahm ich einen großen Schluck Wein, der jedoch kein bisschen Linderung verschaffte. Ganz im Gegenteil.

»Er ist mit seiner Schwester da!«, murmelte Zoe, und ich fühlte mich etwas erleichtert, dass er nicht in Begleitung eines neuen Partners hier war. Wobei ich, ehrlich gesagt, gar nicht wusste, ob er wieder einen Freund hatte. Ich versuchte stets, Gedanken an ihn sofort zu verdrängen, und war stolz auf mich, dass ich seine Beiträge in den Social-Media-Accounts inzwischen geflissentlich ignorierte.

»Und er hat uns gesehen.« Ilona setzte ein schräges Lächeln auf. Offenbar wusste sie nicht, ob sie ihn grüßen oder so tun sollte, als ob sie ihn nicht gesehen hätte. Sie entschied sich für Letzteres, genau wie Zoe, während Anna in Bernhards Richtung nickte.

»Er kommt doch nicht zu uns an den Tisch, oder?«, fragte ich und ärgerte mich über mich selbst, weil ich der Situation nicht mit der nötigen Gelassenheit begegnen konnte. Der Drang, mich zu ihm umzudrehen, war kaum mehr auszuhalten.

Ilona fixierte einen Punkt seitlich hinter mir.

»Er kommt nicht her, er ist schon da!«, hörte ich da eine nur allzu vertraute Stimme. »Guten Abend zusammen«, begrüßte uns Bernhard freundlich, der inzwischen neben mir stand. »Hi, Ben.«

Du musst jetzt ganz cool bleiben, mahnte ich mich.

»Hi, Bernhard!« Meine Stimme schien um einiges höher zu klingen als normal, doch ich schaffte es irgendwie, mir ein höfliches Lächeln abzuringen. »Hallo, Lisa.« Ich nickte seiner Schwester zu, die etwas hinter ihm stand.

»Grüß dich, Ben!«

Nachdem wir uns also alle begrüßt hatten, herrschte eine peinliche Stille.

»Du hast heute Ruhetag in deinem Lokal, oder?«, fragte Anna schließlich, die wie immer um Harmonie bemüht war.

»Stimmt!«, antwortete Bernhard, der ganz in der Nähe von Prien ein gut gehendes Restaurant der gehobenen Gastronomie führte, in dem ich während unserer Beziehung Küchenchef gewesen war. »Und diesen freien Abend nutze ich gern, um herauszufinden, was die Konkurrenz so alles zu bieten hat«, fügte er hinzu.

Anna nickte.

»Man möchte ja schließlich nicht ständig das Gleiche essen«, sagte sie.

»Eben.«

»Für dich war Abwechslung schon immer besonders wichtig!«, konnte ich mir nicht verkneifen, doch er kommentierte das nicht.

Erneut sagte einen Moment lang keiner von uns etwas.

»Tja, dann lasst euch nicht weiter stören, sonst wird das Essen kalt«, meinte Lisa schließlich, sichtlich bemüht, der unangenehmen Situation zu entfliehen. »Komm, Bernhard, im Nebenzimmer ist noch ein Tisch frei.«

Bernhard nickte.

»Ich komme gleich nach, Lisa.«

Dann wandte er sich wieder mir zu. Seine Gesichtszüge waren mir so vertraut, als hätte ich ihn erst gestern und nicht vor fast zwei Jahren zum letzten Mal gesehen. Gleichzeitig war er mir auch fremd geworden. Mit Erleichterung stellte ich fest, dass ich mir nicht mehr vorstellen konnte, mit diesem Mann zusammen zu sein. Eine gute Erkenntnis.

»Es ist fast ein wenig lustig, dass wir uns heute hier sehen, Ben.« Bernhard bemühte sich offensichtlich um ein unverbindliches Lächeln.

»Lustig?«

»Also, ich meine, es ist echt ein Zufall, weil ich dich in den nächsten Tagen sowieso mal anrufen wollte.«

»Ach ja?« Ilona sah ihn herausfordernd an.

»Hast du demnächst mal Zeit, Ben? Ich würde gern etwas mit dir besprechen.«

»Ehrlich gesagt, hab ich momentan ziemlich viel um die Ohren, Bernhard.«

»Unglaublich viel sogar. Er muss Tag und Nacht für mich arbeiten!«, ergänzte Ilona trocken.

Anna warf ihr einen mahnenden Blick zu, sich aus der Angelegenheit herauszuhalten.

»Und wenn er nicht für Ilona arbeitet, dann passt er auf meine Kinder auf«, mischte sich stattdessen nun auch Zoe ein.

Ich wusste ihre Loyalität mir gegenüber zu schätzen, doch im Moment wäre es mir lieber gewesen, sie würden sich zurückhalten.

»Tja. Wir haben alle viel zu tun, ich weiß. Aber sicher findet sich mal eine halbe Stunde für mich. Oder, Ben?«, ließ Bernhard trotz allem nicht locker.

Er sah mich mit einem so intensiven Blick an, dass mir flau im Magen wurde. Auf diese Weise hatte er es früher immer geschafft, mich um den Finger zu wickeln. Doch inzwischen funktionierte das nicht mehr.

»Wie gesagt, Bernhard. Ich bin momentan ziemlich eingespannt«, erklärte ich nachdrücklich.

»Okay … dann melde dich einfach, wenn es bei dir passt, Ben. Ich warte auf deinen Anruf … Euch allen noch einen schönen Abend.«

Damit drehte er sich um und folgte seiner Schwester ins Nebenzimmer.

Es dauerte einige Sekunden, bis die Anspannung in meinem Körper nachließ, die Bernhards unverhoffte Anwesenheit ausgelöst hatte. Ich nahm noch mal einen großen Schluck Wein.

»Nach dem, was er sich damals dir gegenüber geleistet hat, ist sein Auftreten hier ganz schön unverschämt«, grummelte Ilona und streute sich extra viel geriebenen Parmesan über ihre restlichen Tortellini.

»Wir wissen doch gar nicht, was er mit Ben bereden möchte«, warf Anna ein.

»Er hat gar nichts mehr mit Ben zu bereden!«, stellte Zoe klar. »Der Zug ist längst für ihn abgefahren.«

»Hey, lasst uns doch lieber wieder von etwas anderem sprechen«, schlug ich vor und versuchte, mich entspannt zu geben, auch wenn ich innerlich immer noch aufgewühlt war. »Auf meinen Anruf kann er jedenfalls bis zum Jüngsten Tag warten.«

Ilona kicherte.

»Sehr gut!«

»Und wenn du seine Nummer im Display siehst, wirst du nicht abheben!«, empfahl Zoe eindringlich.

»Natürlich nicht!«

Kapitel 5

Brillantine

»Ilonas Delikatessenladen – Ben Fuchs!«, meldete ich mich über die Freisprechanlage des Firmenhandys im Lieferwagen. Ich war mit vegetarischem Fingerfood für fünfzig Personen zur Eröffnungsfeier eines neuen Meditationszentrums unterwegs.

»Hi, Ben!«

Bernhard! Mist! Das darf doch nicht wahr sein!

Nachdem ich die Anrufe von seinem Handy und dem Anschluss vom Restaurant nicht angenommen hatte, war es ihm jetzt doch noch mit einer mir unbekannten Nummer gelungen, mich zu erreichen.

Zwei Tage waren seit unserer Begegnung im Dolce Vita vergangen, und ich zerbrach mir den Kopf darüber, was Bernhard mit mir zu besprechen hatte. Gleichzeitig wollte ich es eigentlich gar nicht wissen. Was eindeutig bewies, dass wir leider keine völlige Herrschaft und Kontrolle über unsere Gedanken haben. Vor allem dann nicht, wenn Gefühle im Spiel sind.

»Ben?«, hakte Bernhard nach.

»Ich bin unterwegs zu einer Kundschaft«, antwortete ich kurz angebunden.

»Dann kannst du ja nebenbei eben mit mir reden.«

Er gab nicht auf. So war er schon immer gewesen, wenn er etwas erreichen wollte. Eigentlich war das ja eine Eigenschaft, die mir imponierte, aber eben nur bis zu einem gewissen Grad. Momentan empfand ich seine Hartnäckigkeit schon fast als übergriffig. Am besten wäre es aufzulegen, aber ich ahnte, dass er weiterhin nicht lockerlassen würde, also sollte ich es wohl besser jetzt hinter mich bringen. Und ehrlich gesagt, wollte ich nun schon wissen, worum es ging, damit ich nicht ständig Mutmaßungen darüber anstellen musste. Ich seufzte.

»Na gut. In vier Minuten komme ich laut Navi an, bis dahin hast du Zeit.«

»Okay … dann versuche ich, gleich auf den Punkt zu kommen.«

»Ach ja? Das wäre mal was ganz Neues!«, rutschte es mir heraus.

Ich hörte ihn leise lachen.

»Du hast jedes Recht, sauer auf mich zu sein, und ich kann …!«, begann er dann.

»Bin ich nicht. Ich bin nicht sauer«, unterbrach ich ihn rasch und beteuerte mit Nachdruck: »Nicht mehr. Ich habe dich abgehakt, Bernhard.«

»Okay. Dann sollte es ja möglich sein, vernünftig miteinander zu reden.«

»Jetzt sag einfach, was Sache ist«, drängte ich mit bewusst ungeduldigem Tonfall.

»Genau das habe ich vor. Kennst du das *Brillantine* in München?«

»Natürlich!«

Das *Brillantine* war ein Sternerestaurant in der Nähe des Viktualienmarktes. Die Einrichtung war original aus den 50er-

Jahren, und auf der Speisekarte standen ausschließlich Gerichte aus der damaligen Zeit. Wenn man nicht gerade ein Topfußballer, ein bekanntes Model, irgendein bedeutsamer Wirtschaftsboss oder eine Spitzenpolitikerin war, musste man sich monatelang auf einer Warteliste gedulden, ehe man einen Tisch ergatterte.

»Der jetzige Chefkoch geht zum Ende dieses Jahres nach Dubai.«

»Und warum sollte mich das interessieren?«

»Ich habe Laurenz Faist, den Inhaber des Lokals, vor einer Weile kennengelernt. Er ist auf der Suche nach einem Küchenchef, mit dem er das alte Konzept beibehalten, aber die Gerichte auf der Speisekarte ganz neu interpretieren möchte.«

Ich lachte auf.

»Du willst mir doch jetzt nicht ernsthaft vorschlagen, mich dort zu bewerben.«

»Ehrlich gesagt, habe ich Laurenz schon vor dir erzählt und ihm gesagt, dass du genau der Koch bist, den sein Lokal braucht.«

»Du hast was?« Fast hätte ich übersehen, nach rechts abzubiegen, und schaffte es gerade noch – ohne zu blinken –, in die richtige Straße zu kurven. Was mir zu Recht ein wütendes Hupen der hinter mir fahrenden Dame in einem Minicooper bescherte, die glücklicherweise noch rechtzeitig hatte bremsen können. Ich musste mich dringend wieder auf den Verkehr konzentrieren.

»Ich hab dich wärmstens empfohlen, Ben. Er wartet darauf, bald von dir zu hören, und möchte gern mehr über dich wissen.«

»Das hättest du nicht tun sollen, Bernhard!«

»Meinetwegen kannst du sauer auf mich sein für das, wie das damals gelaufen ist. Und ob du es mir glaubst oder nicht, es gibt schon lange kaum einen Tag, an dem ich mein Verhalten nicht bereue. Aber ich …«

»Bitte! Bernhard! Spar dir das.«

Ich will das nicht hören!

»Schon gut. Aber hey, ich habe dich für einen Superjob in einem der derzeit angesagtesten Münchner Lokale vorgeschlagen.«

»Es klingt sicher verlockend. Aber ich …«, begann ich, doch Bernhard unterbrach mich.

»Weißt du eigentlich, was für ein verdammt schlechtes Gewissen ich hab, Ben? Nur weil ich es damals mit uns vermasselt habe, stehst du nicht mehr in einer Küche der gehobenen Gastronomie, sondern hinter einer Ladentheke und belieferst irgendwelche Partys und Firmenfeiern mit Häppchen. Das ist doch nicht das, was du machen willst.«

»Woher willst du wissen, was ich möchte?«

»Na komm. Wir waren lange genug zusammen, und ich kenne deine Träume. Falls du dich im *Brillantine* bewirbst und du dort genommen wirst, hätte ich zumindest das Gefühl, damit etwas wiedergutgemacht zu haben. Du bist ein ausgezeichneter Koch, Ben, und wir beide wissen, dass du dein Potenzial noch nicht annähernd ausgeschöpft hast. In so einem Restaurant könntest du dich beweisen, vieles dazulernen und dir einen Namen machen. Es ist ein Karrieresprungbrett!«

Ich schluckte. Es fiel mir schwer, ihm weiterhin die kalte Schulter zu zeigen, wenn er solche Dinge sagte. Und natürlich war die Möglichkeit, in so einem hochklassigen Restaurant Chefkoch zu sein, mehr als verlockend. Trotzdem stand ich in meinem Leben jetzt an einer völlig anderen Stelle. Und fühlte mich da genau richtig.

»Du musst nichts gutmachen, Bernhard«, beteuerte ich deswegen. »Mir geht es prächtig, und ich mache beruflich genau das, was mir Spaß macht.«

»Sorry, aber das nehme ich dir nicht ab.«

»Tja, das ist nicht mein Problem!«

»Bitte, Ben, lass dir diese einmalige Chance nicht entgehen, nur weil der Vorschlag von mir kommt.«

Tu ich das? Was wäre, wenn jemand anders mich für diesen Job empfohlen hätte? Vermutlich hätte ich zumindest ein wenig länger darüber nachgedacht, bevor ich abgelehnt hätte. Das musste ich mir ehrlich eingestehen, denn natürlich war es schmeichelhaft, für die Position als Küchenchef im *Brillantine* vorgeschlagen worden zu sein.

»Auch wenn du es nicht für möglich hältst, ich liebe meine Arbeit, Bernhard.« Dass ich außerdem schon bald offiziell gleichberechtigter Geschäftsführer wäre und Ilona und ich noch einiges vorhatten, würde ich ihm nicht unter die Nase reiben. Ich wollte nicht, dass Bernhard so viel über mich wusste. Für mich war dieses Kapitel abgehakt und sollte es auch bleiben.

»Ich kenne dich doch! Die Mitarbeit in Ilonas Delikatessenladen kam dir damals gleich nach unserer Trennung gelegen. Ich weiß ja, wie sehr du dich Ilona und ihren Freundinnen verbunden fühlst. Sie sind wie eine große Familie für dich, und das ist ja auch wunderbar, weil du ein Mensch bist, der Gesellschaft braucht.«

Instinktiv wollte ich protestieren, doch wenn ich ehrlich zu mir war, dann musste ich ihm Recht geben. Ich hatte nun einmal liebend gern vertraute Menschen um mich herum. Und da meine Eltern ihren Altersruhesitz vor ein paar Jahren nach Griechenland verlegt hatten und mein einziger Bruder mit seiner Familie nach Wien gezogen war, bedeuteten mir die Freundschaften hier besonders viel.

»Aber du darfst dich trotzdem von ihnen nicht zu sehr vereinnahmen lassen«, unterbrach er meinen Gedankengang. »Denk auch mal an dich und an dein Leben! Du bist noch keine dreißig! Der Job bei Ilona kann nur eine Übergangslösung sein, Ben, aber nicht deine Zukunft! Da wartet noch viel mehr. Das musst du jetzt endlich mal anpacken. Ich will nicht, dass du dein Talent im Delikatessenladen wie Perlen vor die Säue wirfst.«

Bernhard hatte schon immer ein Faible für etwas angestaubte Formulierungen gehabt. Doch damit ging er zu weit.

»Bernhard, hör mir jetzt bitte gut zu!« Jetzt war es an der Zeit für klare Worte. »Wohin ich meine Perlen werfe, geht dich nichts mehr an. Mein Talent setze ich gerade genau so ein, wie ich mir das vorstelle, und dabei entfalte ich mich mehr, als ich das jemals als Angestellter in einem Restaurant könnte. Bei mir läuft grad alles super! Du musst dir absolut keine Gedanken darüber machen, dass du noch in irgendeiner Weise für mich verantwortlich bist, nur weil wir damals ein Paar waren und du mich betrogen und rausgeschmissen hast«, sagte ich in aller Deutlichkeit.

»Aber …«

»Ich habe nicht vor, mich im *Brillantine* zu bewerben«, warf ich ein und ließ ihn nicht zu Wort kommen. »Aber danke, dass du mich dort vorgeschlagen hast. Mach's gut, Bernhard. Ich muss jetzt aufhören.«

Ohne seine Antwort abzuwarten, legte ich auf und atmete einmal tief durch. Ich öffnete das Fenster, da ich das dringende Bedürfnis nach frischer Luft verspürte. Der laute Fahrtwind blies meinen Kopf frei, doch das Telefonat hallte weiterhin in mir nach. Glücklicherweise war ich nur noch wenige hundert Meter von meinem Ziel entfernt und hatte damit keine Zeit mehr, noch länger über das Gespräch mit Bernhard nachzudenken.

Kapitel 6

Linsencurry und das innere Gleichgewicht

Ich parkte den Wagen neben der Eingangstür des neu gebauten Meditationszentrums. Als ich die erste von zwölf Platten mit Fingerfood aus dem Wagen holte, kam mir eine sehr schlanke, hochgewachsene Frau entgegen, die mich von ihrem Aussehen her ein wenig an die Schauspielerin Nicole Kidman erinnerte. Jedoch an die junge Nicole Kidman, bevor sich ihr Aussehen – auf welche Weise auch immer – ziemlich verändert hatte. Sie trug ein hellblaues ärmelloses Kleid, das ihre sonnengebräunte Haut besonders gut zur Geltung brachte.

»Hi, ich bin Ben Fuchs, und – wie man sieht – ich liefere das Essen für die Einweihungsfeier«, erklärte ich freundlich und nickte auf die große Platte mit Frischhaltehaube.

»Hi, Ben. Ich bin Maja«, begrüßte die Leiterin des Meditationszentrums mich mit warmer Stimme, die etwas leicht Rauchiges hatte. Ich konnte mir gut vorstellen, dass sie die Menschen damit bei ihren Kursen schnell in einen Zustand der Entspannung bringen konnte. Aus funkelnd hellgrauen Augen sah sie mich neugierig an und lächelte. »Schön, dass du unser Essen bringst.«

»Wo sollen die Sachen hin?«

»Komm mit, ich zeige es dir«, sagte sie so unbefangen, als ob wir uns schon länger kennen würden. Dabei war dies heute unsere erste Begegnung. Ilona hatte den Auftrag mit ihr besprochen.

Maja ging voran in das Gebäude, das inmitten eines herrlichen Gartengrundstückes direkt am Ufer des Chiemsees lag. Die große Eingangshalle in Form eines Oktagons war durch eine gläserne Kuppeldecke lichtdurchflutet, jedoch gab es in diesem Bereich ansonsten keine Fenster. An allen acht Seiten des Raumes befand sich jeweils eine Tür.

Ich folgte Maja in einen Aufenthaltsraum mit einer kleinen Küchenzeile, der in der Mitte von einem großen länglichen Tisch dominiert wurde, an dem mindestens zwölf Personen Platz finden konnten. Von diesem Raum aus hatte man durch eine Fensterfront einen großartigen Blick auf den einladend gestalteten Garten, der bis zum Ufer des Sees reichte, mit den bayerischen Bergen im Hintergrund.

»Stell das Essen bitte hier auf dem Tisch ab, Ben«, bat sie mich.

»Die Platten werden von unten durch Akkus gekühlt und halten das Fingerfood noch mindestens fünf Stunden frisch, ohne dass man es in eine Kühlung stellen muss«, erklärte ich.

»Wunderbar!«

»Ich hole schnell alles rein.«

Ich spürte ihre Hand auf meinem Unterarm, die mich sanft drücke.

»Warte. Nicht schnell, Ben. Mach es ganz in Ruhe«, meinte sie freundlich und lächelte mich wieder an.

Will sie mit mir flirten oder einfach nur höflich sein? Oder beides?

»Ich habe heute noch einiges zu erledigen, deswegen bin ich etwas in Eile.«

»Wenn du stets bedächtig schreitest, überholst du die Eiligen«, sagte sie.

»Ist das von Konfuzius?«

Sie lachte und schüttelte den Kopf.

»Nein, von mir.«

Nun musste ich auch grinsen.

Die besondere Atmosphäre des Hauses und Majas Gelassenheit, die sich vom ersten Moment an in jedem Wort und jeder Bewegung ausdrückte, schienen tatsächlich nicht das richtige Umfeld für Hektik und Stress zu sein.

»Da könnte was dran sein«, gab ich zu.

»Ich kenne einen guten Trick, nicht so sehr in Eile sein zu müssen.«

»Welchen?«, bat ich neugierig.

»Sich helfen lassen … Komm, wir tragen das Essen gemeinsam rein«, bot sie an.

»Danke für die Hilfe«, sagte ich, als wir zehn Minuten später alle Platten auf den Tisch im Aufenthaltsraum gestellt hatten.

Ich sah mich noch mal um. »Das ist übrigens ein ziemlich cooles Gebäude!«

»Ja. Ich bin auch sehr glücklich hier. Die Architektin ist eine gute Freundin, die meine Wünsche genau verstanden hat und sie gut umsetzen konnte. Es gibt neben drei Übungsräumen einen Wintergarten und einen weißen Raum der Stille. Wenn du mal nicht so in Eile bist, dann zeig ich dir gerne alles«, bot sie an, und ich fragte mich erneut, wie ich diese Einladung deuten sollte.

Doch als hätte sie meine Gedanken erraten, fügte sie hinzu: »Und keine Sorge. Ich habe schon bemerkt, dass ich nicht in dein Beuteschema falle. Was ich echt bedauere, wenn ich das mal so ganz direkt sagen darf. Ich bin selten einem so attraktiven Mann wie dir begegnet. Dazu hast du eine ganz besonders spannende Aura, die ich fast noch interessanter finde als dein schönes Äußeres.«

»Oh, danke für das Kompliment, falls es eines sein sollte.«

»Sollte es, in doppelter Hinsicht.«

Weiter wollte ich das nicht thematisieren. Mir war es immer ein wenig peinlich, wenn es um mein Aussehen ging, für das ich schließlich nichts konnte und das ich nur der offenbar besonders gelungenen Fusion der Gene meiner Eltern zu verdanken hatte.

»Ich würde echt gern mehr vom Haus sehen. Vielleicht, wenn ich die leeren Platten morgen wieder abhole?«

»Am Mittag habe ich zwei Stunden Pause. Da hätte ich Zeit«, schlug sie vor.

»Passt.«

»Schön!«

Sie legte den Kopf ein wenig zur Seite und sah mich an.

»Ich spüre neben deiner Eile auch eine gewisse innere Unruhe, Ben. Regelmäßiges Meditieren würde dir bestimmt mehr Gelassenheit bringen.«

»Kann gut sein«, stimmte ich ihr zu, wobei ich keine Ahnung hatte, wie ich das zeitlich in meinem ohnehin schon sportlichen Tagesablauf unterbringen könnte.

»Ich würde mich jedenfalls freuen, dich in einem meiner Kurse zu begrüßen, Ben.«

Sie drückte mir einen Zettel mit den Kursterminen in die Hand.

»Danke. Mal sehen, ob es sich einrichten lässt … Werde ich

dann auch so megaentspannt sein, wie du es bist, Maja?«, fragte ich.

Wieder lächelte sie.

»Wenn du das möchtest, ist alles möglich.«

»Okay. Ich schau mir die Termine an.«

»Für Menschen, die flexible Termine brauchen, gibt es auch die Möglichkeit, Einzelstunden zu nehmen.«

»Das besprechen wir noch. Jetzt muss ich aber wirklich los.«

Ich war für den Nachmittag im Laden eingeteilt, weil Martina – unsere Ganztagsangestellte – einen Arzttermin hatte und unsere Teilzeitkräfte inzwischen nach Hause gegangen waren, nachdem sie schon ab sechs Uhr früh mit mir in der Küche gestanden hatten, um die Platten vorzubereiten.

»Ich brauche nur noch schnell … ich meine, nicht schnell, sondern mit der nötigen Ruhe …«, korrigierte ich mich mit einem Lächeln, »… eine Unterschrift von dir.«

Ich nahm den Lieferschein, den ich mit dem letzten Tablett hereingebracht hatte, und legte ihn mit einem Kugelschreiber vor ihr auf den Tisch.

Maja nahm den Stift und setzte schon zur Unterschrift an. Plötzlich verschwand ihr Dauerlächeln, und sie sah mich mit einem Stirnrunzeln an.

»Moment mal. Hier steht: Vegetarisches Fingerfood für fünfzig Personen.«

»Genau.«

»Aber, ich habe doch ausdrücklich veganes Essen bestellt«, sagte sie.

»Veganes Essen?« Ich sah sie irritiert an.

»Ja. Ein großer Teil der geladenen Gäste ist vegan, genau wie ich – wir ernähren uns völlig frei von jeglichen tierischen

Produkten. Denen kann ich auf keinen Fall vegetarisches Essen vorsetzen.«

Plötzlich wirkte sie gar nicht mehr so entspannt.

»Moment, ich kläre das.«

Ich holte mein Handy aus der Hosentasche und rief Ilona an.

»Hey, Ilona, ich bin hier im Meditationszentrum und erfahre soeben, dass die Kundin ein rein veganes Essen bei uns bestellt hatte.«

»Ich kann mich gut an das Telefonat mit Frau Lister erinnern. Ja, die Kundin wollte veganes Essen«, bestätigte sie.

Ich spürte, wie mein Puls plötzlich schneller schlug. Hatte ich den Auftrag falsch gelesen? Das konnte ich mir zwar nicht vorstellen, aber natürlich konnte einem immer mal ein Fehler unterlaufen. Andererseits war ich gerade bei speziellen Essenswünschen immer besonders sorgfältig und war mir fast sicher, dass auf dem Auftrag nichts von vegan gestanden hatte.

»Ich hatte jedenfalls die Information, vegetarisches Fingerfood vorzubereiten«, beteuerte ich deswegen. »Und genau das habe ich gemacht.«

»Ach du liebe Güte. Moment, Ben. Da ist wohl was schiefgelaufen. Ich bin sowieso gerade im Büro und suche gleich die E-Mail mit der Auftragsbestätigung heraus.«

Ich wartete am Handy, während Maja begann, die Abdeckung eines Tabletts abzunehmen. Sie hatte ausgerechnet die gebackenen Kartoffelkörbchen mit Eiersalat und Parmesanchip entdeckt und schüttelte missbilligend den Kopf.

»Ben?«, rief Ilona ins Telefon.

»Moment, ich stelle dich auf Lautsprecher, damit Maja … ich meine Frau Lister … gleich mithören kann.«

»Okay. Hallo, Frau Lister. Also, ich kann mich zwar noch gut erinnern, dass Sie am Telefon über veganes Fingerfood gesprochen haben, aber in der E-Mail, in der Sie den Auftrag noch mal schriftlich bestätigt haben, steht vegetarisch. Unsere Angestellte hat das dann leider so weitergegeben, ohne es noch mal zu hinterfragen.«

»Ich soll das geschrieben haben?«, fragte Maja ungläubig und holte nun ebenfalls ihr Handy heraus, um besagte E-Mail zu lesen. An ihrem Blick erkannte ich, dass sie die Nachricht gefunden hatte und ihr nicht gefiel, was sie da las.

»Verdammter Mist«, schimpfte sie, und nun war von ihrer Gelassenheit überhaupt nichts mehr zu spüren. »Ich habe es tatsächlich falsch bestellt. Keine Ahnung, wie mir das passieren konnte! Aber nachdem ich es mehrmals deutlich am Telefon gesagt hatte, dachte ich, dass Sie …« Sie sprach nicht weiter, weil ihr selbst bewusst war, dass der Fehler einzig bei ihr lag.

»Es tut mir wirklich sehr leid, Frau Lister«, sagte Ilona bedauernd. »Wenn ich die Mail selbst gelesen hätte, wäre mir das sicherlich aufgefallen, und ich hätte noch mal bei Ihnen nachgefragt. Aber das hilft uns leider auch nicht weiter. Jetzt ist das Kind schon in den Brunnen gefallen.«

»Was soll ich denn jetzt machen? In einer Stunde treffen die ersten Gäste zur Eröffnungsfeier ein.«

Nervös fuhr sie durch ihr blondes Haar.

»Vielleicht …«, begann Ilona.

»Ilona«, unterbrach ich sie. »Ich bringe das hier in Ordnung. Aber du müsstest für mich im Laden einspringen, weil ich heute Nachmittag den Dienst für Martina übernehmen sollte.«

»Natürlich … den Bürokram kann ich auch am Abend noch machen.«

»Gut. Ich melde mich bald noch mal. Bis dann!«

»Bis dann!«

Ich legte auf und wandte mich an Maja, deren Wangen nun ein fleckiges Rot zierte.

»Hör mal, Maja. Vielleicht treibt mich mitunter eine innere Unruhe um, und manchmal stehe ich auch etwas unter Strom. Das bringt sicherlich auch mein Beruf mit sich. Aber genau deswegen weiß ich auch mit solchen Situationen umzugehen und Lösungen zu finden. Soll das Essen gleich stattfinden, wenn alle Gäste eingetroffen sind?«

Ich bemerkte, wie sie fahrig an ihrem bunten Armband zupfte.

»Zuerst gibt es Grußworte und ein paar Reden und dann ein besonderes Einweihungsritual im Garten, zu dem ein eigens für diesen Tag aus besonderen Kräutern zusammengestellter Tee gereicht wird. Das alles wird sicherlich eineinhalb Stunden dauern. Nach dem offiziellen Teil soll es dann hier im Haus das Essen geben.«

Ich sah auf die Uhr.

»Gut. Dann haben wir ab jetzt etwa zwei Stunden Zeit.«

»Du denkst, du kannst das noch hinkriegen?«, fragte sie ungläubig.

»Aber klar doch. Die gute Nachricht ist, dass vier Platten bereits mit Gerichten zubereitet sind, die ohnehin vegan sind, und zwar deswegen, weil die Rezepte keine tierischen Zutaten erfordern.«

»Das ist schon mal gut!«, sagte Maja, und ich merkte ihr an, dass sie sich langsam wieder etwas entspannte. Trotzdem amüsierte es mich ein wenig, wie rasch auch sie aus der Fassung zu bringen war, wenn nicht alles nach Plan lief. Sollte eine Meditationslehrerin nicht auch in stressigen Situationen gelassen bleiben?

»Möchtest du das vegetarische Essen ganz weglassen, oder sollen wir es auf einem gesonderten Tisch mit einem Hinweisschild anbieten?«, fragte ich.

»Eigentlich wollte ich, dass es nur rein veganes Fingerfood gibt«, murmelte Maja. »Aber was soll's – bevor wir die guten Lebensmittel wegschmeißen, dürfen die Gäste selbst entscheiden, ob sie etwas davon wollen. Trotzdem reichen die vier Tabletts nicht für die Veganer.«

Ich nickte und war erleichtert, dass sie doch so pragmatisch veranlagt war und wir alles nutzen konnten, was ich schon vorbereitet hatte.

»Nein, die vier reichen nicht, aber ich verspreche dir, dass am Ende alle genug zu essen haben werden!«

Plötzlich hörten wir draußen Stimmen.

»Das sind Rafaela und Kilian, meine Übungsleiter. Die beiden können auch mithelfen.«

»Super. Ist es okay, wenn ich auch ein warmes Gericht koche?«, wollte ich wissen. »Vielleicht ein Linsencurry?« Von dem Vorhaben, auf die kurze Zeit noch mehrere Tabletts mit filigran zubereitetem veganem Fingerfood zu zaubern, hatte ich mich innerlich bereits verabschiedet. Jetzt hieß es zu improvisieren, auch wenn es in der Küche nur zwei Kochplatten gab.

»Klar geht auch warmes Essen. Ein Curry wäre super. Aber wir haben hier kein passendes Geschirr dafür.«

»Darum kümmere ich mich. Vielleicht kann es einer von deinen Leuten abholen? Ich sage meiner Kollegin im Laden sofort Bescheid, was sie alles bereitstellen soll.«

Neben dem Geschirr, das wir für das Catering in unserer Gastroküche gelagert hatten, brauchte ich auch noch einen besonders großen Topf, ein Schneidbrett und mein Messerset. Und aus dem Lager einige der Lebensmittel, die wir aus der Toskana mitgebracht hatten.

»Klar. Rafaela kann die Sachen holen«, meinte Maja.

»Perfekt. Der nächste Supermarkt ist nicht weit. Ich fahre gleich los und besorge alles, was ich zusätzlich noch brauche.«

»Okay.« Sie wirkte noch nicht völlig überzeugt.

»Hey. Das schaffen wir schon, Maja!«, beteuerte ich mit einem aufmunternden Lächeln. Obwohl jede Menge Arbeit vor mir lag, war ich nun die Ruhe in Person. Letztlich liebte ich solche Herausforderungen, die sich wie eine Challenge anfühlten.

Maja sah mich dankbar an.

»Du hast was gut bei mir, Ben! Und dieses Linsencurry ist das beste, das ich je probiert habe!«, sagte sie zweieinhalb Stunden später mit einem Blick auf das angerichtete Büfett. Die Reden und das Ritual im Garten waren beendet, und die Gäste kamen nun durch den Wintergarten in die große Eingangshalle, in der das Essen und die Getränke warteten.

Mit Unterstützung von Rafaela und Kilian war ich gerade rechtzeitig fertig geworden. Zusätzlich zum Linsencurry hatte ich noch rasch drei verschiedene Aufstriche gezaubert, die wir auf halbierten Vollkornbrotscheiben, unterschiedlich dekoriert mit Radieschenscheiben, buntem Paprika, Oliven, eingelegtem Gemüse und Kresse angerichtet hatten. Zugegeben nicht die ausgefallensten Snacks, aber trotzdem sehr schmackhaft. Und vor allem vegan. Außerdem gab es noch eine schnelle Mousse aus Zartbitterschokolade und Kokosmilch mit frischen Erdbeeren. Zusammen mit den vier bereits fertig vorbereiteten veganen Platten gab es also eine ausreichende Auswahl.

»Morgen Mittag hole ich das Geschirr ab«, versprach ich und griff nach einer Klappbox, in der mein Messerset und übrig gebliebene Zutaten und Gewürze und Kräuter waren.

»Auf jeden Fall bekommst du als Dankeschön eine gratis Meditationsstunde«, versprach Maja. »Deine Ruhe in dem Chaos vorhin war ganz schön bemerkenswert.«

Ich zuckte lässig mit den Schultern.

»Wir haben eben alle unterschiedliche Stärken in unterschiedlichen Situationen.«

»Das stimmt. Vielleicht war dieser Fehler auf dem Bestellschein, den ich gemacht habe, ja doch kein Fehler, sondern eher eine kosmische Fügung«, meinte sie nachdenklich. »Bestimmt sollte ich etwas daraus lernen.«

»Oder vielleicht solltest du einfach nur in den Genuss meines Linsencurrys kommen«, feixte ich mit einem Zwinkern, und wir lachten beide.

»Das kann auch sein!«

In diesem Moment kam die Bürgermeisterin auf uns zu.

»Eine schöne Veranstaltung, Frau Lister. Das Meditationszentrum wird unseren Ort auf jeden Fall sehr bereichern und sicher auch neue Gäste anlocken.«

»Vielen Dank! Genau das wünsche ich mir auch!«

Nun wandte sie sich an mich.

»Seitdem ich draußen euren Lieferwagen gesehen habe, freue ich mich schon aufs Essen«, verriet die sympathische Rathauschefin, die ich von zahlreichen Veranstaltungen kannte.

»Dann lassen Sie es sich schmecken!«

»Das werde ich ganz sicher … Und, Herr Fuchs, ich habe gestern eine Bekannte an Ihren Catering-Service verwiesen. Bei ihr steht sehr bald eine große Feier an. Sie wird sich in den nächsten Tagen bei Ihnen melden.«

»Super! Vielen Dank für die Empfehlung!«, sagte ich erfreut.

»Gern … Und bitte nicht wundern. Sie hat manchmal eine etwas, nun sagen wir mal, knorrige Art und ist nicht immer ganz einfach. Davon darf man sich aber nicht aus der Ruhe bringen lassen.«

»Gut zu wissen. Aber das wird sicher kein Problem sein«, beteuerte ich. Auch mit schwierigen Kunden kam ich normalerweise immer zurecht.

»Ich wollte es nur gesagt haben. So, und jetzt muss ich dringend die mit Käse überbackenen Auberginenröllchen und diese sündhaft lecker aussehenden Teilchen aus Blätterteig probieren, bevor ich zur nächsten Veranstaltung muss«, erklärte sie geschäftig und steuerte auf den Tisch mit den vegetarischen Häppchen zu.

Maja lächelte.

»Ich muss mich auch wieder unter die Leute mischen. Danke noch mal, Ben! Du hast mich gerettet.«

»Passt schon.«

»Ich hoffe, dass wir auch zukünftig zusammenarbeiten werden.«

»Auf jeden Fall. Also dann, wir sehen uns morgen!«

»Ja. Bis morgen!«

Zufrieden stieg ich in den Wagen. Auf dem Rückweg ging mir plötzlich wieder das Gespräch mit Bernhard durch den Kopf. Vielleicht mochte es eine große Chance und auch ein Karrieresprungbrett sein, in einem so bekannten Restaurant wie dem *Brillantine* als Küchenchef zu arbeiten. Doch gerade nach Aufträgen wie diesem heute wusste ich, dass mein derzeitiger Weg eine viel größere Herausforderung für mich darstellte und mir dazu auch noch enorm Spaß machte. Und das war genau das, was ich wollte. Jeder Kunde war anders, jeder Auftrag daher individuell, und ich durfte meine ganze Bandbreite an kulinarischer Kreativität zum Einsatz bringen und auch immer wieder Neues ausprobieren. Zudem arbeitete ich im Team mit Menschen zusammen, die mir etwas bedeuteten, und ich konnte gemeinsam mit Ilona eigene Entscheidungen treffen.

Auch wenn mich sein Anruf zunächst ein wenig gestresst hatte, war ich im Nachhinein froh darüber, dass Bernhard mir diesen Vorschlag unterbreitet hatte. Denn es hatte mir deutlich gezeigt, dass ich beruflich genau den Weg beschritt, den ich gehen wollte. Vielleicht war es vor zwei Jahren tatsächlich noch mein größter Traum gewesen, einmal Küchenchef in einem Sternerestaurant zu sein. Doch Träume änderten sich nun mal, wenn die Lebensumstände sich änderten. Es war ein Geschenk, das zu erkennen, und ich sollte es als Gewinn und Chance ansehen. Und zu wissen, dass man auch anderweitig gefragt war und Möglichkeiten hätte, schadete dem Ego trotzdem nicht.

Vergnügt und mit mir und der ganzen Welt zufrieden, drehte ich das Radio an.

Kapitel 7

Hexenschuss und die Sache mit dem Glück

Maja hatte ihr Versprechen gehalten und mich am nächsten Tag in der Mittagspause nicht nur durch das ganze Haus geführt, sondern mir anschließend zum Dank für das gerettete Catering eine private Meditationsstunde gegeben. Auch wenn ich zunächst ein wenig länger brauchte, um abzuschalten und zumindest einigermaßen zur Ruhe zu finden, fand ich diese besondere Auszeit gar nicht übel. Ich vereinbarte mit Maja, mich bald wegen neuer Termine zu melden. Und ich legte auch Flyer mit den Kursterminen in unserem Laden aus.

Nun lag das Wochenende vor mir und damit am heutigen Freitagabend das hoffentlich nicht zu schwierige Gespräch mit Anna und ihrer Mutter Mina, um den beiden beizubringen, dass ihre Tochter und Enkelin Emma für zwei Jahre nach New York gehen würde. Mir graute schon jetzt davor. Annas Mann Paul, der mit seiner besonnenen Art und seinem ruhigen Wesen als Ruhepol für uns alle hier fungierte, war leider für eine Woche in London. Dort traf er sich mit der Lektorin eines Verlages und mit einem Bestsellerautor, dessen Roman Paul übersetzen sollte. Ich hätte Emmas Stiefvater gern bei dem Gespräch zur Unterstützung dabeigehabt.

»Ich will ja nicht an deinen Kochkünsten zweifeln, Ben, aber wenn du die Kräuter weiter so wild hackst, dann bleibt nur noch grüner Matsch übrig«, riss Ilona mich aus meinen Gedanken, als wir früh am Morgen in der Gastroküche im Anbau hinter dem Laden die Probierhäppchen des Tages und verschiedene Salate und Aufstriche für unsere Kühltheke im Geschäft vorbereiteten.

Ich hörte auf, die Kräuter zu malträtieren, und grinste schief. »Du hast recht, Ilona. Das war jetzt ein wenig drüber. Hmm. So kann ich das nur noch in eine Creme mischen«, überlegte ich und ging zum Kühlschrank, um einen großen Becher Frischkäse und Schmand zu holen.

Ilona legte das Messer zur Seite, mit dem sie schwarze Oliven in feine Ringe geschnitten hatte, und sah mich stirnrunzelnd an.

»Was ist los, Ben?«

»Nichts!«, beteuerte ich rasch und schob den Kräuterbrei vom Brett in eine Schüssel, um ihn mit dem Frischkäse, dem Schmand, etwas Zitronenabrieb, verschiedenen Gewürzen und ganz klein gewürfelten bunten Paprikaschoten zu verrühren.

»So wie du *nichts* sagst, nehme ich dir das nicht ab. Ich merke dir schon seit Tagen an, dass dich etwas beschäftigt. Hast du es dir vielleicht anders überlegt und willst doch nicht in mein Geschäft einsteigen und suchst nach den richtigen Worten, um mir das zu verklickern?«, fragte sie und klang dabei ein wenig besorgt.

»Hä? Was?« Ich sah sie verdutzt an. »Natürlich habe ich es mir nicht anders überlegt! Was denkst du denn von mir, Ilona?«

»Gut!« Sie wirkte sehr erleichtert. »Denn ich habe für nächste Woche einen Termin bei meinem Steuerberater vereinbart.«

»Danke, dass du dich darum kümmerst.«

»Gern … Aber wenn es das nicht ist, was ist es dann, Ben? Geht es um Bernhard? Hat er sich noch mal bei dir gemeldet?«, hakte sie nach.

Ich hatte ihr nichts von dem Telefonat erzählt, weil ich meinem Exfreund keinen unnötigen Raum mehr in meinem Leben geben wollte. Außerdem würde Ilona sich mächtig ärgern, wenn sie wüsste, wie er über unsere Zusammenarbeit dachte. Das wollte ich ihr nicht antun.

»Das mit Bernhard hat sich erledigt. Er wird nicht mehr anrufen!«, erklärte ich, in der Hoffnung, dass er das tatsächlich nicht mehr tun würde.

»Gut!«, sagte sie erneut. »Und jetzt will ich nicht noch einmal nachhaken müssen. Sag mir endlich: Was ist los mit dir, Tiger?«

Der Spitzname hatte sich seit unserem Toskanatrip eingebürgert.

»Wenn ich es dir sage, dann heißt es wieder, dass ich eine schreckliche Plaudertasche bin, die nichts für sich behalten kann.«

Ilona grinste.

»Du bist eine schreckliche Plaudertasche, die nichts für sich behalten kann, Ben. Das wissen wir doch alle. Also raus mit der Sprache, dann hast du es hinter dir.«

Nun musste ich grinsen. Und letztlich war ich erleichtert, dass sie mich mehr oder weniger dazu zwang, ihr von meinen Sorgen zu erzählen. Schon sprudelte alles aus mir heraus.

»Ach du liebe Güte«, sagte Ilona ein paar Minuten später. »Das sind ja Neuigkeiten … Und ausgerechnet Jo hat Emma bei der Bewerbung für diese Akademie geholfen?«

Ein kurzes Techtelmechtel zwischen ihr und Jo Ranke war immer noch ein etwas schwieriges Kapitel für sie, auch wenn sie längst eine glückliche Beziehung mit Chris führte.

»Hat er«, bestätigte ich.

»Er kann manchmal echt auch richtig nett sein«, meinte sie und schob sich versonnen eine Olive in den Mund.

»Jedenfalls muss ich Emma dabei helfen, es ihrer Familie schonend beizubringen.«

»Das wird alles andere als einfach für Anna und Mina sein, wenn Emma zwei Jahre lang so weit weg ist. Auch wenn unsere Anna wieder so tun wird, als würde ihr das nichts ausmachen, um Emma bloß kein schlechtes Gewissen zu bereiten.«

Ich nickte nachdenklich.

»Und auch für Mina«, fügte ich hinzu. Mina war Annas Mutter und lebte in einer kleinen Einliegerwohnung im Haus ihrer Tochter. Für Mitte siebzig war sie noch ziemlich rüstig, wenn man von ihrer Schwerhörigkeit einmal absah und davon, dass sie ab und zu etwas zerstreut war. Zu ihrer Oma Mina hatte Emma eine besonders enge Bindung.

»Ja … Und wer weiß, ob Emma nach den zwei Jahren überhaupt wieder aus New York zurückkommen wird«, murmelte Ilona, und ich erschrak.

An diese Möglichkeit hatte ich noch gar nicht gedacht. Oder vielleicht nicht denken wollen?

»Trotzdem – so eine Chance, die darf man sich nicht entgehen lassen. Bei ihrem Talent. Und sicherlich werden es Anna und Mina auch so sehen. Wenn ich nur daran denke, wie Emma auf der Hochzeit von Leo und deinem Bruder gesungen hat – was war das gleich noch mal für ein Song?«

»Ich glaube *Have I told you lately, that I love you* von Rod Stewart«, sagte ich und rief mir diesen besonderen Tag in Erinnerung.

»Stimmt, also wenn ich nur daran denke, da krieg ich jetzt noch eine Gänsehaut!«

»Geht mir genauso!«, stimmte ich ihr zu. »Ehrlich gesagt, glaube ich, dass diese Akademie genau das Richtige für Emma ist.«

»Schon. Aber trotzdem – New York? – So weit weg … Obwohl, vielleicht ein guter Grund, sie dort mal zusammen mit Anna und Zoe zu besuchen. Falls Zoe sich für ein paar Tage von ihren Küken und Hendrik losreißen kann.«

»Das werde ich sicherlich auch tun … Sie besuchen, meine ich. Sag mal, Ilona, kannst du nicht ganz zufällig heute Abend bei Anna vorbeischauen und uns bei diesem Gespräch moralisch unterstützen?«, bat ich hoffnungsvoll.

»Ich?«

»Ja, bitte!«

Mir ging es hauptsächlich darum, es für alle so leicht wie möglich zu machen. Ilona konnte mit ihrer lockeren und meist pragmatisch-trockenen Art dazu beitragen.

Bevor Ilona antworten konnte, klingelte ihr Handy.

»Das ist Zoe!«, meinte sie nach einem Blick auf das Display. Rasch zog sie einen ihrer Einweghandschuhe aus und nahm das Gespräch an. »Schönen guten Morgen, Muttertier!«, meldete sie sich. »Du rufst genau im richtigen Moment an.«

»Sag ihr bitte nichts!«, flüsterte ich und unterstrich meine Worte mit einem energischen Kopfschütteln.

»Wenn du es irgendwie einrichten kannst, dann musst du heute Abend unbedingt zu Anna kommen, sie weiß es noch nicht, aber sie wird jegliche Unterstützung von uns brauchen«, sprudelte Ilona jedoch schon los.

Ich schloss kurz die Augen. Das war ja klar!

Und ich soll die Plaudertasche sein?

Doch offenbar hatte Zoe ein Anliegen, das viel dringlicher war. Ilona hörte ihr kurz zu, dann schaute sie in meine Richtung und nickte.

»Ja. Ben steht hier neben mir. Moment, ich drücke auf Lautsprecher.«

»Hallo, Zoe!«, rief ich.

»Guten Morgen, Ben. Auf deinem Handy habe ich dich leider nicht erreicht.« Zoe klang etwas gestresst.

Ich griff unter meine Kochschürze und tastete meine Hosentaschen ab, die jedoch leer waren.

»Mein Handy ist wohl noch in meinem Rucksack. Moment, ich hole …«

»Egal … Jetzt habe ich dich ja am Apparat. Ben, ich habe hier einen Notfall und brauche dich.«

»Ist was mit den Jungs?«, fragte ich besorgt.

»Nein. Denen geht es gut. Es geht um mich.«

»Was ist los?«, rief Ilona alarmiert. Sie sorgte sich immer besonders um Zoe, die nicht nur einen Autounfall, sondern auch schon einen Herzinfarkt überlebt hatte.

»Hexenschuss!« Zoe stöhnte, als ob das Wort allein schon Schmerzen auslösen würde.

»Ach je!« Ilona schien jedoch erleichtert über diese eher harmlose Erklärung. Und ich war es auch.

»Also kann ich heute Abend vermutlich nicht zu Anna. Aber Anna kommt dann gleich zu mir, und wenn ihr mir sagt, worum es geht, dann kann ich mit ihr gerne …«

»Schon gut, Zoe«, unterbrach ich sie rasch, bevor Ilona ihr alles erzählte und Zoe am Ende noch meinte, die Sache regeln zu müssen. »Das ist jetzt nicht so dringend. Emma und ich sind heute bei Anna, um gemeinsam für die Familie zu kochen, und wir klären das schon mit ihr.« Ich sah Ilona eindringlich an, die meine unausgesprochene Mahnung verstand und nickte.

»Bitte vergiss einfach, was ich vorhin gesagt habe«, bat Ilona ihre Freundin.

»Schon gut, ich sag nichts«, beteuerte Zoe. »Aber später will ich wissen, worum es geht.«

»Das wirst du ganz sicher … Aber wie kann ich dir helfen?«, wechselte ich das Thema.

»Hendrik hat für heute extra alle Termine in der Praxis auf den Nachmittag legen lassen, damit er Jenny vom Flughafen abholen kann. Aber ich kann mich in diesem Zustand weder allein um die Kinder kümmern, geschweige denn mich ans Steuer setzen, um zum Orthopäden zu fahren. Ich kann verdammt noch mal noch nicht einmal allein vom Sofa aufstehen, um aufs Klo zu gehen.«

Es war nicht zu überhören, wie genervt sie von ihrem schmerzhaften Zustand war.

»Du Arme!«, meinte Ilona mitfühlend.

»Das wird schon wieder. Anna und Mina kommen gleich, um auf die Jungs aufzupassen, damit Hendrik mich zum Arzt fahren kann. Aber jetzt brauchen wir jemanden, der Jenny abholt, weil sie doch einiges an Gepäck dabeihat, und ich dachte …«

»Schon okay, Zoe. Das mache ich«, bot ich an.

»Klar. Ben wird zum Flughafen fahren.« Ilona nickte zum Handy, als ob Zoe sie sehen könnte.

Von Zoe war ein tiefer Seufzer der Erleichterung zu hören. Vielleicht waren es aber auch wieder die Schmerzen?

»Ehrlich? Und das macht so kurzfristig keine zu großen Umstände für euch?«, hakte sie trotzdem nach.

»Nur ganz kleine Umstände, aber die haben wir im Griff!«, beteuerte ich.

»Für heute haben wir keinen Cateringauftrag, und die anderen Mitarbeiterinnen haben zwar frei, aber ich krieg das die paar Stunden schon allein im Laden hin.«

Dass Ilona am Vormittag eigentlich einen Friseurtermin hatte, den sie nun verschieben musste, verriet sie nicht, damit Zoe kein schlechtes Gewissen haben musste.

»Ihr beide seid … ihr seid einfach super!«, beteuerte Zoe dankbar.

»Das wissen wir«, sagte Ilona trocken. »Ohne uns wärst du verloren.«

»Wann kommt denn der Flug in München an?«, wollte ich wissen.

»Um 10.15 Uhr.«

Ich sah auf die Uhr. Es war früh genug, um noch rasch die angefangenen Salate und Aufstriche für den Verkauf im Laden fertig zu machen und mich in meiner Wohnung umzuziehen, bevor ich mich auf den Weg machte.

»Okay … das krieg ich hin.«

Da ich selbst kein eigenes Auto hatte und privat meist mit dem Fahrrad unterwegs war, fuhr ich kurz vor halb neun Uhr mit dem Firmenwagen in Richtung Flughafen.

Ich wartete nur zehn Minuten, bis nach und nach die ersten Reisenden aus Lissabon die Ankunftshalle betraten. Einige wurden freudig von Familie oder Freunden oder Geschäftspartnern in Empfang genommen, andere gingen gleich in Richtung der öffentlichen Verkehrsmittel oder zu den Parkdecks. Schließlich sah ich Jenny, die mich im selben Moment ebenfalls entdeckte. Ich winkte fröhlich. Sie schob einen Gepäckwagen und kam lächelnd auf mich zu. Kein Außenstehender hätte bemerkt, dass unter ihrer Hose eine Prothese steckte.

Was für ein Unterschied zu ihrer Ankunft im Januar diesen Jahres, als sie als Au-pair nach Deutschland gekommen war und Ilona und ich sie abgeholt hatten. Zum ersten Mal überhaupt hatte sie ihre Heimat auf den Kapverden verlassen. Damals hatte eine Flugbegleiterin uns das etwas schüchtern wirkende und sichtlich von den ganzen neuen Eindrücken überwältigte Mädchen in einem Rollstuhl samt Gepäck und ihren Krücken übergeben. Doch vom ersten Moment an hatte ihr wunderbares Lächeln mich sofort verzaubert, und wir alle hatten Jenny ins Herz geschlossen.

Ich ging auf sie zu und umarmte sie herzlich.

»Willkommen zurück, Jenny!«

»Hallo, Ben. Ich wusste nicht, dass du mich abholst«, sagte sie.

Ich war immer wieder überrascht, wie gut ihr Deutsch in den letzten Monaten geworden war.

»Hendrik konnte leider nicht kommen. Das erkläre ich dir im Auto. Ich hoffe, es macht dir nichts aus, dass ich stattdessen da bin?«

»Überhaupt nicht. Schau nur, wie neidisch mich einige Mädchen und Frauen anschauen!«, feixte sie mit einem frechen Grinsen.

Ich musste lachen.

»Ich hoffe, sie denken, du bist mein Freund!«

»Das bin ich ja auch«, erklärte ich mit einem Zwinkern.

»Du weißt schon, wie ich es gemeint habe«, murmelte sie, plötzlich ein wenig verlegen.

»Klar, weiß ich das. Komm, der Wagen steht gleich draußen. Ich kümmere mich ums Gepäck.«

»Hattest du denn eine tolle Zeit in Lissabon?«, fragte ich, nachdem wir ihre Sachen im Kofferraum verstaut hatten und losgefahren waren.

»O ja! Es war so schön, bei meinen Eltern zu sein, nachdem ich sie so lange nicht gesehen habe. Sie hatten zwar keinen Urlaub, aber während sie gearbeitet haben, habe ich mir allein die Stadt angeschaut. Lissabon ist so besonders!«

»Das stimmt. Mein Bruder und ich waren mit meinen Eltern dort, als wir noch Teenager waren.«

»Und weißt du, was das Beste war?«, fragte Jenny.

»Was denn?«

»Ich kam mir vor wie eine ganz normale junge Frau, so wie alle anderen auch.«

Ich wandte den Kopf kurz zu ihr und sah sie an. Natürlich wusste ich, was sie damit meinte.

»Ich freue mich, dass du dich so fühlst, denn du bist eine ganz normale junge Frau, Jenny – aber trotzdem auch einmalig. Vor allem mit deinem ganz besonderen Lächeln«, erklärte ich.

»Danke, Ben«, murmelte sie, und dann schwiegen wir beide eine Weile und hörten Musik aus dem Radio.

»Manchmal kommt es mir vor wie in einem Traum, was ich erleben darf«, sagte sie plötzlich. »Und ich freue mich auch sehr darüber. Aber dann wieder habe ich auch ein schlechtes

Gewissen und frage mich, warum ausgerechnet ich das verdient habe. Zoe und Hendrik tun so viel für mich – ihr alle tut das. Und dann weiß ich nicht, wie ich das alles wiedergutmachen soll. Vor allem, wie ich es bei Zoe wiedergutmachen soll. Sie hat mich als Au-pair hierher nach Bayern geholt und dafür gesorgt, dass ich die Prothese bekomme und dass ich meine Eltern in Lissabon besuchen kann. Ohne Zoe wäre das alles nie möglich gewesen …«

Ihre Stimme wurde etwas brüchig. Und ich konnte es verstehen. Noch im letzten Jahr lebte sie bei ihrer Großmutter in einem kleinen abgelegenen Haus irgendwo im kargen Nirgendwo auf der Insel Santiago, passte dort auf die Kinder ihrer Verwandten auf und half Mama Blanca im Haushalt, so gut es mit ihrer Behinderung ging. Bis sie an einem Tag mit ihrer kleinen Nichte Rosita Kräuter gesammelt hatte und auf der unebenen Straße gestolpert und direkt vor ein Auto gestürzt war. Zoe hatte gerade noch bremsen können, Jennys leichte Schürfwunden versorgt und sie und die kleine Rosita nach Hause zu ihrer Großmutter gebracht.

»Also …«, begann ich und suchte nach den richtigen Worten. »… warum bestimmte Dinge auf dieser Welt passieren – keine Ahnung. Die einen werden in eine Welt des Wohlstands geboren, die anderen müssen sich von Anfang an mit ganz wenig begnügen und viel mehr ums Überleben kämpfen. Gerecht ist das jedenfalls nicht. Aber bei einer Sache bin ich mir ganz sicher, Jenny: Es ist für uns alle gut, dass du hier bist. Und wenn gute Dinge passieren, dann sollte man sich einfach darüber freuen und glücklich sein. Und wenn jemand wie Zoe diesem Glück auf die Sprünge hilft, weil sie die Möglichkeit dazu hat, dann ist das vielleicht einfach so ein klein wenig ausgleichende Gerechtigkeit in dieser Welt, die man besser nicht hinterfragen sollte.«

Ich warf einen kurzen Blick zu Jenny, die weiter sehr nachdenklich wirkte.

»Außerdem braucht Zoe dich wirklich, Jenny. Und jetzt gerade ganz besonders«, sagte ich etwas ernster.

Sie sah mich fragend an.

»Wie meinst du das, Ben?«

»Hendrik konnte dich heute deswegen nicht abholen, weil er Zoe zum Arzt bringen musste. Nichts Ernstes, aber sie hat schlimme Rückenschmerzen. Man nennt es Hexenschuss.«

»Hexenschuss?«

»Ja, keine Ahnung, warum das ausgerechnet so heißt. Vielleicht weil die Menschen dann so krumm gehen, wie Hexen oft dargestellt werden?« Ich zuckte mit den Schultern. »Egal. Jedenfalls wirst du in den nächsten Tagen mit den Kindern mehr als sonst zu tun haben, bis es ihr wieder besser geht.«

»Ich bin glücklich, wenn ich Zoe helfen kann!«, beteuerte Jenny.

»Und Zoe ist glücklich, dass du sie unterstützt und sie sich auf dich verlassen kann. Also musste es wohl so sein, dass ihr euch begegnet seid!«

Nun lächelte sie wieder und schien erleichtert.

»Danke, Ben.«

»Schon okay … Das Programm im Radio ist heute aber besonders fad. Hast du vielleicht einen Musikwunsch?«, fragte ich und wechselte auf dem Display zu meiner Musik-App.

Sie nickte.

»Irgendwas von Billie Eilish?«

»Kriegst du!«

Kapitel 8

Mama Blanca online und Frau Peters

Kurz bevor wir in Prien ankamen, schickte mir Anna eine Nachricht. Zoe und Hendrik waren noch beim Orthopäden, und Anna und Mina hatten das schöne Wetter genutzt und machten mit den Kindern einen Spaziergang.

Jenny gab die Zahlenkombination an der Haustür ein, die mit einem Codeschloss versehen war. Ich holte das Gepäck aus dem Wagen und trug es ins Haus, während Jenny eilig aufs Gästeklo verschwand.

Als ich den Koffer und ihre große Umhängetasche abstellte, rutschte ein hübsches mit Blumen verziertes dickes Notizbuch heraus. Ich hob es gerade auf, als Jenny zurückkam.

»Tut mir leid, die Kladde ist rausgefallen«, sagte ich schnell und hielt sie ihr hin. Es machte ganz den Eindruck, als könnte es sich um ein Tagebuch handeln, also wollte ich nicht, dass sie dachte, ich hätte einen Blick reingeworfen.

»Danke, Ben«, sagte sie.

»Ist das ein Tagebuch?«, fragte ich interessiert.

Sie zuckte mit den Schultern.

»Ich weiß nicht. Obwohl, ich schreibe tatsächlich fast jeden Tag was hinein. Dinge, die ich hier erlebe und die teilweise ganz anders sind als mein Leben auf den Kapverden.«

»Welche Dinge sind das denn?«, fragte ich ehrlich neugierig.

Sie lächelte ein wenig verlegen.

»Ach, alles Mögliche. Es gibt hier so vieles, das ich vorher noch nie so gesehen oder erlebt habe … viele Geräte und diese besondere bayerische Kleidung, die manche tragen. Und wie anders die Luft in meiner Heimat riecht, und sogar der Wind fühlt sich dort anders an.«

Interessiert hörte ich ihr zu, während sie mit ihrer Aufzählung fortfuhr.

»Bei uns daheim ist das Trinkwasser sehr kostbar, es ist immer knapp, und wir gehen ganz sorgsam damit um. Aber hier nimmt man das gute Wasser sogar für das Klo, was ich nicht verstehen kann.«

Ich nickte nachdenklich.

»Vieles, das für uns ganz selbstverständlich ist, muss für dich eine riesige Verschwendung sein, oder?«

»Hier ist von allem so viel mehr da, als ich jemals gesehen habe«, sagte sie, ohne direkt auf die Frage zu antworten.

»Gibt es etwas, das dir besonders gefällt?«

Sie lächelte.

»O ja, vieles. Die Windeln für die Babys. Die halten viiiel besser und länger«, erklärte sie.

Sie wusste, wovon sie redete, schließlich hatte sie auf den Kapverden auch auf die Babys ihrer Schwestern und Cousinen aufgepasst.

»Und was magst du noch?«

»Wie grün es hier überall ist. Es gibt so viele bunte Blumen. Ich mag die Fröhlichkeit in diesem Haus hier und dass oft Besuch kommt. Das ist fast so wie bei mir daheim. Und ich liebe besonders den Käsekuchen von Anna!«

»Ich auch!«, beteuerte ich. »Und all diese Dinge, die dir auffallen, schreibst du in das Buch?«

»Ja. Und auch so kleine Geschichten, die mir einfallen oder die ich hier erlebe. Und wie anders es ist, mit der Prothese durch die Welt zu gehen. Oder Erinnerungen an daheim, und was ich vermisse.«

»Was vermisst du denn besonders?«

»Natürlich meine Familie«, sagte sie rasch. »Vor allem meine kleine Nichte Rosita … Aber auch den salzigen Duft des Meeres, und dass ich hier keine Muscheln suchen kann. Und den Mercado Municipal, das ist der große Markt in Praia, unserer Hauptstadt. Dort durfte ich manchmal mit Mama Blanca hin, wenn sie ihre Kräutertees und Salben verkaufte. Von dem Geld hat sie dann frischen Fisch und Vorräte gekauft oder Schuhe für uns Kinder. Und wenn wir dann wieder daheim waren, hat sie immer einen großen Topf Fischsuppe gekocht. Manchmal fehlt mir auch der Geschmack des Essens von dort, aber hier gibt es natürlich auch sehr gutes Essen und immer so viel!«, fügte sie noch rasch hinzu.

»Dass du das Essen dort vermisst, kann ich sehr gut verstehen, Jenny. Es unterscheidet sich ja wirklich sehr von dem, was es hier so gibt.«

»Mama Blanca meint, es ist gut für mich, viele neue Dinge kennenzulernen, und dass ich es genießen soll.«

»Damit hat deine Oma auf jeden Fall recht«, stimmte ich ihr zu. »Trotzdem verstehe ich, dass du dich auch ein wenig nach dem sehnst, was dir vertraut ist. Weißt du, ich vermisse meine Oma auch heute noch. Die starb, als ich fünfzehn war. Ich habe als Kind viel Zeit mit ihr in der Küche verbracht. Sie hat mir das Kochen beigebracht. Glücklicherweise hat sie mir kurz vor ihrem Tod ihr Rezeptbuch geschenkt. Manche Gerichte koche ich immer noch so, wie meine Großmutter sie für uns gemacht hat. Wie zum Beispiel ihre Dampfnudeln mit Vanillesoße oder Zwiebelfleisch mit Kartoffelbrei. Und wenn ich dann beim Essen die Augen schließe, dann fühle ich mich ihr irgendwie ganz nah.«

»Ich habe Mama Blanca auch immer viel in der Küche geholfen.«

Plötzlich hatte ich eine Idee.

»Was hältst du denn davon, wenn wir beide mal gemeinsam ein Essen von den Kapverden kochen? Vielleicht Cachupa? Das ist doch das Nationalgericht bei euch, oder?«

»Ja. Das gibt es oft bei uns.«

»Super! Und dazu vielleicht noch irgendeine typische Nachspeise. Du musst mir nur sagen, wie es geht. Vermutlich werden wir zwar nicht alle Zutaten hier bekommen, aber wir werden einfach schauen, was möglich ist, und notfalls improvisieren. Hast du Lust?«

»Große Lust!«

»Dann machen wir das!«

»Und wir laden alle zum Essen ein? Geht das?«

»Klar geht das!«

Ihre Augen strahlten. Ich hob meine Hand, um mit ihr auf den Deal einzuklatschen. Wir grinsten uns zu.

»Vielen Dank, Ben!«

»Aber gerne doch … Emma mag vielleicht auch mitkochen. Das wäre doch okay für dich?«

Jenny nickte zustimmend.

»Und ich schreibe das dann in mein Buch.«

»Aber klar!«

Plötzlich nahm sie die Kladde wieder in die Hand.

»Bald ist es voll. Möchtest du es dann vielleicht mal lesen, Ben?«, fragte sie, fast ein wenig schüchtern.

»Das würde ich gern, Jenny, aber ich kann leider kein Portugiesisch.«

»Ich habe die Texte immer einmal auf Portugiesisch und einmal auf Deutsch geschrieben, weil ich das gut lernen möchte und es eine Übung ist. Aber bestimmt sind leider viele Fehler darin.«

Ich war echt beeindruckt.

»Wenn du es mir wirklich mal zum Lesen gibst, würde mich das sehr freuen!«

»Vielleicht kannst du mir dann auch sagen, wo ich Fehler gemacht habe, damit ich sie verbessern kann?«

»Sicher, Jenny ... Und jetzt bringe ich mal deinen Koffer hoch in dein Zimmer.«

Kaum waren wir oben im ersten Stockwerk, meldete Jennys Handy einen Videoanruf.

»Das ist Mama Blanca!«, rief sie aufgeregt und nahm den Anruf erfreut an.

Das ausdrucksstarke Gesicht ihrer Oma mit der dicken schwarzen Brille erschien auf dem kleinen Display. Ich winkte freundlich, bevor ich aus dem Zimmer gehen wollte, damit sie sich ungestört unterhalten konnten. Doch als ich an der Tür war, rief Jenny: »Du kannst ruhig hierbleiben, sagt meine Oma, wenn du möchtest.«

»Aber ich will nicht stören.«

»Das tust du nicht!«

Ich stellte mich so neben Jenny, dass Mama Blanca uns beide sehen konnte. Sie unterhielt sich auf Portugiesisch mit ihrer

Enkeltochter, und Jenny übersetzte für mich. Die alte Dame bedankte sich, dass ich Jenny vom Flughafen abgeholt hatte und überhaupt, dass wir uns so sehr um sie kümmerten.

»Das tun wir hier alle gerne!«, ließ ich Jenny ausrichten.

Plötzlich suchten Mama Blancas Augen bewusst meinen Blick, und für einen kurzen Moment hatte ich das Gefühl, sie würde genau in meine Seele blicken. Doch dieser Moment war so schnell vorüber, dass ich dachte, ich hätte mir das nur eingebildet. Wieder sprach sie auf Jenny ein, und ich hörte sie mehrmals meinen Namen sagen.

»Mama Blanca sagt, dass ich dir etwas ausrichten soll.«

»Was denn?«, fragte ich neugierig. Ich wusste aus Erzählungen von Zoe und Jenny, dass die alte Dame manchmal ganz ungewöhnliche Eingebungen oder Ahnungen hatte und sogar trotz der Entfernung zu den Kapverden nicht nur gewusst hatte, dass Zoe schwanger war, sondern auch, dass sie am Ende zwei Kinder haben würde. Zoe hatte Letzteres nie glauben wollen, bis Hendrik mit dem kleinen Tommy aus Uganda gekommen war und sich Mama Blancas Prophezeiung damit doch erfüllt hatte. Auch wenn ich eigentlich nicht an übernatürliche Dinge glaubte, so konnte man nie wissen, ob es nicht doch Menschen gab, die auf irgendeine Weise eine besondere Wahrnehmung hatten. Deswegen war ich gespannt, was sie mir zu sagen hatte.

»Oma meint, wenn sie dich ansieht, dann sieht sie Sterne um dich herum.«

»Sterne?«

»Ja!«

»Was genau meint sie denn damit?«

Jenny sprach erneut mit ihrer Oma, dann sah sie mich wieder an.

»Mehr kann sie zu den Sternen nicht sagen … Aber da ist noch was. Du sollst dir einen Hut kaufen. Und sie weiß nicht, was es damit auf sich hat, aber es gibt da was mit einem Korb.«

»Einen Hut kaufen … und noch was mit einem Korb?«, rätselte ich verwirrt.

Jenny zuckte mit den Schultern.

»Keine Ahnung.«

Ich hatte keinen blassen Schimmer, was ich mit diesen Hinweisen anfangen sollte. Meinte sie das mit dem Korb womöglich im übertragenen Sinn, und ich würde eine Abfuhr bekommen? Aber von wem? Und was hatte es mit den Sternen auf sich? In absehbarer Zeit würde ich in keinem Sternerestaurant kochen und damit auch mit keinem Stern ausgezeichnet werden. Und einen Hut hatte ich bisher noch nie besessen – mit Ausnahme eines weißen Cowboyhutes auf dem Faschingsfest in der zweiten Klasse – und ich hatte auch nicht vor, zukünftig einen zu tragen. Vermutlich war an all dem nichts dran. Trotzdem bedankte ich mich herzlich über Jenny bei Mama Blanca.

»Ich muss jetzt dann los«, sagte ich zu Jenny und winkte auch ihrer Oma noch einmal freundlich zu, dann verließ ich das Zimmer, damit die beiden sich noch ungestört unterhalten konnten.

Eigentlich hatte ich vorgehabt zu bleiben, bis Zoe wieder vom Arzt zurück war oder Anna und Mina mit den Kindern kamen, aber so langsam bekam ich ein schlechtes Gewissen, wenn ich Ilona noch länger allein im Laden ließ. Gerade an den Freitagen war normalerweise immer besonders viel los, weil die Leute sich für das Wochenende mit diversen Leckereien und Spezialitäten eindeckten. Einige kauften auch ein für ein Picknick am See oder irgendwo im Grünen. Plötzlich kam mir eine Idee. Und ich konnte es kaum erwarten, Ilona davon zu erzählen.

Zwanzig Minuten später war ich zurück im Laden. Da gerade keine Kundschaft da war, legte ich mit meinem Vorschlag sofort los.

»Du meinst, wir sollen fertig gepackte Picknickkörbe verkaufen?«, fragte Ilona interessiert, nachdem sie mir zugehört hatte.

Ich nickte.

»Ich habe mir das so vorgestellt: Die Leute bestellen bei uns einen gefüllten Picknickkorb, den wir in unterschiedlichen Varianten anbieten. Für den Korb, das Geschirr und eine Decke verlangen wir Pfand. Aber man kann natürlich auch alles kaufen und behalten, wenn man möchte.«

Ilona nickte.

»Super Idee, Ben. Die Kunden können sich mit dem Inhalt entweder überraschen lassen – natürlich mit kleinen Vorgaben, zum Beispiel für wie viele Personen, ob vegetarisch, oder mit oder ohne Alkohol und so weiter.«

»Genau. Oder man kann sich selbst so einen Korb online auf unserer Homepage aus einer Auswahl mit den Sachen zusammenstellen, die man gerne drinhaben möchte, und hier abholen.«

»Wie bist du denn darauf gekommen?«, wollte Ilona wissen.

»Irgendwie hat Mama Blanca mich dazu inspiriert.«

Sie sah mich überrascht an.

»Mama Blanca?«

Ich zuckte mit den Schultern.

»Keine Ahnung, wie ich dir das erklären soll.«

»Egal. Jedenfalls passt das super zu unserem Geschäft und ist letztlich kein allzu großer Aufwand, wenn wir einmal in die Grundausstattung investiert haben.«

Wir waren beide so begeistert in die Möglichkeiten einer Umsetzung vertieft, dass ich es fast als störend empfand, wenn Kundschaft kam. Als die Ladenglocke ein weiteres Mal klingelte, betrat eine Frau mit silbergrauen, modisch kurz geschnittenen Haaren den Laden. Sie trug ein elegantes Sommerkleid.

Wir nickten ihr grüßend zu.

»Guten Tag, mein Name ist Helga Peters«, stellte sie sich in einem etwas manierierten Tonfall vor. »Die Bürgermeisterin, eine gute Freundin, hat mir Ihr Geschäft wärmstens empfohlen.«

»Ach stimmt«, erinnerte ich mich an das kurze Gespräch mit der Bürgermeisterin am Büfett der Einweihungsfeier des Meditationszentrums. »Hallo, Frau Peters.«

»Übernimmst du die Kundin, Ben?«, bat Ilona. »Ich muss mal kurz ins Büro.«

»Aber klar«, sagte ich. Wie ich Ilona kannte, würde sie sofort einen günstigen Anbieter für Picknickkörbe und Tischdecken suchen, damit wir unser Vorhaben so schnell wie möglich umsetzen konnten.

»Was kann ich für Sie tun?«

»Mein Mann feiert in drei Wochen seinen 60. Geburtstag. Eigentlich hatte ich geplant, ihn mit einer Reise nach Paris zu überraschen und es uns im Ritz mit ein paar französischen Freunden im kleinen Kreis gut gehen zu lassen. Doch jetzt hat Hajo, also mein Mann Hans-Joachim, plötzlich vor, doch in unserem Haus am Chiemsee zu feiern. Und das nicht nur im kleinen Kreis, sondern er möchte ein richtig großes Fest für circa sechzig Personen.«

Das hörte sich schon jetzt nach einem sehr lukrativen und anspruchsvollen, allerdings auch sehr kurzfristigen Auftrag an.

»Wenn Sie mir das genaue Datum verraten, dann schaue ich gleich im Terminkalender nach, Frau Peters.«

Ich holte mein iPad aus einer Schublade und öffnete den Kalender.

»Es ist der 22. Juli. Ein Samstag«, sagte Frau Peters.

»Der Termin ist möglich!«, informierte ich sie und war selbst überrascht, dass an diesem Tag noch etwas frei war.

»Schön. Das Fest soll am frühen Abend losgehen.«

»Hatten Sie eher an Fingerfood gedacht, das über den Abend hinweg auf Tabletts serviert wird, oder an ein Büfett mit kalten und warmen Speisen, an dem die Gäste sich selbst bedienen können?«, fragte ich.

»Da bin ich mir noch nicht sicher. Es soll jedenfalls besonders sein. Mailen Sie mir doch zwei Vorschläge, jeweils mit Kostenvoranschlag für beide Varianten, einschließlich Desserts und Getränke. Dann werden mein Mann und ich entscheiden.«

»Alles klar. Gibt es bei den Nahrungsmitteln etwas, das ich beachten muss bezüglich möglicher Unverträglichkeit oder Allergien? Oder Sonderwünsche?«

Sie zuckte mit den Schultern.

»Wenn mehrere Sachen angeboten werden, wird schon jeder etwas finden, denke ich. Wichtig ist eine exquisite Qualität und überraschende Präsentation der Gerichte – und schmecken muss es natürlich!«, erklärte sie in einem etwas lehrerhaften Tonfall.

»Das versteht sich von selbst«, konnte ich mir nicht verkneifen.

»Mein Mann wünscht sich zudem Livemusik zur Party. Haben Sie da vielleicht einen Tipp für eine Unterhaltungsband?«

»Ich kann nichts versprechen, weil der Termin doch sehr kurzfristig ist. Aber ich kenne einige Bands und Musiker, die auf Veranstaltungen auftreten. Ich werde nachfragen, ob jemand an diesem Tag zur Verfügung steht, und falls ja, kann ich Ihnen die Kontakte vermitteln.«

Wir besprachen noch einige Details, und schließlich gab sie mir ihre Karte, damit ich ihr einen Kostenvoranschlag zuschicken konnte.

»Danke. Ich melde mich schnellstmöglich bei Ihnen, Frau Peters.«

»Tun Sie das, denn es gibt bereits ein Angebot eines Lokals, das auch einen Lieferservice hat.«

Sie wollte die beste Qualität mit einem großartigen Service, aber gleichzeitig schon jetzt den Preis drücken, indem sie auf einen Mitbewerber hinwies.

Ich lächelte.

»Ich hoffe natürlich, dass wir Sie überzeugen«, sagte ich freundlich. »Wenn Sie noch ein paar Minuten Zeit haben, packe ich Ihnen ein paar Probierhäppchen ein, die bei der Entscheidungsfindung schon mal ein wenig helfen sollten.«

Kapitel 9

Kein Eierlikör und Annas Wunsch

Während Ilona sich um unser Vorhaben mit den Picknickkörben kümmerte, wenn keine Kundschaft im Laden war, machte ich mir Gedanken zum 60. Geburtstag von Herrn Peters. Auch wenn der Auftrag noch nicht fix war, bat ich alle Mitarbeiterinnen schon mal, sich den Termin unbedingt freizuhalten. Eventuell würden wir zusätzlich sogar noch eine weitere Aushilfskraft benötigen, aber darum würde ich mich erst kümmern können, wenn es eine definitive Zusage der Kundin gab.

Bei den Musikern hatte ich nach diversen Telefonaten im Laufe des Tages noch kein Glück gehabt. Alle waren für diesen Tag bereits ausgebucht, und ich musste nach weiteren Optionen suchen.

Doch obwohl ich mit der Arbeit abgelenkt war, saß mir das bevorstehende Gespräch mit Emma, Anna und Mina im Nacken.

Gleich nach Ladenschluss kurz nach achtzehn Uhr fuhren Ilona und ich los.

»Sicher wird es nicht so schlimm, wie wir denken«, meinte Ilona optimistisch, als sie in die Parkbucht vor dem Haus fuhr.

»Hoffentlich nicht!«

Wir stiegen aus. Der Himmel hatte sich zugezogen, und es sah nach Regen aus. Auf dem Weg zum Haus spürte ich plötzlich etwas auf dem Kopf und dachte zuerst an einen dicken Regentropfen.

»Dir hat ein Vogel auf den Kopf geschissen!«, rief Ilona und fing an zu kichern.

»Wäh!«

Ich verzog das Gesicht und unterließ es tunlichst, die Sauerei mit meinen Händen zu beseitigen.

»Kannst du es bitte wegmachen?«, bat ich.

»Aber klar doch!«

Sie holte Papiertaschentücher aus ihrer Handtasche und entfernte vorsichtig das Malheur, bevor sie sich mit einem Reinigungstuch die Finger abputzte.

»Danke!«

»Gern geschehen, Tiger!«, meinte sie. »Ich hab mal gehört, es soll Glück bringen, wenn einem ein Vogel auf den Kopf kackt!«

»Das muss mir auch erst mal jemand erklären, was es mit diesem blöden Aberglauben auf sich hat«, brummte ich wenig begeistert. »Als ob ein Vogelschiss irgendwie was mit Glück zu tun haben kann, wenn man ihn nicht gerade als Dünger nutzt. Es ist einfach nur eine Sauerei.«

Ilona lachte.

»Jetzt stell dich nicht so an, Ben – oder setz in Zukunft einen Hut auf, wenn du nicht möchtest, dass dir das noch mal passiert.«

Einen Hut?

Mama Blanca kam mir wieder in den Sinn, und plötzlich musste ich grinsen.

»Wenn es tatsächlich Glück bringen soll, dann hoffentlich bei unserem Gespräch gleich«, sagte ich und klingelte an der Haustür.

Emma öffnete uns mit roten Augen und bis über die Wangen verschmiertem Mascara. Es war nicht zu übersehen, dass sie geweint hatte.

»Sie wissen es schon!«, sagte sie, ohne ein Wort der Begrüßung.

»Ach, Hexlein. Warum hast du denn nicht auf mich gewartet?«, fragte ich.

Sie warf einen vorwurfsvollen Blick zu Ilona.

»Dafür kannst du dich bei Ilona bedanken. Sie hat zu Zoe gesagt hat, dass sie heute zu einem wichtigen Gespräch kommen soll, bei dem Mama angeblich alle Unterstützung brauchen würde, die sie kriegen kann. Zoe ist das herausgerutscht, und Mama hat sich dann schon die schrecklichsten Dinge ausgemalt. Ich wollte nicht, dass sie sich völlig verrückt macht, und deswegen habe ich es ihr und Oma vorhin gesagt.«

»Oje. Das wollte ich echt nicht. Tut mir leid, Emma«, murmelte Ilona ehrlich betroffen, und ich hatte schlagartig ein schlechtes Gewissen, weil ich ihr davon erzählt hatte. Ich musste zukünftig wirklich versuchen, nicht mehr so ein Plappermaul zu sein.

»Mir auch!«, beteuerte ich. Ich zog Emma an mich und drückte sie fest. »War's schlimm?«

»Ach, es ging so.«

»Jetzt kommt schon endlich rein!«, rief Anna von drinnen.

Mit einem etwas mulmigen Gefühl im Magen betraten wir die Wohnküche. Dort saßen Mina und Anna am Tisch, und Zoe stand neben der Terrassentür an die Wand gelehnt.

»Zoe. Geht es dir schon wieder besser?«, fragte Ilona, die genau wie ich überrascht war, sie hier zu sehen, ehe sie zum Spülbecken ging, um sich die Hände zu waschen.

»Seitdem der Orthopäde die Blockade an der Wirbelsäule gelöst hat, geht es wieder einigermaßen«, antwortete Zoe. »Aber sicherheitshalber setze ich mich nicht hin. Das Risiko, nicht wieder aufstehen zu können, ist mir einfach zu groß. Ich war vorhin schon froh, dass ich unbeschadet aus dem Auto aussteigen konnte.«

Mina holte ein Papiertaschentuch aus einer Box und schnäuzte sich vernehmlich. Die Stimmung in der gemütlichen Wohnküche war alles andere als euphorisch. Auch Anna und Mina schienen geweint zu haben.

»Schön, dass es dir wieder besser geht, Zoe«, sagte ich. »Aber wir haben dich doch ausdrücklich gebeten, dass du nichts zu Anna sagen sollst!«

»Tut mir leid. Ich wusste nicht, worum es geht und hab mir einfach Sorgen um sie gemacht und deswegen ...«, Zoe sprach nicht weiter. Den Rest konnten wir uns denken.

»Ist doch egal«, sagte Anna, und ihre Stimme klang etwas heiser, auch wenn sie sich bemühte, gelassen zu klingen. »Jetzt wissen Mutter und ich wenigstens schon Bescheid, und ihr zwei Supermediatoren müsst euch nicht mehr bemühen, es uns schonend beizubringen«, scherzte sie.

»Ich bin froh, dass ihr es so gut aufnehmt«, meinte Ilona erleichtert.

»Na ja. Auch wenn die Nachricht hier erst mal wie eine Bombe eingeschlagen hat – nach dem ersten Schock freuen wir uns natürlich für Emma. Eine wirklich tolle Chance. Da kann man doch nur stolz sein!«, beteuerte Anna tapfer.

»Ach, danke, Mama!« Emma umarmte ihre Mutter fest, und Anna strubbelte ihr durch die langen Haare.

Wir setzten uns an den Tisch.

»Mag jemand Eierlikör? Oder vielleicht besser was Stärkeres?«, fragte Mina in ihrer trockenen Art.

Doch ausnahmsweise hatte keiner von uns Lust auf Alkohol. Bis auf Zoe. Die musste jedoch aus milchproduktionstechnischen Gründen ebenfalls darauf verzichten.

»Ich bin froh, dass ihr es jetzt wisst, aber ich wollte euch mit dieser Nachricht wirklich nicht traurig machen!«, beteuerte Emma.

Mina griff nach ihrer Hand.

»Mir war immer schon klar, dass du einmal ausfliegst, mein Vögelchen! Und dass es dir auf Dauer niemals reichen wird, Musik nur als Hobby zu machen«, sagte sie mit einem Lächeln. »Du singst so wunderbar, bist so musikalisch, da wäre es eine Schande, wenn du dein Talent nicht nutzen würdest.«

»Danke, Omi!«, murmelte Emma.

»Was?«

»Danke, Omi!«, wiederholte Emma lauter, damit Mina sie verstehen konnte, die sich trotz ihrer Schwerhörigkeit weigerte, ein Hörgerät zu tragen.

»Und überhaupt – heutzutage bist du ja nicht aus der Welt, nur weil du weit weg bist«, fuhr Mina fort. »Wozu gibt es denn das Internet? Da können wir uns, so oft wir wollen, per Video unterhalten!«

Im Gegensatz zu vielen Senioren in Minas Alter, die sich nicht mehr mit den modernen Medien auseinandersetzen wollten, war Emmas Oma sehr aufgeschlossen und hatte sogar einen eigenen Instagram-Account mit inzwischen über zweitausend

Followern. Selbst ich war immer wieder erstaunt über ihre abwechslungsreichen Beiträge.

»Und wir werden dich einfach alle in New York besuchen kommen!«, erklärte Ilona entschieden.

»Darauf kannst du Gift nehmen. Außerdem vergehen zwei Jahre eh rasend schnell!«, mischte sich nun Zoe ein.

»Und überhaupt. Als Archäologin wäre Emma später auch in anderen Ländern unterwegs gewesen!«, führte ich eines der Argumente auf, die ich mir für das Gespräch schon seit Tagen bereitgelegt hatte.

»Eben. Junge Menschen müssen ihre eigenen Wege gehen«, stimmte Ilona mir zu.

»Das weiß ich doch auch alles! Ich bin schließlich nicht von gestern«, brummte Anna ein wenig unwirsch und wandte sich dann an ihre Tochter. »Du musst mir nur eines versprechen, Emma!«, verlangte sie.

»Was denn, Mama?«

»Falls es dir doch nicht gefällt in New York und du zurückwillst, dann zögere nicht und komm einfach wieder nach Hause, ja?«

»Das werde ich.«

»Aber das wird ja gar nicht der Fall sein!«, warf ich rasch ein, damit sich nicht erneut eine rührselige Stimmung breitmachte. »Denn Emma wird da drüben sicherlich eine tolle Zeit haben!«

Alle nickten.

»Wann genau geht es denn überhaupt los, mein Schatz?«, fragte Anna und fächelte sich mit einer Zeitschrift Luft zu.

»Das erste Trimester beginnt im September. Damit ich mich noch vorbereiten und eingewöhnen kann, möchte ich spätestens am 20. August fliegen.«

»Okay …«, Anna schluckte. »Das ist schon ganz schön bald.« Sie warf Zoe einen Blick zu.

»Wir wollten doch unsere große Patchwork-Feier abhalten. Die Taufe von Lena Charlotte und die längst überfällige Babyparty für deine Jungs, Zoe.«

»Ja, irgendwann im September.«

»Warum eigentlich erst so spät?«, fragte Ilona.

»Na ja, ich hatte vor, erst dann zu feiern, wenn ich meine Milchbar hier endgültig geschlossen habe …«, sie deutete auf ihre Brüste, »… damit ich mir nach der ewigen Pause an einer echten Bar den größten Cocktail meines Lebens gönnen kann und …«

»Tut mir leid, Zoe, aber der Cocktail muss wohl warten, wie es aussieht. Wir müssen die Patchworkfeier nach vorn verlegen, damit Emma dabei sein kann«, unterbrach Anna sie nun energisch und griff prompt nach dem Handy und wählte eine Nummer.

Wir sahen sie alle fragend an.

»Hallo, Leo«, begrüßte sie über Lautsprecher ihre Tochter am Handy.

»Hallo, Mama!«

»Du weißt ja schon, dass deine Schwester nach New York geht.« Ihrem Tonfall nach schien sie darüber ein wenig verschnupft zu sein. »Aber bevor sie fliegt, will ich hier unser großes Familienfest machen, wenn es geht mit der Taufe von Lena-Charlotte. Bitte sag deinen Schwiegereltern Bescheid, und plant schon mal das Wochenende um den 12. August ein. Ich melde mich später noch mal.«

Und noch bevor Leo etwas sagen konnte, hatte sie wieder aufgelegt.

Ich konnte echt nur staunen. Anna war unglaublich. Obwohl die Neuigkeit sie sicher aus der Bahn geworfen hatte, machte sie mal wieder das Beste aus der Situation. Und um nicht zu viel darüber nachzudenken, stürzte sie sich sofort in einen wilden Aktionismus.

»Wir machen das bei uns im Garten! Das geht doch, oder?«, fragte sie mich und Ilona.

»Natürlich geht das!«, beteuerten Ilona und ich gleichzeitig, wenngleich leicht verdattert.

»Gut, denn wir haben an diesem Tag ziemlich viel zu feiern, nicht wahr?« Sie sah in die Runde.

»Unbedingt!«, beteuerte Zoe, und wir stimmten ihr zu.

»Mich ärgert es nur gewaltig, dass Emma dieses Stipendium hauptsächlich dem Umstand zu verdanken hat, dass Jo Ranke sie dabei unterstützt hat«, kam Anna nun doch auch noch auf den Musiker zu sprechen. »Irgendwie muss ich ihm wohl dafür dankbar sein!«

»Hauptsächlich hat Emma das Stipendium deswegen bekommen, weil sie so talentiert ist«, stellte Zoe klar.

»Und sieh es doch mal so«, begann Ilona vorsichtig. »Er hat sich damals dir gegenüber zwar beschissen benommen, aber so ein ganz übler Kerl ist er ja auch wieder nicht, und damit hat er es vielleicht zumindest ein klein wenig wiedergutgemacht.«

»Und er ist wirklich voll nett gewesen«, beteuerte Emma rasch.

Anna atmete einmal tief ein und aus.

»Okay. Trotzdem werde ich ihm keinen Geschenkkorb dafür schicken!«, erklärte sie, und ich musste über ihren trotzigen Blick grinsen.

»Wann sagst du es denn deinem Vater, Emma?«, fragte Ilona. Annas Exmann Gerald lebte mit seiner Frau Karla, den Zwillingen Lina und Pia und dem kleinen Vincent in München.

»Ach, den ruf ich einfach mal die nächsten Tage an. Papa macht sich da sicher keinen Kopf. Den sehe ich sowieso kaum, weil er immer arbeitet, wenn ich zu Besuch bin. Nur Karla und vor allem die Kleinen, die werde ich total vermissen.«

»Auch das kann man mit regelmäßigen Videochats überbrücken«, versuchte ich, sie aufzumuntern. »Und du bist in New York ja auch keine Gefangene für die nächsten zwei Jahre, du kannst durchaus auch mal für ein oder zwei Wochen nach Deutschland fliegen, um uns zu besuchen.«

»Stimmt. Wenn du uns besuchen willst, Spätzchen, dann spendiere ich dir die Flüge«, bot Mina ihrer Enkelin an. »Meine Ersparnisse liegen sowieso nur auf der Bank herum. Ich gebe es dir lieber mit warmen Händen.«

»Mit warmen Händen?«, fragte Emma, die sich offenbar – genau wie ich – nichts darunter vorstellen konnte.

»Ich meine, solange ich noch lebe und nicht erst als Erbe, wenn ich gestorben bin und eiskalt im Sarg liege. Dann krieg ich wenigstens mit, wie du dich darüber freust, und hab auch noch was davon«, erklärte Mina vergnügt in ihrer direkten Art.

»Ach Oma …«

»So fit, wie du bist, überlebst du uns noch alle, Mina!«, sagte Ilona.

»Gott bewahre!«, winkte Mina ab. »Das will ich ganz bestimmt nicht. Aber auf ein paar nette Jährchen mit euch hoffe ich schon noch.«

»Das will ich dir aber auch geraten haben, Mutter!«, sagte Anna nachdrücklich.

»Sag mal, Mama, wäre es okay für dich, wenn wir Papa, Karla und die Kleinen auch zu unserem Fest einladen?«, fragte Emma.

»Wenn wir es schon Patchworkfeier nennen, dann gehört Gerald mit seiner zweiten Familie wohl auch dazu«, meinte Anna.

In diesem Moment hörten wir draußen die Haustür. Gleich darauf kam Pauls Tochter Jana in die Wohnküche. Der Witwer hatte das Mädchen mit in die Ehe mit Anna gebracht. Jana und Emma waren schon Schulfreundinnen gewesen, bevor Anna und Paul zusammengekommen waren, und spielten gemeinsam in der Band *Crazyblubb*. Jana studierte seit dem letzten Jahr Erziehungswissenschaften in Regensburg und kam öfter an den Wochenenden an den Chiemsee, meistens dann, wenn Bandproben oder Auftritte angesagt waren. Auch diese würden ohne Emma längere Zeit nicht mehr stattfinden können. Doch die Auftritte waren ohnehin immer seltener geworden, weil die Bandmitglieder jetzt entweder studierten oder eine Ausbildung machten, und Emma ging davon aus, dass die Band sich bald auflösen würde.

»Hey, hier ist ja mal wieder was los!«, rief Jana fröhlich in die Runde und stellte ihren Rucksack ab.

Emma biss sich auf die Unterlippe.

»Hi, Stiefschwester. Setzt du dich mal? Ich muss dir was erzählen!«

Jana sah sie neugierig an.

»Was denn?«

Eine halbe Stunde später hatten Emma und ich alle ins Wohnzimmer geschickt, während wir rasch Penne all'arrabbiata zauberten.

»So schlecht lief es doch gar nicht, Hexlein«, meinte ich, während ich die Haut von den Tomaten abzog, die ich zuvor kurz blanchiert hatte, und sie in kleine Stücke schnitt.

»Nö. Keine Ahnung, warum ich so einen Bammel davor hatte, es ihnen zu sagen. Am Ende sind Mama und Oma sowieso immer total cool und verständnisvoll.«

»Bestimmt hattest du vor allem Angst vor deiner eigenen Courage, weil du diese große Entscheidung allein getroffen hast. Und natürlich wolltest du sie nicht allzu traurig machen, weil du so lange weg sein wirst.«

Sie nickte und drückte mir ein Küsschen auf die Wange.

»Trotzdem danke, dass du mir beigestanden hast, Ben!«

»Aber klar doch!«

»Und du versprichst mir hoch und heilig, dass du gut auf alle aufpassen wirst, während ich weg bin?«

»Sie sind zwar keine kleinen Kinder mehr, aber ich werde mein Bestes geben, sofern das bei diesem bunten Haufen überhaupt möglich ist. Mach dir jetzt mal keinen Kopf deswegen.«

Emma hackte den Knoblauch und gab ihn zusammen mit fein geschnittenem frischem Chili in eine tiefe Pfanne mit heißem Olivenöl.

»Unsere Kochsessions werden mir sicher fehlen«, meinte sie und seufzte.

»Mir auch, Hexlein – aber jetzt reden wir nicht mehr länger darüber, was in ein paar Wochen nicht mehr möglich ist, sondern darüber, was wir bis dahin noch alles machen können, okay?«

»Okay. Hör mal, nachdem ich mir für das jetzige Studium kein Bein mehr ausreißen muss, kann ich gerne im Laden und beim Catering aushelfen, wenn ihr mich braucht.«

»Ganz dringend sogar! Komm morgen im Geschäft vorbei, dann gehen wir die Termine durch, an denen du einspringen könntest. Das sind echt einige.«

»Super. Dann kann ich mir noch ein wenig Kohle für New York dazuverdienen.«

Die Tür ging auf, und Zoe kam herein. Sie bewegte sich noch langsam und vorsichtig.

»Hendrik holt mich gleich ab.«

»Du bleibst nicht mehr zum Essen? Ich wollte extra für dich eine stilltaugliche Soße ohne Knoblauch und Chili machen«, sagte ich. Ich wusste, dass Baby Sebastian empfindlich reagierte, wenn Zoe zu scharf Gewürztes oder gewisse Gemüsesorten aß.

»Danke, Ben. Aber Sebastian ist wohl schon halb am Verhungern, und meine Brüste explodieren gleich. Ich bin echt auch erledigt und hoffe nur, dass die Schmerzen wegbleiben … und entschuldigt bitte noch mal, dass ich heute meinen Mund nicht halten konnte …«

»Schon okay, Zoe!«, unterbrach Emma sie. »Vielleicht war es ja auch besser so. So hatten wir es schnell hinter uns.«

»Stimmt auch wieder … Ach übrigens, Emma, Hendrik hat einige Jahre in New York gelebt und kann dir sicher gute Tipps geben. Wenn du magst, komm bald mal vorbei und unterhalte dich mit ihm.«

»Das wäre super.«

»Und danke, Ben, dass du Jenny heute am Flughafen abgeholt hast. Du hast was gut bei mir!«

»Du weißt, dass ich das gerne gemacht habe. Aber vielleicht krieg ich ja mal eine professionelle Zahnreinigung gratis«, schlug ich mit einem Zwinkern vor.

»Das kriegen wir hin! Mach einfach einen Termin aus.«

Kapitel 10

Eine Reise durch sieben Länder

Nach Ladenschluss am frühen Samstagnachmittag waren Ilona und ich mit Büroarbeit beschäftigt und erstellten den Kostenvorschlag für das Catering der Geburtstagsfeier von Frau Peters Ehemann. Vorsichtshalber bestellte ich schon mal mehrere Kisten Crémant, Riesling und Pinot noir beim Weingut Bernard Beaulieu auf Vorrat. Ilona arbeitete schon viele Jahre eng mit dem Familienbetrieb aus dem Elsass zusammen. Falls aus dem Auftrag nichts werden sollte, konnten wir die Getränke auch für andere Veranstaltungen oder Annas Patchworkfamilienfeier im August verwenden. Oder einfach im Laden verkaufen und unsere neu im Sortiment befindlichen Picknickkörbe damit bestücken.

Am Samstagabend schickte ich die E-Mail an Frau Peters ab und hoffte, dass sie mir bald Bescheid geben würde, ob sie sich für uns entschieden hatte und ob sie lieber Platten mit Fingerfood oder ein warmes Büfett haben wollte.

»Komm, lass uns endlich Feierabend machen«, schlug Ilona vor und gähnte müde. »Das war eine anstrengende Woche. Ich bin richtig froh, dass wir dieses Wochenende keinen Cateringauftrag haben.«

»Ich auch! Was machst du denn heute noch?«

»Och, ich werfe mich mit dem Laptop, einem Glas Rotwein und einer Tüte Chips ins Bett und freue mich auf ein paar schöne Plauderstunden mit Chris per Video.«

»Vermutlich geht es dabei ziemlich heiß her.«

»Neidisch?«

»Und wie!«

Sie lachte.

»Du Armer! Es wird echt Zeit, dass du mal wieder jemanden kennenlernst.«

»Tja. Schön wär's. Sag Chris Grüße von mir.«

»Mache ich!«

Auch ich wollte jetzt erst mal nur nach Hause, mir ein paar Sandwiches zubereiten und es mir damit auf dem Sofa vor dem Fernseher bequem machen. Später würde ich noch auf ein Bier in die Kneipe gleich bei mir um die Ecke gehen und an der Theke mit Nils quatschen, einem alten Schulfreund, der dort als Barkeeper arbeitete. Und vielleicht würde ich ein wenig Billard spielen.

Kurz bevor ich den Rechner im Büro herunterfuhr, meldete der Posteingang eine E-Mail von Frau Peters. Die hatte sich ja schnell gemeldet. Aber für heute hatte ich einfach genug. Ich würde die Nachricht morgen lesen. Irgendwann musste auch bei mir mal Feierabend sein. Zumindest für ein paar Stunden.

In der Kneipe war es letzte Nacht später geworden, als ich gedacht hatte, trotzdem wachte ich ziemlich früh auf. Halb sechs, und ich war hellwach. Ich schlüpfte in eine Sporthose, T-Shirt und Turnschuhe und verließ die Wohnung, um eine große Runde am See entlangzulaufen.

Dicke graue Wolken hingen so tief, dass die Berge darunter versteckt waren, doch ich hatte Glück, denn der Regen blieb aus. Während ich mein Tempo langsam steigerte, lauschte ich über Kopfhörer einem Podcast, der mich von den Gedanken an meine Arbeit oder mein nicht vorhandenes Liebesleben ablenkte. Allerdings merkte ich durchaus, dass ich nicht mehr so fit war und meine Kondition in letzter Zeit tatsächlich etwas nachgelassen hatte, und nahm mir fest vor, ab jetzt wieder regelmäßig zu trainieren.

Auf einer Parkbank am Ufer machte ein attraktiver junger Mann Übungen. Als ich an ihm vorbeilief, sah er mich eingehend an. Ich fragte mich, ob der Typ mir aus Freundlichkeit oder Interesse zugelächelt hatte. Früher hätte ich vielleicht eine kleine Pause an der Bank eingelegt, um das herauszufinden. Früher – das war vor Bernhard gewesen. Seit der unschönen Trennung war ich tatsächlich sehr viel zurückhaltender geworden, mich auf ein neues Abenteuer einzulassen.

Ich erhöhte noch einmal mein Tempo und konzentrierte mich wieder auf den Podcast.

Kurz vor halb acht war ich zurück in meiner Wohnung und fühlte mich auf angenehme Weise ausgepowert. Nach einer heißen Dusche war ich wie neugeboren. Ich stand mit dem Handtuch um den Hüften vor dem Spiegel und beschloss spontan, meinen kurz gehaltenen Bart, den ich seit über drei Jahren trug, komplett abzurasieren. Das war keine allzu große Veränderung, aber es fühlte sich trotzdem anders an, über die nun glatten Wangen und das Kinn zu streichen, und ich hatte den Eindruck, damit auch jünger auszusehen.

Meine Haare könnten auch mal wieder einen neuen Schnitt vertragen, überlegte ich. *Und ich werde mir einen Hut kaufen!*

Mama Blancas Worte diesbezüglich hatten weitere Nahrung bekommen, als gestern auf dem Weg zur Kneipe erneut das kleine Geschäft eines Vogels auf meinem Kopf gelandet war. Zweimal innerhalb von zwei Tagen! Das war schon etwas seltsam.

Während ich noch darüber nachdachte, klingelte mein Handy mit einer mir unbekannten Nummer. Wer war das denn an einem Sonntag um diese Zeit?

»Ja hallo?«, meldete ich mich.

»Nachdem Sie es offensichtlich nicht für nötig halten, auf meine E-Mails zu reagieren, bleibt mir leider nichts anderes übrig, als Sie anzurufen!«, legte eine energische Stimme los, die mir sofort bekannt vorkam.

»Frau Peters?«

»Ganz genau! Wir haben vereinbart, dass wir uns so schnell wie möglich absprechen, aber Sie melden sich einfach nicht!«

Sie klang sehr verärgert.

So war das leider heutzutage. Jeder sollte zu jeder Zeit für jeden verfügbar sein. Dem konnte man nur entgehen, indem man sich in seiner Freizeit von allen Kommunikationsgeräten fernhielt. Doch wenn man selbstständig war, dann war das leichter gesagt als getan.

»Tut mir leid, aber ich …!«

»Also, es gibt da noch einiges zu klären, bei Ihrem Kostenvoranschlag …«, unterbrach sie mich und legte los.

Gut eine Stunde später hatten wir alles besprochen, und ich blies erst einmal Luft durch die Lippen, als ich auf die vielen Notizen sah, die ich mir gemacht hatte. Immerhin waren meine Haare inzwischen trocken, und ich war zwischendrin in eine Jogginghose und ein T-Shirt geschlüpft.

Die Bürgermeisterin hatte nicht übertrieben, was ihre Bekannte betraf. Frau Peters konnte ziemlich anstrengend sein, um es mal vorsichtig auszudrücken. Letztlich waren es nur wenige echte Kritikpunkte gewesen, die sie jedoch so aufgebauscht hatte, dass ich zwischendrin fast einmal die Geduld verloren hätte.

Doch am Ende bekam ich den Auftrag für die Variante mit dem Fingerfood, welches wir unter das Motto stellten: *Eine kulinarische Reise durch sieben Länder – Italien, Japan, Mexiko, Spanien, Indien, Türkei und Österreich.*

Hierbei bot sich eine Vielfalt von Möglichkeiten, auch für vegane und vegetarische Gerichte. Zudem einigten wir uns auf ausgewählte Weine und Spirituosen und auf niederbayerisches Bier. Bezüglich der Dekoration würden wir uns am Montag besprechen.

Außerdem hatte ich versprochen, weiterhin mein Bestes zu geben, um für die Veranstaltung eine Band aufzutreiben, und hatte da auch schon eine Idee. Ich griff nach dem Handy und rief Ilona an, die sich mit Anna zum Sonntagsbrunch getroffen hatte. Ich erzählte ihr von dem Telefonat mit Frau Peters, und dass der Auftrag mit einem ordentlichen Budget in trockenen Tüchern war.

»Sag mal, Ilona, wie hieß noch gleich die Band, die bei der Hochzeit von Leo und meinem Bruder gespielt hat?«, fragte ich. »Ich überlege schon die ganze Zeit, aber mir fällt der Name einfach nicht ein.«

»War das nicht irgendwas mit Buam … Passauer Buam oder so?«, überlegte sie laut.

»Hm … So ähnlich hießen sie.«

»Moment, Ben …«

Ich hörte, wie sie Anna fragte, und gleich darauf war sie wieder am Handy.

»Die Hallinger Buam waren das!«

»Stimmt! Die waren doch echt gut, oder? Denkst du, die wären geeignet für die Geburtstagsparty bei Herrn Peters?«

»Aber klar, warum nicht?«

Die Hallinger Buam waren eine sechsköpfige Band um den Trompeter und Sänger Benjamin Bauer, die aus der Nähe von Passau stammte. Soweit ich mich noch erinnern konnte, hatten sie anfangs hauptsächlich bayrische Blasmusik auf Volksfesten gespielt, doch nach einem Wechsel von drei Musikern hatten sie inzwischen auch Unterhaltungs- und Tanzmusik in ihr Repertoire aufgenommen und spielten vor allem auf Hochzeiten.

»Ich schreib denen mal eine Mail.«

»Super! Es scheint doch alles gut zu laufen, mein Tiger!«, meinte Ilona vergnügt, und ich hatte den Verdacht, dass sie und Anna sich zum Brunch Prosecco gönnten.

»Ja. Es läuft prima!«, stimmte ich ihr zu.

»Es läuft alles völlig aus dem Ruder!«, schimpfte ich fast eine Woche später. »Diese Frau hat einen Vogel!«

»Bitte, Ben. Reg dich doch nicht so auf!«, versuchte Ilona, mich zu beruhigen, während ich kurz vor Mittag Warmhaltegefäße mit knusprigen Schweinshaxen, Knödeln und Sauerkraut für zwanzig Personen in den Lieferwagen lud, die für einen 50. Geburtstag bestellt worden waren.

»So kenne ich dich gar nicht, Tiger!«

»So kenne ich mich selbst auch nicht, aber diese Frau treibt mich noch in den Wahnsinn!«, polterte ich stinksauer los und schob meinen Trilby Strohhut, den ich mir vor zwei Tagen gekauft hatte, etwas nach hinten.

»Sie ist echt anstrengend.«

Ich schloss die hintere Wagentür und sah Ilona an.

»Nachdem wir letzte Woche die Pläne für die Dekoration dreimal umgeworfen haben und sich die Strecke der kulinarischen Reise – und damit die Zutatenliste – ständig geändert hat und wir bis heute noch keine klare Ansage bezüglich der Geburtstagstorte haben, überlegt sie jetzt allen Ernstes, ob wir nicht doch lieber ein warmes Büfett mit drei verschiedenen Gerichten und zum Nachtisch eine große Eistorte servieren sollen.«

»Die weiß überhaupt nicht, was sie will!«, sagte Ilona und seufzte, ebenfalls genervt. »Aber der Kunde ist nun mal König, und in diesem Fall ist die Kundin Königin.«

»Ilona, ich versuche wirklich immer, es allen recht zu machen und spontane Lösungen zu finden, aber ich kann für kein Königshaus der Welt planen, wenn sich ständig alles ändert. Ich muss bald die Ware bestellen, das Personal einteilen. Wenn es jetzt aber doch ein Büfett geben soll mit drei Hauptgerichten, an dem die Gäste sich selbst bedienen, dann brauchen wir nicht mehr so viel Personal in der Küche und im Service. Das schaffen wir beide zur Not zusammen mit Emma auch noch allein.«

»Da müssten wir tatsächlich wieder viel umorganisieren. Wie seid ihr denn jetzt verblieben?«

»Sie will noch mal darüber nachdenken.«

»Lass uns am besten noch mal in Ruhe reden, wenn du wieder zurück bist.«

»Okay.«

Ich stieg in den Wagen und brachte das Essen ins benachbarte Bad Endorf zur Geburtstagsfeier. Ein unkomplizierter Auftrag mit freundlichen Kunden. Dass es nicht immer so einfach sein konnte, war mir klar, aber so dermaßen kompliziert und nervig wie mit Frau Peters brauchte ich es echt nicht allzu oft.

Bevor ich mich wieder auf den Rückweg ins Geschäft machte, bekam ich eine Sprachnachricht aufs Handy. Ich verdrehte die Augen. Frau Peters! Was war ihr denn jetzt wieder eingefallen?

Ich hielt das Handy ans Ohr und spielte die Nachricht ab.

»Hallo, Herr Fuchs, mein Mann und ich haben gerade noch mal über die Musik für das Fest gesprochen. Ich weiß auch nicht so recht, diese Hallinger Buam …« Sie sprach das Wort *Buam* in einem so schlimmen künstlichen Bairisch aus, dass es fast wehtat. »… also diese Musiker sind vielleicht doch nicht so passend für den Anlass, wie wir uns das vorgestellt haben. Vielleicht könnten Sie sich noch mal umhören und einen Pianisten auftreiben? Und dann will ich auch unbedingt auch noch …«

Ich schaltete die Nachricht aus und musste mich zusammenreißen, um das Handy nicht ins nächstbeste Gebüsch zu pfeffern. Nachdem es endlich mit einer guten Band geklappt und ich den Musikern verbindlich zugesagt hatte, wollte sie jetzt aus heiterem Himmel einen Pianisten engagieren?

So geht das nicht!

Während ich zurück zum Geschäft fuhr, wählte ich Ilonas Nummer.

»Ilona, ich weiß, der Auftrag ist lukrativ. Und es handelt sich um eine gute Bekannte der Bürgermeisterin. Und wir haben auch schon einiges an Zeit und Arbeit reingesteckt. Aber ich kann so nicht arbeiten. Echt nicht! Gerade eben hat die Peters mir schon wieder eine Nachricht geschickt, dass sie statt der Band lieber einen Pianisten haben will.«

»Was? Aber das war doch schon fest mit den Hallinger Buam ausgemacht.«

»Allerdings. Falls ich der Band nun wieder absage und wirklich einen Pianisten finde, was ich mir so kurzfristig nicht vorstellen kann, frage ich mich, was ihr dann wieder einfällt. Die Regensburger Domspatzen? Ein Wiener Streichquartett? Oder einen singenden Feuerspucker zur Unterhaltung? Und womöglich will sie morgen weder ein Büfett noch Fingerfood, sondern lieber ein Barbecue oder Steckerlfische? Vielleicht fällt ihr kurz vor dem Geburtstag ein, dass sie eigentlich doch lieber in einem Lokal feiern möchte? Wer weiß das schon?«

»Die Frau bringt dich echt in Rage.«

»Total! Außerdem stellt sie auch noch die Deko in Frage, die sie sich nach echt anstrengenden Gesprächen explizit gewünscht hat. Ich hab die Kerzen und Servietten schon bestellt und den Blumen-Tischschmuck bei der Floristin in Auftrag gegeben. Auch das müsste ich jetzt alles wieder stornieren!«

»Sie scheint ja wirklich völlig unberechenbar zu sein.«

»Das ist noch freundlich ausgedrückt.«

»Pass mal auf, Ben. Ich finde, ab einem bestimmten Punkt ist es genug, und da kann man dann auch nicht mehr zusammenarbeiten. Wenn du den Auftrag nicht mehr machen möchtest, dann steh ich voll hinter dir. Schließlich sind wir Partner! Und bald sogar hochoffiziell, wenn die Verträge unterschrieben sind.«

»Danke für dein Verständnis, Ilona. Ehrlich gesagt, habe ich wirklich keine Lust mehr, den Lakaien dieser Frau zu spielen.

Ich verspreche dir, dass ich den Ausfall mit anderen Aufträgen wieder reinbringe.«

»Schon gut. Dieses Hin und Her der Kundin ist ja auch ein finanzielles Risiko für uns. Wenn du dir sicher bist und die Feier wirklich nicht mehr ausrichten möchtest, dann ruf sie umgehend an und gib ihr Bescheid.«

Ich nickte entschlossen.

»Mache ich. Aber nicht am Telefon. Ich fahre zu ihr und sage ihr ins Gesicht, was ich von ihr halte und warum eine weitere Zusammenarbeit unter diesen Umständen einfach nicht mehr möglich ist.«

»Soll ich mitkommen?«

»Das kriege ich allein hin, keine Sorge, Ilona … Ich freue mich fast schon darauf, ihr mal ordentlich die Meinung zu geigen!«

Ich hörte Ilona leise lachen.

»Okay. Aber danach kommst du bitte gleich zu mir in den Laden und erzählst mir alles!«

»Geht klar!«

Kapitel 11

Ein fliegender Hut

Auf dem Weg zum Haus der Peters hörte ich den Rest der Sprachnachricht ab, der auch noch meine letzten Zweifel vertrieb, ob ich die Zusammenarbeit wirklich beenden sollte. Sie wollte erneut über das Budget sprechen. Dabei war der Preis mit der Auftragserteilung fest ausgemacht!

»Ich bin froh, wenn ich die Sache gleich hinter mir habe«, murmelte ich und hoffte, dass es nicht allzu stressig werden würde.

Als ich aus dem Wagen stieg, hatte sich der Himmel zugezogen, und ein frischer Wind war aufgekommen. Es sah nach einem Gewitter aus, was gut zu meiner Stimmung passte.

Ich ging zur Haustür und klingelte zweimal. Doch niemand kam. Ich hätte doch besser vorher anrufen sollen.

Mist! Also musste ich das persönliche Gespräch verschieben oder das Ganze telefonisch regeln. Ich könnte ihr natürlich auch eine Mail schreiben, aber das würde sich für mich ein klein wenig feige anfühlen.

Der Wind wurde immer stärker. Ich sah zum Himmel. Da braute sich echt was zusammen. Als ich gerade wieder in den Wagen steigen wollte, riss mir eine Bö den Hut vom Kopf.

Ich versuchte, ihn noch zu erwischen, doch er flog bereits über die Hecke in den Garten der Peters.

»Verdammt!«

Ich fluchte genervt. Der Hut war nicht billig gewesen. Ich suchte nach einer Möglichkeit, aufs Grundstück zu kommen. Doch das Gartentor war verschlossen.

Plötzlich entdeckte ich einen Mann in Arbeitskleidung, der dem über den Rasen wirbelnden Hut hinterherlief und ihn schließlich zu fassen bekam, bevor er in einem kleinen Gartenteich gelandet wäre.

»Hallo!«, rief ich ihm über den Wind hinweg zu. »Das ist meiner!«

Er drehte sich zu mir um, und ich stellte fest, dass er jünger war, als ich zunächst angenommen hatte. Um die dreißig vielleicht. Vermutlich der Gärtner oder der Hausmeister der Peters. Vielleicht ja auch ein Handwerker? Etwas abseits im Garten standen nämlich neben einem Gartenhaus mit einer etwas ungewöhnlichen runden Form eine Schubkarre und Arbeitsgeräte.

Er kam auf mich zu und reichte mir den Hut, den ich vorsichtshalber in der Hand behielt, damit er mir nicht noch einmal vom Kopf gerissen wurde.

»Hey, super! Danke dir!«

»Ich bin froh, dass ich ihn gerade noch erwischt habe!«, sagte der junge Mann mit einem unverbindlichen Lächeln, sah mich mit seinen olivgrünen Augen an und strich sich eine Strähne des braunen Lockenkopfes aus der Stirn, den der Wind schon ziemlich zerzaust hatte.

»Ich wollte eigentlich zu Frau Peters«, erklärte ich, um meine Anwesenheit zu rechtfertigen.

»Die ist unterwegs, leider weiß ich nicht, wann sie zurückkommt«, erwiderte der junge Mann. »Was willst du denn von ihr?«

»Es geht um den Auftrag für die Geburtstagsfeier ihres Mannes.«

»Ah, du bist der vom Catering-Service?«, fragte er interessiert.

»Genau.«

»Das habe ich ein wenig mitbekommen. Ein ziemliches Hin und Her, oder?«

»O ja. Sie ist echt … nun ja, also Frau Peters ist etwas anstrengend. Aber wenn du hier arbeitest, weißt du ja vermutlich, wovon ich spreche.«

Er lachte kurz auf, und ich entdeckte ein Grübchen in seiner rechten Wange.

»Das weiß ich sogar ganz genau! Sie kann furchtbar anstrengend sein.«

Ich nickte zustimmend.

»Und du kommst mit diesem schrägen Verhalten einfach so klar?«, hakte ich ungläubig nach.

»Ich bin das schon gewohnt. Man darf es nur nicht persönlich nehmen, dann geht das schon«, erklärte er, und seine Augen funkelten amüsiert.

»Ich heiße Ben!«, stellte ich mich unaufgefordert vor.

»Und ich bin Florian!«

»Bist du hier der Hausmeister?«

Bevor er antworten konnte, fielen die ersten dicken Tropfen, und von einer Sekunde auf die andere fing es an, wie aus Eimern zu schütten.

»Schnell ins Haus«, schlug er vor und öffnete mir das Gartentor. Ich folgte ihm zur Garage, durch die wir über einen seitlichen Eingang in die weitläufige Diele des Hauses gelangten. Die kurze Zeit im Regen hatte gereicht, dass meine Haare und mein T-Shirt klatschnass waren.

»Da drüben ist das Gästebad!«, sagte Florian, der aus seiner Arbeitsjacke schlüpfte, die ihn vor dem Regen geschützt hatte, und deutete zu einer Tür auf der rechten Seite. »Im Schrank sind Handtücher. Bedien dich ruhig!«

»Ist das denn auch okay?«, fragte ich sicherheitshalber.

»Falls es deswegen Ärger geben sollte, nehme ich das auf meine Kappe!«, erklärte er. Wieder mit diesem eigentümlichen Lächeln.

Ich rubbelte im Bad meine Haare und blies mein T-Shirt notdürftig mit dem Föhn trocken. Im Auto hatte ich eine Jacke, in die ich später schlüpfen konnte.

Als ich zurück in die Diele trat, kam Florian mir entgegen. Auch seine Haare waren immer noch feucht. Er hielt einen grauen Hoodie in der Hand.

»Danke, dass ich das Bad benutzen durfte«, sagte ich.

»Kein Ding. Brauchst du was zum Anziehen?«

»Passt schon. Mein T-Shirt ist fast trocken.«

»Das sieht aber nicht so aus. Hier …« Er drückte mir den Hoodie in die Hand. »Der müsste dir passen!«

»Danke!«

Ich zog das tatsächlich noch unangenehm feuchte T-Shirt rasch aus und schlüpfte in den Hoodie, der nach einem angenehmen Weichspüler duftete. Das fühlte sich eindeutig besser an als das klamme T-Shirt.

Eigentlich wäre jetzt der Zeitpunkt, um mich zu verabschieden. Doch ich wollte noch nicht gehen, ich wollte mehr über diesen Florian erfahren.

»Wenn du Kaffee oder Tee möchtest, kann ich uns gern was machen«, bot er an. »Und keine Sorge, ich habe die Erlaubnis, die Küche zu benutzen.«

»Dann gerne Kaffee … vielleicht sind die Peters ja doch nicht ganz so schlimm, wie ich gedacht habe. Wobei ich ja nur Frau Peters persönlich kenne.«

»Oh, die Frau kann manchmal wirklich furchteinflößend sein.«

Ich folgte ihm in die geräumige Küche und nahm an einem Barhocker an der Küchentheke Platz.

»Möchtest du einen Espresso, einen Cappuccino oder einen Latte? Oder einfach nur schwarzen Kaffee?«, fragte Florian und schüttete Kaffeebohnen in eine Espressomühle.

»Bei dieser Auswahl hätte ich gern einen Cappuccino.«

»Schon in Arbeit.«

Ich sah ihm dabei zu, wie er mit geübten Handgriffen den frisch gemahlenen Kaffee in das Sieb gab und ihn gefühlvoll mit dem Tamper nach unten drückte. Dann spannte er den Siebträger ein und startete die Maschine. Währenddessen schäumte er Milch in einem Kännchen auf und schüttete sie ganz lässig so gekonnt in die Tasse, dass das Motiv eines Blattes entstand.

»Bitte sehr.«

»Wow!«

Er stellte die Tasse vor mir ab, klopfte den Kaffeesatz aus dem Sieb und wischte es sorgfältig aus, bevor er erneut gemahlenen Kaffee einfüllte und die Prozedur wiederholte.

»Hast du mal als Barista in einer Kaffeebar gearbeitet?«, fragte ich beeindruckt.

»Nein. Ich trinke nur sehr gerne guten Kaffee.«

Ich nippte an der Tasse. Der Cappuccino schmeckte genau so gut, wie er duftete, herrlich aromatisch, und war auf der Zunge gleichzeitig cremig-mild.

»Meine Güte, du solltest den Job hier schmeißen und ein Café aufmachen«, empfahl ich ihm, bevor ich erneut einen Schluck nahm. »Dir würden die Leute die Bude einrennen.«

Er lachte.

»Ich werde mal darüber nachdenken.«

Gerade als ich ihn erneut fragen wollte, was genau er denn hier im Haus der Peters machte, wurde die Haustür aufgesperrt. Das Klacken von Absätzen auf dem Fliesenboden ließ auf Frau Peters schließen. Ich merkte sofort, wie ich mich verkrampfte, als ich an das bevorstehende Gespräch dachte.

»Bitte jetzt nicht wundern«, flüsterte Florian mir zu, und bevor ich mich über seine Worte wundern konnte, kam Frau Peters auch schon in die Küche.

»Ach, wir haben ja Besuch!«, sagte sie überrascht. »Herr Fuchs!«

»Hallo, Frau Peters«, begrüßte ich sie. »Sie haben mir noch mal ein paar Nachrichten geschickt«, kam ich gleich zur Sache.

Sie legte ihre Handtasche auf einer Kommode ab und kam zu uns an die Theke.

»Vielleicht keine schlechte Idee, dass Sie hergekommen sind. Es gibt noch einiges, worüber wir dringend reden müssen.« Sie sagte das so entspannt, wie ich sie bisher noch nicht erlebt hatte, und warf einen Blick zu Florian.

»Machst du mir bitte einen Espresso, mein Schatz?«, bat sie ihn.

Schatz?

»Klar, Mutter!«

Mutter?

Entgeistert schaute ich zwischen den beiden hin und her, während mir bewusst wurde, dass ich mich offenbar mächtig in die Nesseln gesetzt hatte, als ich vor Florian über seine vermeintliche Chefin gelästert hatte.

Wieso war ich nicht gleich auf die naheliegende Idee gekommen, dass er ihr Sohn sein könnte? Vielleicht weil er mir auf Anhieb so sympathisch gewesen war, dass ich es gar nicht in Erwägung gezogen hatte, eine so anstrengende Frau wie sie könnte so angenehmen Nachwuchs haben? Allerdings hatte Florian mich auch nicht korrigiert, als ich ihn für einen Angestellten des Hauses gehalten hatte.

»Ich sagte doch, nicht wundern«, murmelte er mit einem vergnügten Zwinkern, als hätte er meine Gedanken gelesen.

»Was meinst du, Florian?«, fragte seine Mutter.

»Ach nichts.« Er winkte ab, während er einen Espresso für sie zubereitete.

Offenbar fand er das Missverständnis amüsant und hatte Humor, was mir gefiel. Er schien mir die Worte über seine Mutter auch nicht übel zu nehmen.

Frau Peters wandte sich wieder an mich.

Jetzt war der Zeitpunkt gekommen, um ihr ordentlich die Meinung zu ihrem unmöglichen Verhalten zu geigen und unsere Zusammenarbeit zu kündigen. Doch genau das wollte ich zu meinem Erstaunen in diesem Moment nicht mehr tun. Der Grund dafür servierte seiner Mutter eben einen Espresso.

Wenn ich den Geburtstag für Herrn Peters ausrichtete, würde ich Florian vielleicht noch öfter begegnen. Auch wenn es verrückt war, weil ich vor einer halben Stunde noch nicht einmal wusste, dass es Florian Peters überhaupt gab, wollte ich ihn unbedingt wiedersehen und ihn näher kennenlernen.

»Ich habe mir über Ihre Nachrichten und Änderungsvorschläge Gedanken gemacht, Frau Peters. Einiges davon können wir sicherlich noch anpassen, aber gewisse Entscheidungen müssen definitiv und endgültig noch heute getroffen werden, damit alles rechtzeitig für die Party organisiert werden kann«, erklärte ich in einem professionellen, freundlichen Ton, den ich mir auf dem Weg hierher nicht hätte vorstellen können.

»Wir gehen besser in mein Büro, um das alles zu klären, Herr Fuchs«, schlug sie vor. »Ich muss nur noch kurz einen Anruf erledigen.«

Sie trank ihren Espresso aus, nahm ihre Handtasche und ging aus der Küche.

»Das hättest du mir echt sagen können«, sagte ich zu Florian. »Du hast mich ganz schön auflaufen lassen.«

Er grinste.

»Es war einfach zu verlockend.«

»Also, das, was ich über deine Mutter gesagt habe …« Ich suchte nach den richtigen Worten, doch Florian winkte ab.

»Es war ja alles richtig. Sie kann manchmal unmöglich sein und vergreift sich dann im Ton. Aber wie ich dir vorhin schon gesagt habe, man darf das nicht persönlich nehmen. Ihr geht es immer so sehr um die Sache, dass sie dabei übersieht, wie anstrengend oder gar verletzend sie sein kann.«

»Gut zu wissen. Für den Umgang mit manchen Menschen bräuchte man echt eine Gebrauchsanleitung.«

»Das wäre manchmal wirklich praktisch.«

Ich nickte und deutete dann auf den Hoodie.

»Danke noch mal. Den hier bringe ich dir frisch gewaschen so bald wie möglich zurück!«

»Mach dir keinen Stress deswegen.«

»Wohnst du hier bei deinen Eltern?«

»Ja. Zumindest vorübergehend.«

Bevor ich noch weiter fragen konnte, nahm er seine Tasse und sagte:

»Ich muss jetzt nach oben zu einem Videocall. Mutter wird sicherlich gleich wieder da sein. Es hat mich gefreut, dich kennenzulernen, Ben.«

»Mich auch, Florian!«

Mehr, als du vielleicht denkst.

»Und lass dich von Mutter nicht einschüchtern. Sie schätzt es durchaus, wenn man ihr auch mal Paroli bietet. Und mit guten Argumenten ist sie am Ende auch zu überzeugen. Zumindest meistens.«

Er strich sich eine widerspenstige Haarsträhne aus der Stirn.

In diesem Moment traf mich wie aus heiterem Himmel der Blitz. Natürlich nicht der echte Blitz, der draußen gleichzeitig nicht allzu weit entfernt mit einem nachfolgenden Donnergrollen den Himmel erhellte. Bei mir schlug der emotionale Blitz ein. Oder der Herzblitz. Keine Ahnung, wie man das nennen sollte. Jedenfalls passierte gerade etwas sehr Seltsames mit mir, das ich mir nicht erklären konnte und das ich auf diese Weise noch nie erlebt hatte.

Florians Tipp, mich von seiner Mutter nicht einschüchtern zu lassen, sachlich zu argumentieren und es vor allem nicht persönlich zu nehmen, hatte tatsächlich geholfen. Und bestimmt auch die Aussicht darauf, Florian wiederzusehen, wenn ich die

Zusammenarbeit fortsetzte. Als ich zwei Stunden später das Haus verließ, hatten Frau Peters und ich uns nach hartem Ringen wieder auf den ursprünglichen Auftrag für die Bewirtung mit Fingerfood und das Thema der kulinarischen Reise durch sieben Länder geeinigt. Auch das Budget blieb, wie wir es vereinbart hatten. Die Idee mit dem Pianisten hatte ich ihr ausreden können. Die Hallinger Buam sollten nun doch nicht ausgewechselt werden. Nur bei der Deko ließ sie nicht locker. Hier hatte sie sich noch mal etwas völlig Neues einfallen lassen. Aber das konnte ich verschmerzen.

Ilona würde sicherlich baff sein, dass sich die Angelegenheit noch mal so gedreht hatte. Wobei ich mir nichts vormachte. Frau Peters würde auch weiterhin anstrengend bleiben. Nur konnte ich das jetzt gelassener sehen.

Als ich vor unserem Geschäft parkte, bekam ich eine Nachricht auf mein Handy von einer mir unbekannten Nummer.

Hi, Ben. Hier ist Florian. Meine Mutter hat mir deine Nummer gegeben. Du hast deinen Hut bei uns vergessen.

Mein Herz schlug plötzlich schneller. Ein weiterer Grund, bald wieder zu den Peters zu fahren.

Fast eine Minute lang überlegte ich, was ich zurückschreiben sollte. Dann tippte ich:

Danke, Florian! Ich hole ihn ab, wenn ich dir deinen Hoodie bringe. Schönes Wochenende!

Dir auch!, kam von ihm zurück.

Ich grinste. Jetzt hatte ich seine Handynummer und hatte noch nicht einmal danach fragen müssen.

Mama Blanca kam mir in den Sinn, und ich schickte ihr in Gedanken ein dickes Dankeschön auf die Kapverden. Wäre mir der Hut nicht vom Kopf geflogen, hätte ich Florian nicht kennengelernt. So verrückt es sich anhörte, irgendwie hatte ich das Gefühl, dass unsere Begegnung eine Bedeutung hatte. Und vor allem brachte Florian mich mal wieder auf andere Gedanken, was sich ziemlich gut anfühlte.

Kapitel 12

Ilona lässt nicht locker

Ich erschrak heftig, als jemand gegen das Autofenster klopfte.

»Ilona!«

»Willst du hier draußen Wurzeln schlagen? Ich platze fast vor Neugierde!«, überfiel sie mich ungeduldig, als ich ausstieg.

»Und ich krieg fast einen Herzkasperl, wenn du mich so erschreckst!«

»Ach geh, stell dich nicht so an, und komm jetzt endlich in den Laden. Ich will wissen, wie das Gespräch mit Frau Peters gelaufen ist. Weißt du, ich habe mir schon fast Sorgen gemacht, weil du so lange weg warst. Sicher war's nicht einfach, oder? Seid ihr euch sehr in die Haare geraten? Ist sie ausgeflippt?«

Ich musste fast lachen über ihre überspitzte Besorgnis, die sie natürlich selbst nicht so ganz ernst meinte.

Jetzt musste ich Ilona auf den aktuellen Stand bringen und mein Gespräch und die weitere Zusammenarbeit als Erfolg verkaufen, ohne dabei jedoch Florian Peters zu erwähnen. Schließlich sollte sie nicht denken, dass ich unprofessionell war, weil ich meine privaten Interessen in meine Entscheidungen einfließen ließ.

»Das ist ja unglaublich!«, meinte Ilona wenig später. »Wie hast du nur hingekriegt, dass sie plötzlich so einsichtig war?«

Ich zuckte mit den Schultern.

»Man muss dieser Frau einfach Paroli bieten und sie mit Argumenten überzeugen«, antwortete ich lapidar.

»So sauer, wie du vorhin auf sie warst, hätte ich nicht erwartet, dass du den Nerv dazu hättest. Hut ab!«

Hut ab?

Genau so ein *Hut ab* – ein davonfliegender Hut – war der Auslöser dafür gewesen, den Auftrag nicht aufzukündigen.

Ich musste ein Kichern unterdrücken.

»Das hätte ich auch nicht gedacht«, gab ich zu. »Aber es hat sich dann so ergeben, und deswegen wollte ich unserer Zusammenarbeit noch eine letzte Chance geben«, dehnte ich die Wahrheit etwas aus. »Man darf es einfach nicht persönlich nehmen.«

»Okay ... Und es hat dir offenbar auch richtig Spaß gemacht. So wie du grinst«, stellte sie fest und schien mich plötzlich genauer unter die Lupe zu nehmen.

»Ich grinse doch gar nicht«, widersprach ich rasch und versuchte, mir nichts anmerken zu lassen.

»Ich finde schon ... sag mal, hattest du vorher nicht ein T-Shirt an?«, wunderte Ilona sich. »Ist dieses Kapuzen-Sweatshirt neu? Das kenn ich doch noch gar nicht.«

Es war ja schön und gut, dass Ilona und ich uns so super verstanden, schließlich verbrachten wir fast jeden Tag viele Stunden miteinander. Aber in Momenten wie diesem war es auch ein wenig schräg, dass sie mich, inklusive meines Kleiderschranks, fast in- und auswendig kannte. Andererseits fiel es mir natürlich auch immer auf, wenn sie neue Sachen trug.

Manchmal fühlte es sich fast an, als wären wir ein altes Ehepaar. Und so, wie Ilona nun mal war, würde sie nicht lockerlassen, wenn ihr etwas ungewöhnlich vorkam.

»Der Regen hat mich überrascht«, brachte ich deswegen als Erklärung hervor. »Bei Peters bekam ich etwas Trockenes zum Anziehen.« Ich formulierte es absichtlich neutral.

»Frau Peters trägt solche Sachen? Mit einem *Apollo 13* Logo drauf?«

»Ein *Apollo 13* Logo?«

»Ja, auf der Rückseite!«

Das war mir vorhin gar nicht aufgefallen.

»Es war nicht Frau Peters, die mir den Hoodie gegeben hat.«

»Ihr Mann? Ist der ein Weltraum-Fan?«

»Nein, ich habe ihn von ihrem Sohn.«

»Ach?« Ilona zog die Augenbrauen hoch. »Das war aber sehr nett von ihrem Sohn.«

»Stimmt!«

Um das Gespräch an dieser Stelle zu beenden, drehte ich mich von ihr weg und füllte Reste der selbst gemachten Feinkost-Salate und Aufstriche aus dem Kühlfach an der Theke in Schälchen, die Ilona und ich uns für den privaten Gebrauch aufteilen würden. Wir achteten immer darauf, nicht übermäßig viel vorzubereiten. Lieber war im Laden etwas vorzeitig ausverkauft, als dass wir allzu viele Reste hatten und womöglich etwas wegwerfen müssten. Doch das kam eigentlich nie vor, denn auch unsere Angestellten durften sich von den frischen Sachen mit nach Hause nehmen, wenn sie übrig blieben.

»Ben?«

»Ja?«

»Wie heißt denn der Sohn von Frau Peters?«, hakte sie erbarmungslos nach.

Sie lässt einfach nicht locker!

Ich seufzte.

»Florian.«

»Aha.«

Ich drehte mich wieder zu ihr.

»Was heißt denn hier *aha*?«

Sie zuckte mit einem unschuldigen Lächeln mit den Schultern.

»Nichts. Ich habe nur zur Kenntnis genommen, was du mir erzählt hast.«

»Okay.« Ich widmete mich wieder den Resten. »Möchtest du lieber den Olivenaufstrich oder die Parmesancreme?«

»Den Olivenaufstrich bitte … und wie alt ist denn dieser Florian?«

Ich schloss für einige Sekunden die Augen.

»Na gut. Du gibst ja doch keine Ruhe«, sagte ich schließlich.

»Du kennst mich einfach zu gut, Tiger.«

Wider Willen musste ich lachen.

»Also, ich habe keine Ahnung, wie alt Florian ist. Vielleicht so um die dreißig. Ich habe ihn nicht gefragt. Ich weiß nur, dass er den besten Cappuccino macht, den ich je getrunken habe. Und stell dir vor, ich fand ihn sympathisch und attraktiv. Und ja, ich hoffe, dass ich ihm bald wieder begegne«, sprudelte nun alles aus mir heraus. Ich tat mich echt schwer, etwas für mich zu behalten. Vor allem, wenn es sich um etwas Schönes handelte.

Ilona grinste breit.

»Halleluja! Endlich scheint dich mal wieder ein Typ zu interessieren. Ich habe mir nämlich echt schon Sorgen gemacht, dass du dich in dieser Hinsicht immer mehr abkapselst, seitdem dieser verfluchte Bernhard dir das Herz gebrochen hat. Und wie toll, dass du ihn sicher noch öfter sehen wirst, wenn wir den Geburtstag für seinen Vater ausrichten«, feixte sie mit einem Zwinkern.

Sie hatte mich durchschaut. Natürlich.

»Dass ich Florian spannend finde, bedeutet noch lange nicht …«, begann ich, doch sie ließ mich nicht ausreden.

»Schon gut, Tiger.«

Sie gab mir einen freundlichen Kuss auf die Wange.

»Das war vorerst alles, was ich wissen wollte. Ich lass dich jetzt auch schon wieder in Ruhe. Wobei – hast du diesen Florian schon gegoogelt?«

»Ilona!«

»Was denn? Du kannst dir doch denken, dass ich deswegen neugierig bin!«

»Ich habe ihn doch vorhin erst kennengelernt!«

Noch während ich das sagte, hatte sie schon ihr Handy gezückt. Doch ich nahm es ihr aus der Hand.

»Ilona, bitte lass das!«, bat ich, nun ganz ernst.

»Aber du willst doch sicher mehr über ihn wissen.«

»Doch nicht so. Ich will mir kein Bild von ihm machen aus dem Internet von irgendwelchen Social-Media-Plattformen, die mir alles Mögliche erzählen, unabhängig davon, ob es nun wirklich zutrifft oder nicht. Dabei erfährt man bestimmt nicht, wer diese Person wirklich ist. Gerade du müsstest das verstehen. Du verweigerst dich selbst immer noch Facebook, Instagram und Twitter und nutzt nur die Messenger Funktionen von WhatsApp, weil du nicht möchtest, dass die Leute zu viel über dein Privatleben erfahren.«

Meine Worte hatten sie offenbar nachdenklich gemacht.

»Hm. Du hast recht«, stimmte sie mir zu. »Trotzdem. Du bist doch sonst auch immer so neugierig! Was ist bei diesem Florian anders?«

»Nichts!«, beteuerte ich, obwohl ich mir insgeheim dieselbe Frage stellte. »Nichts ist anders. Ich möchte Florian wirklich gern näher kennenlernen und mehr über ihn erfahren. Aber das will ich, indem ich mich mit ihm unterhalte und nicht irgendwelche Beiträge mit einer limitierten Anzahl an Zeichen und Hashtags lese und dazu ausgesuchte Fotos präsentiert bekomme, die meine Meinung womöglich schon vorher beeinflussen.«

»Schon gut, Ben. Wir werden Florian Peters nicht googeln«, versprach sie, wobei ich daran zweifelte, dass sie sich tatsächlich daran halten würde.

»Danke … magst du auch noch den Rest vom italienischen Nudelsalat?«, wechselte ich rasch das Thema.

Sie schüttelte den Kopf.

»Der Olivenaufstrich reicht.«

»Dann nehme ich ihn mit zu Zoe«, sagte ich.

»Stimmt, du passt ja heute auf die Jungs auf.«

Ich hatte mal wieder einen Babysitter-Einsatz bei Tommy und Sebastian. Hendrik hielt einen Vortrag über Uganda, wo er einige Monate als Zahnarzt für eine Hilfsorganisation im Einsatz gewesen war. Zoe und Jenny wollten gern dabei sein, und so hatte ich mich angeboten, die Kleinen zu übernehmen.

»Gehst du auch zum Vortrag?«, fragte ich.

»Aber klar doch! Anna und ihre ganze Bande kommen ebenfalls mit.«

Ich warf einen Blick auf die Uhr. Es war kurz nach drei. Viel später, als ich es eingeplant hatte.

»Jetzt muss ich mich ranhalten, wenn ich die Rinderrouladen für morgen fertigbekommen will. Es ist doch okay, wenn ich sie in der Gastroküche mache?«

»Also bitte! Wieso fragst du das? Du weißt ganz genau, dass du die Küche benutzen kannst, wann immer du möchtest.«

»Danke.«

»Nimmst du das Essen mit zu Leo?«

Ich nickte.

Gleich morgen früh würde ich mit Anna und Paul, Mina und Emma nach Wien fahren, um den Geburtstag meiner kleinen Nichte Le-Lo nachzufeiern, die vor wenigen Tagen ein Jahr alt geworden war. Es war Wahnsinn, wie schnell die Zeit verflog. Dabei schien es nur ein paar Wochen her zu sein, dass ich zum ersten Mal in das niedliche Gesichtchen meiner Nichte geschaut und mich sofort in das zauberhafte Wesen verliebt hatte. Ich würde sie gern öfter sehen, aber seitdem mein Bruder mit Familie nach Wien gezogen war, musste ich mich mit Videocalls begnügen. Umso schöner, dass wir uns morgen wieder einmal trafen.

Timo und Leo liebten meine Rinderrouladen, deswegen hatte ich versprochen, einen Topf voll vorzukochen und mitzubringen. Anna würde für die kleine Feier zum Geburtstag ihrer Enkelin ihren – bei uns allen heißgeliebten – Käsekuchen backen. Und so wie ich Mina kannte, hatte sie bestimmt eine Flasche ihres selbst gemachten Eierlikörs mit dabei.

»Bitte vergiss nicht, mein Geschenk für Lena-Charlotte mitzunehmen. Es steht draußen im Flur«, erinnerte Ilona mich.

»Ich werde es einpacken.«

»Danke … weißt du, was mir inzwischen ein wenig Sorgen macht?«

»Nein. Was denn?«

»Dass wir immer noch keinen passenden neuen Namen für das Geschäft haben.«

»Ich zerbreche mir auch oft den Kopf darüber. Keine Ahnung, warum das so schwer ist.«

»Ich hoffe, wir finden bald was.«

»Ich auch. Morgen bei der Fahrt nach Wien haben wir viel Zeit. Da werde ich mit den anderen ordentlich Brainstorming machen«, versprach ich. »Und vielleicht fällt ja auch Leo oder meinem Bruder was ein.«

»Das wäre schön.«

»Wir finden schon was … und, Ilona?«

»Ja?«

»Es wäre toll, wenn du es dir verkneifen könntest, jemandem von Florian zu erzählen. Vor allem, weil es da ja auch absolut nichts zu erzählen gibt.«

»Noch nicht …«, korrigierte Ilona mit einem frechen Zwinkern.

»Bitte … Ilona!«

»Ist ja schon gut. Ich versuche, es mir zu verkneifen!«, flötete sie, jedoch nicht allzu überzeugend.

Die nächsten zweieinhalb Stunden war ich damit beschäftigt, das Essen für morgen zu kochen. Florian spukte mir immer wieder durch den Kopf, dabei hatten wir uns höchstens eine halbe Stunde unterhalten. So etwas hatte es bei mir tatsächlich schon lange nicht mehr gegeben. In dieser Geschwindigkeit eigentlich noch nie. Ich musste aufpassen, dass ich mich nicht in etwas verrannte. Die Wahrscheinlichkeit, dass Florian Single war und auch noch auf Männer stand, war relativ gering. Und selbst wenn das der Fall sein sollte, hieß das noch lange nicht, dass ich sein Typ wäre. Ich seufzte, während ich eine Edelstahlbox mit fünfzehn Rinderrouladen in ausreichend Soße, einen Topf Blaukraut und einen großen Behälter mit Spätzle in die Kühlung stellte.

Bevor ich mich auf den Weg zu Zoe machte, um auf die Kinder aufzupassen, ging ich noch kurz in meine Wohnung, um zu duschen und mich umzuziehen. Rasch warf ich den Hoodie von Florian zusammen mit weiterer bunter Wäsche in die Waschmaschine. Ich wollte das Kapuzen-Sweatshirt gleich am Montag zurückbringen und bei dieser Gelegenheit meinen Hut abholen.

Der Hut … vielleicht sollte ich bei nächster Gelegenheit darüber noch mal mit Mama Blanca reden? Wobei es auch noch die seltsamen Hinweise zu Korb und Sternen gab, auf die ich mir noch keinen Reim machen konnte. Oder hatte Jennys Oma mit dem Korb tatsächlich die Idee mit den Picknickkörben gemeint, die übrigens schon kurz nach dem Start großen Anklang bei den Kunden fand? Immerhin hatte mich das Gespräch mit ihr auf den Gedanken gebracht. Wahrscheinlich war es aber nur Zufall gewesen und jegliche übersinnliche Interpretation ein absolutes Hirngespinst.

Ich würde jetzt alles einfach auf mich zukommen lassen. Denn eines hatte ich heute voller Erleichterung erkannt: Egal, ob das mit Florian jemals etwas werden konnte oder nicht, ich hatte nach langer Zeit zumindest wieder ernsthaft Lust bekommen, mich überhaupt auf ein mögliches Abenteuer einzulassen. Natürlich steckte mir die Angst, noch einmal so verletzt zu werden wie bei der Trennung von Bernhard, noch immer ein bisschen in den Knochen. Trotzdem hatte sich durch die Begegnung mit Florian auf rätselhafte Weise etwas verändert, als ob irgendeine Schale in mir aufgebrochen wäre.

Kapitel 13

Auf dem Weg nach Wien

Am Sonntagmorgen stand ich kurz vor sieben Uhr mit dem Geschäftswagen vor Annas Haus. Wenn wir das Fahrzeug nicht als Lieferwagen zum Transport nutzten, konnte man hinten zusätzliche Sitze einbauen, sodass bis zu acht Leute samt Gepäck darin Platz fanden.

Jana stand noch etwas verschlafen in der Haustür, während ihr Vater Paul, Anna und Mina samt Mitbringsel in den Wagen stiegen.

»Willst du wirklich nicht mitkommen nach Wien?«, fragte ich Jana. »Platz hätten wir noch für dich.«

Das Mädchen schüttelte den Kopf.

»Ich habe versprochen, heute auf Conny aufzupassen«, erklärte sie.

»Stimmt. Jana ist so nett, bei Conny zu bleiben. Ansonsten könnte ich gar nicht mitfahren!«, meinte Mina, die es nie im Leben übers Herz bringen würde, die Katze einen ganzen Tag völlig allein zu lassen. Auch wenn das Conny selbst vermutlich nicht sonderlich stören würde.

»Normalerweise würde ich ja Karl fragen, aber der ist nach seiner Hüftoperation noch zwei Wochen auf Reha in Bad Füssing.«

Karl Obermeier war der rüstige Nachbar und ein mehr als guter Freund von Mina, auch wenn die beiden Senioren beschlossen hatten, in getrennten Wohnungen zu bleiben. Ihre besondere Beziehung schien jedenfalls seit Jahren gut zu funktionieren.

»Hey, das ist doch kein Ding. Ich mach das echt gern!«, beteuerte Jana. »Und sagt bitte in Wien liebe Grüße von mir!«

»Wird erledigt!«, versprach Paul und stieg nach hinten in den Wagen.

»Eine fehlt aber noch«, bemerkte ich.

»Bin schon da!«, rief Emma, die genau in diesem Moment mit einem riesigen bunten und mit Helium gefüllten Luftballon in der Form eines Einhorns aus der Haustür gekommen war.

»Soll ich fahren?«, fragte sie eifrig.

»Nein!«, riefen Anna und Mina gleichzeitig.

Paul und ich warfen uns amüsierte Blicke zu.

»Hey!«, protestierte Emma. »Ich bin keine Fahranfängerin mehr!«

»Trotzdem fühle ich mich wohler, wenn Ben fährt«, sagte ihre Oma entschieden. »Er ist den großen Wagen schließlich gewohnt.«

Ohne einen weiteren Kommentar stieg Emma etwas verschnupft nach hinten zu Mina und Paul. Anna saß neben mir auf dem Beifahrersitz.

Ich startete den Wagen.

»So, los gehts!«, rief ich, und wir winkten alle noch mal Jana zu, die gleich darauf im Haus verschwand.

»Das fühlt sich nach einem richtig schönen Familienausflug an«, meinte Mina vergnügt.

»Wenn jemand Hunger hat, ich habe belegte Brote, Obst, Wasser und eine Kanne Kaffee dabei«, sagte Anna.

»Während der dreieinhalb Stunden Fahrt werden wir also weder verhungern noch verdursten«, kommentierte Paul, und ich sah im Rückspiegel, wie er grinste.

»Hebt euch aber bitte noch ein wenig Platz für das Mittagessen auf«, mahnte ich.

»Sowieso. Auf die Rinderrouladen freue ich mich schon die ganze Woche«, beteuerte Paul.

»Ich hoffe, dass Moni es heute endlich mal schafft, zum Essen zu kommen«, sagte Mina.

Moni war ihre älteste Tochter, die in einer Klinik in Wien als Unfallchirurgin arbeitete. Für die alleinstehende Ärztin stand der Beruf stets an erster Stelle. Sie hatte deswegen vor zwei Jahren sogar die Hochzeit ihrer Nichte Leo mit meinem Bruder verpasst.

»So wie ich Tante Moni kenne, wird sie bestimmt wieder von einer Not-OP aufgehalten!«, meinte Emma.

»Das wäre sehr schade«, sagte Mina. »Ich habe sie schon seit Monaten nicht mehr gesehen.«

»Für unser großes Patchworkfamilienfest im August hat sie sich aber extra Urlaub genommen«, sagte Anna.

»Kein Wunder, so wie du sie deswegen bearbeitet hast«, murmelte Paul.

Anna drehte sich zu ihrem Mann um.

»Manchmal muss man meine Schwester eben zu ihrem Glück zwingen.«

»Vielleicht ist Tante Moni aber gerade deswegen so glücklich, weil sie die meiste Zeit ihre Ruhe von der Familie hat«, scherzte Emma und handelte sich einen tadelnden Blick ihrer Oma ein.

»Das kann ja auch nicht das Wahre sein, wenn man in ihrem Alter so ganz allein ist und immer nur arbeitet, da kann das, was sie macht, noch so wichtig sein«, sagte sie.

»Vielleicht mag sie ihr Leben aber genau so!«, gab ich zu bedenken.

»Leo hat mir erzählt, dass sie ab und zu bei ihnen vorbeischaut«, meinte Paul. »So allein ist sie also gar nicht.«

»Vielleicht führt Tante Moni nebenher ein geheimes Leben?«, überlegte Emma.

»Was denn für ein geheimes Leben?«, fragte Mina irritiert.

Emma zuckte mit den Schultern.

»Ach, war nur so eine Idee.«

»Wie hat euch denn eigentlich Hendriks Vortrag gestern gefallen?«, lenkte ich ab, bevor Mina sich in das Thema ihrer unverheirateten Tochter verbiss.

»Es war sehr beeindruckend«, sagte Paul. »Und vor allem bewundernswert, was diese Organisation dort alles macht, um den Menschen zu helfen.«

»Schade, dass du nicht dabei warst!«, bemerkte Anna. »Wie lief es denn mit den Kleinen?«

»Tommy hat glücklicherweise bald geschlafen, aber Sebastian hat kein Auge zugemacht und war sehr weinerlich. Hendrik und Zoe meinen, er bekommt wohl bald seinen ersten Zahn.«

»Als Zahnärzte müssen die beiden da ja am besten wissen, was zu tun ist!«, meinte Paul.

Tatsächlich war ich gestern zum ersten Mal richtig froh gewesen, als Zoe, Hendrik und Jenny zurückgekommen waren und Zoe mir Sebastian abgenommen hatte, weil ich einfach nicht wusste, wie ich den kleinen Kerl beruhigen konnte.

»Was ist mit Hendrik und Zoe?«, fragte Mina nach, die nicht richtig gehört hatte, worum es ging.

»Mit denen ist nichts, Omi«, sagte Emma laut. »Aber Sebastian bekommt einen Zahn.«

»Oje … das kann eine anstrengende Zeit werden. Ich habe euch Mädchen damals immer einen ausgewrungenen nassen Waschlappen gegeben, der vorher im Kühlschrank war. Auf dem habt ihr am liebsten herumgekaut.«

»Ich werde den Tipp an Zoe weitergeben«, sagte ich.

Für eine kurze Zeit schwiegen wir.

Plötzlich hörte ich Mina laut seufzen.

»Schade, dass unser Pfarrer im August keine Zeit für die Taufe von Lena-Charlotte hat«, sagte sie.

»Das war zu kurzfristig. An dem Wochenende ist er selbst in Urlaub«, meinte Anna. »Den Termin hätten wir früher ausmachen sollen. Aber da er damals schon Leonie getauft und sie und Timo getraut hat, möchte sie unbedingt, dass er auch Lena-Charlotte tauft. Der Termin ist Ende September.«

»Und ich kann nicht dabei sein, obwohl ich auch ihre Patentante bin«, maulte Emma.

»Tut mir leid, aber alles kriegen wir nicht mehr unter einen Hut, bevor du nach New York gehst«, sagte Anna bedauernd.

»Also wird es nur eine ganz normale Feier?«, fragte ich.

»Normal? Bei der riesigen Patchworkfamilie?« Paul lachte.

»Stimmt. Normal ist da nichts.« Ich grinste.

»Jetzt mal was ganz anderes: Was hat es mit diesem Florian auf sich, von dem Ilona gestern erzählt hat, Ben?«

Annas unvermittelte Frage warf mich für einen Moment aus der Bahn. Natürlich hatte sich Ilona nicht zurückhalten können! Langsam, aber sicher lief sie mir den Rang der größten Plaudertasche im Chiemgau wirklich ab.

Da ich keine Antwort auf die Frage hatte und jetzt auch nicht darüber reden wollte, tat ich einfach so, als ob ich Anna nicht gehört hätte.

»Welcher Florian?«, hakte Emma jedoch nach.

»Ilona hat erzählt, dass Ben ihn bei einer Kundin kennengelernt hat«, erklärte Anna.

»Genau. Und mehr gibt es dazu auch nicht zu sagen«, sagte ich wie nebenbei.

»So hat sich das bei Ilona aber nicht angehört!«, ließ Anna nicht locker.

»Um was geht es denn da mit diesem ominösen Florian?«, wollte Mina wissen.

Ich verdrehte die Augen.

»Ich fände es cool, wenn du mal wieder einen Freund hättest!«, sagte Emma. »Ich finde, du verbringst viel zu viel Zeit mit älteren Frauen und kleinen Kindern!«

»Also bitte!«, protestierte Anna.

»Aber das stimmt doch! Jetzt erzähl doch mal von diesem Typen, Ben. Sieht er gut aus?«

Glücklicherweise kam in diesem Moment ein Anruf von Leo, den ich über die Freisprechanlage annahm.

»Hi, Leo!«, begrüßte ich sie geradezu überschwänglich. »Alle können mithören. Wir sind schon unterwegs zu euch.«

»Hi, ihr Lieben!« Sie klang etwas müde. »Es gibt leider ein kleines Problem.«

»Was ist denn los?«, fragte Anna sofort alarmiert. »Geht es dir gut?«

»Ehrlich gesagt, nicht so ganz. Heute früh hat Lenchen

schon gespuckt. Da habe ich mir noch nicht so viel gedacht, weil das ab und zu eben passiert, nachdem sie ihr Fläschchen bekommen hat. Aber seit einer halben Stunde belagert Timo das Badezimmer, und es hört sich für mich an, als ob er sich die Seele aus dem Leib kotzen würde!«

»Ach Gott!«, rief Mina. »Der Arme.«

»Und ehrlich gesagt, fühle ich mich auch nicht mehr gut. Ich fürchte, das ist dieser Magen-Darm-Virus, der gerade voll hier rumgeht.«

»Mist! Also ist es besser, wenn wir nicht kommen!«, stellte ich fest.

»Außer ihr habt ein dringendes Verlangen danach, in den nächsten Tagen viel Zeit mit dem Hintern auf und mit dem Kopf über euren Kloschüsseln zu verbringen«, meinte Leo trocken.

»Hilfe, nein!«, sprach Emma aus, was wir uns wohl alle dachten.

»Aber kommt ihr denn überhaupt klar, wenn ihr alle krank seid?«, fragte Anna besorgt. »Wer kümmert sich dann um Lenchen?«

»Irgendwie kriegen wir das schon hin«, beteuerte Leo. »Ich frage Tante Moni, ob sie uns was aus der Apotheke bringen kann.«

»Das ist ja wirklich schlimm, wenn es euch so schlecht geht«, sagte Mina mitfühlend. »Wichtig ist, dass ihr viel trinkt.«

»Danke, Oma. Hier steht schon eine große Kanne Kamillentee für uns alle.«

»Ganz schnell gute Besserung!«, sagte Paul.

»Passt gut auf euch auf, Schwesterchen, und gib meiner Nichte ein Bussi von mir!«, sagte Emma.

»Mache ich!«

»Dann muss ich also den großen Topf mit Rinderrouladen, das Blaukraut und einen Berg Spätzle wieder mit nach Hause nehmen?«

»Bitte, Ben, nicht übers Essen reden!«, bat sie eindringlich. Die Arme! Ihr schien es wirklich nicht gutzugehen.

Bei der nächsten Ausfahrt fuhr ich von der Autobahn, und dann machten wir uns auf den Rückweg nach Prien.

»Das war mal ein kurzer Ausflug!«, stellte Paul fest.

»Schade. Ich hatte mich so auf den Tag gefreut!« Mina seufzte.

»Ich mich auch. So viele Gelegenheiten, die drei zu sehen, bevor ich nach New York gehe, gibt es leider nicht mehr«, murmelte Emma enttäuscht.

»Wichtig ist jetzt vor allem, dass es sie nicht zu schlimm erwischt hat und die ganze Bande bald wieder gesund ist«, sagte Anna, die dennoch leicht besorgt klang. Mir war klar, dass sie am liebsten trotzdem nach Wien gefahren wäre, um die drei Patienten zu versorgen.

»Vielleicht können wir den Besuch ja nächstes Wochenende nachholen«, schlug Mina hoffnungsvoll vor.

»Da habe ich leider zwei große Catering-Aufträge«, erklärte ich bedauernd.

»Und ich arbeite da mit!«, ergänzte Emma.

»Dann müssen Mutter, Paul und ich eben allein hinfahren!«, beschloss Anna.

Als wir wenig später vor Annas Haus parkten, stand ein Motorrad neben der Haustür.

»Wem gehört das denn?«, wunderte sich Mina.

»Das ist die Maschine von Kai«, verkündete Emma.

»Kai?«, fragten Paul, Anna, Mina und ich gleichzeitig.

»Er studiert mit Jana in Regensburg.«

»Und was macht dieser Kai schon so früh hier in Prien?«, fragte Paul, und ich fand es erstaunlich, wie Janas Vater in diesem Moment so völlig auf der Leitung stand.

»Ich denke, er und Jana gehen davon aus, dass sie heute den ganzen Tag sturmfrei haben«, erklärte ich trocken, während wir ausstiegen.

Endlich schien er es zu kapieren.

»Na, dann werden die beiden sich aber mächtig wundern, wenn wir gleich alle das Haus stürmen«, scherzte Paul. Wobei ihm anzumerken war, dass ihm die Aussicht darauf, seine Tochter mit ihrem Freund – in welcher Situation auch immer – zu überraschen, etwas unangenehm war.

Emma tippte mit fliegenden Fingern eine Nachricht in ihr Handy und sagte dann zu Paul: »Sie weiß Bescheid, dass wir kommen.«

»Geben wir den beiden noch ein paar Minuten«, schlug Mina verständnisvoll vor. »Ich will nicht womöglich irgendeinen Fremden nackt durch die Gänge flitzen sehen!«

»Mutter!«, rief Anna.

»Mina!«, rief Paul gleichzeitig.

»Ja was denn? Das sind junge Leute!«, meinte Mina mit einem Schulterzucken, und ich musste mich zusammenreißen, um nicht laut loszulachen. Mina war in manchen Dingen sehr viel lockerer, als man es für ihr Alter annehmen würde.

»Wir könnten doch heute Mittag alle zusammen auf unserer Terrasse essen, und danach gibt es Kaffee und Mamas Käsekuchen!«, schlug Emma vor.

»Gute Idee!«, stimmte Anna ihr zu, während wir immer noch neben dem Wagen standen.

Doch so gern ich alle mochte, die Aussicht darauf, unverhofft einen freien Sonntag ganz für mich allein zu haben, war plötzlich auch sehr verlockend. Das Wetter war zwar etwas durchwachsen, aber am Nachmittag sollte es laut Vorhersage sonniger werden. Dann könnte ich zum See radeln, schwimmen, auf einer Decke faulenzen und dabei ein wenig in Jennys Tagebuch lesen. Sie hatte es mir gestern gegeben mit der Bitte, den Teil, den sie auf Deutsch geschrieben hatte, zu korrigieren und vor allem, es niemandem sonst zu zeigen. Ich war überrascht gewesen, dass sie ausgerechnet mir als Einzigem ihre Aufzeichnungen anvertraut hatte, und freute mich darüber.

Und so schlug ich das gemeinsame Mittagessen freundlich aus.

»Aber ich lasse euch genug vom vorgekochten Essen da, damit es für alle reicht. Auch für den unerwarteten Besuch aus Regensburg.«

Mina sah auf ihre Armbanduhr.

»Ich glaube, wir haben ihnen jetzt genug Zeit gelassen …«

»Lasst uns das Haus stürmen!«, fügte Paul mit einem Zwinkern hinzu.

Jana und Kai sahen tatsächlich etwas zerzaust aus, und ich musste grinsen, als ich bemerkte, dass Kai sein T-Shirt mit der Naht nach außen trug. Insgesamt wirkten sie nicht sonderlich glücklich, dass ihre Zweisamkeit ein so jähes vorzeitiges Ende genommen hatte.

Ich füllte einen ordentlichen Teil des Essens für alle um. Anna gab mir dafür ein extragroßes Stück ihres Käsekuchens mit, dann verabschiedete ich mich und machte mich auf den Heimweg.

Es war kurz nach halb neun, als ich wieder in meiner Wohnung war. Ich stellte das restliche Essen für später in den Kühlschrank und machte Kaffee, den ich gemütlich auf dem Balkon trank. Dann rief ich bei meinen Eltern auf Kreta an. Seitdem sie nach Griechenland ausgewandert waren, um dort ihr Frührentnerdasein zu genießen, schien sich ihre in den letzten Jahren etwas ins Schlingern geratene Ehe wieder gefestigt zu haben. Jedenfalls hörten beide sich gut gelaunt an und waren gerade auf dem Weg zu einem Ausflug auf die Insel Santorini, wo sie ein paar Tage bleiben wollten.

»Wann besuchst du uns denn endlich mal?«, fragte meine Mutter.

»Vielleicht im Oktober«, meinte ich. »Aber wir sehen uns ja schon bei dem großen Patchworkfest im August, oder?«

»Ja. Wobei ich es sehr schade finde, dass es mit der Taufe nicht klappt und wir dann nur wenige Wochen später noch mal extra kommen müssen. Aber die Flüge haben wir jetzt schon gebucht. Wir können doch bei dir schlafen, oder?«

»Natürlich!«, sagte ich. Allerdings war die Aussicht darauf, meine Eltern eine Woche lang täglich in meiner kleinen Wohnung zu haben, nicht sonderlich prickelnd. Ich liebte sie, natürlich, aber vor allem meine Mutter konnte mit ihrer sehr präsenten Art nach kurzer Zeit äußerst anstrengend werden.

»Jetzt müssen wir los, Ben, damit wir die Fähre nicht verpassen.«

»Schon gut. Viel Spaß!«

Da ich während der Woche immer nur wenig Zeit und nach den langen Arbeitstagen meistens auch nicht mehr so viel Lust hatte, beschloss ich spontan, den Vormittag zu nutzen, um die Wohnung mal wieder gründlich zu putzen. Drei Stunden später waren das Bad, die Küche und das Wohnzimmer fertig, und ich bezog im Schlafzimmer das Bett neu. Da fiel mein Blick auf den Korb mit der frisch gewaschenen Wäsche, die ich gestern nach meiner Rückkehr von Zoe noch aus dem Trockner geholt und zusammengelegt, aber noch nicht eingeräumt hatte. Florians Hoodie lag ganz obenauf. Sollte ich ihm das Kapuzen-Sweatshirt vielleicht heute schon bringen und bei dieser Gelegenheit meinen Hut abholen? Ich überlegte kurz, weil Sonntag war. Andererseits konnte er mir ja sagen, wenn es bei ihm nicht passte.

Bevor ich noch länger darüber nachdachte und es mir womöglich anders überlegte, griff ich nach dem Handy und tippte eine Nachricht.

Hi, Florian. Passt es dir, wenn ich kurz vorbeikomme, um meinen Hut abzuholen und dir den Hoodie zu bringen? Schöne Grüße, Ben.

Ich wartete etwa eine Minute, dann kam eine Sprachnachricht von Florian.

»Hi, Ben. Eigentlich wollte ich mir gerade etwas zu essen bestellen und wäre dann unterwegs, um es abzuholen. Aber in diesem Fall warte ich noch damit, bis du hier warst.«

Er hatte echt eine schöne Stimme!

Plötzlich kam mir eine Idee, und diesmal schickte auch ich eine Sprachnachricht.

»Könntest du dich für Rinderrouladen, Blaukraut und Spätzle begeistern? Davon habe ich nämlich einiges übrig – lange Geschichte –, und ich könnte was mitbringen.«

Nachdem ich die Nachricht abgeschickt hatte, biss ich mir auf die Unterlippe. War das vielleicht zu aufdringlich gewesen?

Kurz darauf kam eine weitere Sprachnachricht:

»Ernsthaft? Das ist eines meiner Lieblingsgerichte. Falls du davon was übrig hast, immer her damit!«

Ich atmete tief ein und spürte ein Lächeln auf meinen Lippen.

»Mögen deine Eltern auch was?« Der Rest würde gerade noch für vier Leute reichen.

»Die sind heute nicht da«, kam es zurück.

Mein Lächeln wurde breiter, und ich spürte ein Kribbeln im Bauch. Gleichzeitig mahnte ich mich, mir bloß keine zu großen Hoffnungen zu machen.

Okay. Ich bin in ca. 20 Minuten mit dem Essen bei dir, tippte ich die letzte Nachricht, damit er die Aufregung in meiner Stimme nicht hörte.

Kapitel 14

Adlernebel

Als ich mein Fahrrad vor dem Haus der Peters abstellte und den Korb mit dem Essen vom Gepäckträger nahm, kam Florian mir schon entgegen. Er trug eine an den Knien abgeschnittene Jeans, ein weißes T-Shirt und Flipflops und sah auf seine etwas schlaksige Art noch sympathischer aus, als ich ihn in Erinnerung hatte.

»Ach, Mensch! Verdammt!«, schimpfte ich, nachdem wir uns begrüßt hatten.

»Was ist denn?«

»Jetzt habe ich den Hoodie daheim liegen lassen!«

Was war ich denn für ein Schussel? Das sah mir gar nicht ähnlich!

Florian lachte.

»Ach, nicht so schlimm. Hauptsache, du hast das Essen dabei.«

»Genügend!«

»Super! Dann komm, ich habe echt schon Hunger.«

»Ich auch … Wir müssen es nur noch aufwärmen.«

Wir gingen in die Küche.

»Das war eine tolle Idee von dir!«, sagte Florian, während ich die drei Töpfe aus dem Korb holte und auf den Herd stellte.

»Es gibt auch noch Nachspeise! Käsekuchen«, verriet ich.

»Wow! Das wird ja immer besser!«, schwärmte Florian begeistert.

Während ich das Essen aufwärmte, erzählte ich ihm von unserem verhinderten Ausflug nach Wien.

»Schade, dass es nicht geklappt hat mit dem Besuch bei deiner Familie.«

»Ja, ich hätte vor allem meine Nichte gern wiedergesehen. Und meinen Bruder und meine Schwägerin natürlich auch. Hast du auch Geschwister?«

Er zögerte für einen kurzen Moment.

»Eine Schwester.«

»Lebt die auch hier in der Nähe?«

»Nein. Hast du vielleicht Lust, auf der Terrasse zu essen?«, fragte er.

»Gern.«

»Dann decke ich schon mal den Tisch.«

Zehn Minuten später saßen wir draußen.

»Schmeckt wirklich super!«, schwärmte Florian. »Einerseits fast wie bei meiner Oma, aber trotzdem haben die Rouladen noch was ganz Eigenes, Feines. Man könnte fast meinen, du machst das beruflich.«

Ich grinste.

»Ab und zu …«

»Ich hoffe, es ist okay, wenn ich mir noch Nachschlag nehme!«

»Aber klar doch!«, versicherte ich ihm und freute mich, dass es ihm so gut schmeckte. Ich selbst war zwar auch hungrig, trotzdem bekam ich gar nicht so viel runter. Seine Nähe machte mich etwas nervös.

»Jetzt kann ich meiner Mutter bestätigen, dass sie mit dir tatsächlich die beste Wahl für das Catering der Geburtstagsfeier meines Vaters getroffen hat.«

»Hatte sie denn noch Zweifel?«

»Meine Mutter zweifelt immer und an allem! Sie hinterfragt ständig das ganze Leben.«

»Hört sich ein wenig anstrengend an.«

»Ist es auch. Aber so ist sie auch mit sich selbst und besonders bei ihrer Arbeit.«

»Ehrlich gesagt, ich weiß zwar inzwischen, dass dein Vater Notar ist, aber nicht, was deine Mutter beruflich macht«, gestand ich. »Wir haben bisher immer nur über den Auftrag gesprochen.«

»Mutter ist Schmuckdesignerin für einige Modelabels. Dort drüben ist ihre Werkstatt!«

Er deutete auf einen Anbau am Haus.

»Wie interessant!« Einen so kreativen Beruf hätte ich bei ihr nicht vermutet.

»Ja … sie ist deswegen auch immer viel unterwegs auf Messen, Modeschauen und bei Kunden.«

Mir lag schon die ganze Zeit die Frage auf der Zunge, warum Florian in seinem Alter noch bei seinen Eltern lebte. Er hatte letztens angedeutet, dass es wohl nur vorübergehend wäre. Wo war er vorher gewesen? Wohin würde er später ziehen? Überhaupt wollte ich viel mehr über ihn wissen, aber gleichzeitig nicht zu neugierig oder gar aufdringlich erscheinen.

Florian nahm sich noch einen großen Löffel Spätzle.

»Das schmeckt total lecker. Ich bewundere dich, dass du so gut kochen kannst«, sagte er. »Ich habe da überhaupt kein

Talent und hätte auch nie die Geduld, so ein aufwendiges Essen zu kochen.«

Ich lächelte.

»Es kann ja nicht jeder alles können«, meinte ich. »Dafür machst du super Kaffee.«

»Tja, den krieg ich wohl ganz gut hin.«

Da er gerade von sich sprach, nutzte ich den Moment, um nun doch mehr über ihn zu erfahren. »Was machst du denn eigentlich beruflich?«

»Ich bin Physiker. Astrophysiker, um genau zu sein.«

»Astrophysiker?« Ich sah ihn verdutzt an.

»Damit hast du nicht gerechnet, oder?«

Ich schüttelte den Kopf.

»Gar nicht. Du siehst nicht so aus wie …« Ich sprach die Worte nicht aus, die mir auf der Zunge lagen.

»Du meinst, wie so ein verpeilter Wissenschaftler?«, beendete er den Satz für mich und grinste, bevor er das letzte Stück Roulade in den Mund schob.

»Äh … ja, also nein!«, druckste ich herum. »Das ist sicher nur ein Klischee.«

»Oh, bei manchen ist es kein Klischee!«, beteuerte er vergnügt mit vollem Mund. »Und wenn ich tief in meiner Arbeit stecke, dann wirke ich auf andere vermutlich tatsächlich wie ein Nerd.«

Florian erzählte mir, dass er an der Uni in München seinen Bachelor in Physik und den Master in Astrophysik gemacht und promoviert hatte.

»Echt? Dann bist du also ein Doktor der Astrophysik?«, fragte ich schwer beeindruckt.

Er zuckte etwas verlegen mit den Schultern.

»Seit Kurzem!«

»Ja dann, herzlichen Glückwunsch, Herr Doktor! Und um was geht es da in deiner Doktorarbeit?«

»Wenn man es auf das Nötigste runterbricht, habe ich mich mit der Entstehung von massereichen Sternen beschäftigt. Sterne, die viel größer sind als unsere Sonne.«

»Wow! Ich frage jetzt besser nicht weiter nach, weil ich das sowieso nicht verstehen werde.«

Er lachte.

»Du bist der erste Astrophysiker, den ich kennenlerne.«

»Irgendwer muss ja der erste sein«, bemerkte er amüsiert.

»Und was machst du jetzt so? Ich meine, als Astrophysiker wirst du vermutlich nicht hier am Chiemsee einen Job bekommen, oder?«

»Offen gesagt, das Studium und die anschließenden drei Jahre, in denen ich neben meiner Tätigkeit als wissenschaftlicher Mitarbeiter an der Uni mit der Doktorarbeit beschäftigt war, haben mich doch ein wenig ausgepowert. Ich hatte seit Jahren keinen richtigen Urlaub mehr, deswegen habe ich mir bis zum Ende des Jahres eine Auszeit genommen.«

»Die du bei deinen Eltern verbringst?«

»Ja. Hier am Chiemsee habe ich die nötige Ruhe, um mir Gedanken über meine berufliche Zukunft zu machen. Man hat mir schon einen Job als Post Doc in einem Forschungszentrum angeboten, aber ich möchte mich jetzt noch nicht festlegen, wohin ich gehen werde.«

»Kann ich verstehen, dass man darüber gut nachdenken will«, beteuerte ich. Gleichzeitig bedauerte ich schon, dass Florian in knapp einem halben Jahr wohl von hier weggehen würde. Ein guter Grund, mir keine Flausen in den Kopf zu setzen. Trotzdem hatte er etwas an sich, das mir ein leichtes Kribbeln im Bauch bescherte.

»Soll ich uns Kaffee machen?«, fragte Florian, während er die Teller zusammenstellte.

»Gern.«

In diesem Moment klingelte sein Handy.

»Entschuldige kurz …«

»Ich mach das schon.« Ich deutete auf das Geschirr.

Er nickte dankend, stand auf und entfernte sich ein wenig vom Tisch. Ich hatte nicht verstanden, mit wem er telefonierte, aber es war nicht zu übersehen, dass es ein angenehmer Anruf war. Seine Freundin? Sein Freund? Etwas tief in mir hoffte, dass beides nicht der Fall war, während ich das Geschirr in die Küche brachte.

»Ich freue mich echt sehr, wenn du kommst … klar hole ich dich vom Bahnhof ab. Ja. Bis morgen. Ciao«, sagte Florian, als ich wieder zurückkam.

»Möchtest du wieder einen Cappuccino?«

»Diesmal gern Espresso.«

»Alles klar.«

»Jetzt platz ich aber echt gleich!«, stöhnte Florian eine halbe Stunde später. »Der Käsekuchen war mega. Ganz großes Kompliment an die Bäckerin. Deine Tante? Oder wer war das noch mal?«

»Nicht meine Tante. Anna ist die Schwiegermutter meines Bruders. Ich kenne sie schon seit meiner Kindheit, weil ich der beste Schulfreund ihrer Tochter Leonie – also Leo – war. Und jetzt ist Leo meine Schwägerin und die Mutter meiner Nichte.«

»Uff … Ein wenig kompliziert alles bei euch. Aber toll, dass du so eine große Familie hast und dass alles so gut läuft.«

»Ja, das ist wirklich besonders … sag mal«, wagte ich mich vor. »Ich will noch ein wenig an den See zum Schwimmen. Hast du vielleicht Lust mitzukommen?«

»Hört sich verlockend an, aber ich habe heute schon was anderes vor.« Er warf einen Blick zum Gartenhaus, an dem er am Tag zuvor gearbeitet hatte, als mein Hut davongeflogen war.

»Renovierst du da gerade?«

»Nein. Ich habe in den letzten Tagen eine Säule betoniert. Darauf kommt die parallaktische Montierung für mein Teleskop. Damit wird bei den Aufnahmen die Drehung der Erde ausgeglichen.«

»Entschuldige bitte, aber ich verstehe irgendwie nur Bahnhof«, gab ich zu.

Er lachte wieder.

»Komm mit, ich zeig's dir.«

Wir gingen zum Gartenhaus, das, wie ich nun erfuhr, kein Gartenhaus, sondern eine kleine private Sternwarte war. Deswegen also rund! Außerdem hatte sie ein Kuppeldach, das sich elektronisch öffnen ließ.

In der Mitte befand sich eine frisch betonierte Säule und auf einem Tisch verschiedene Gerätschaften und ein Laptop. Außerdem gab es einen bequem aussehenden Gartenstuhl und einen kleinen Kühlschrank.

»Bisher hatte ich das Teleskop auf dem Stativ. Aber da bin ich öfter an die Füße der Halterung gestoßen«, erklärte Florian. »Außerdem fanden es Spinnen megacool, dort ihre Netze zu weben. Und es macht nicht gerade Spaß, diese Tierchen aus dem Spiegelteleskop zu locken.«

»Sicherlich keine einfache Übung, wenn man nicht gerade ein Spinnenflüsterer ist … Aber ehrlich, das ist echt irre spannend alles.«

»Die Sternwarte hat mein Großvater gebaut, als ich elf war. Ich verbringe immer viel Zeit hier, wenn ich am Chiemsee bin. Sobald der Metalladapter befestigt ist, bringe ich die astronomische Montierung mitsamt Teleskop daran an. Von der Erde aus gesehen scheint es so, als würden die Sterne im Laufe der Nacht über den Himmel wandern. Dabei dreht sich eigentlich die Erde. Damit man scharfe Bilder machen kann, gleicht die Montierung die Erdbewegung aus.«

Sterne! Dabei musste ich an Mama Blancas Worte denken und bekam plötzlich eine Gänsehaut. Womöglich hatte sie gar nicht von Sternen gesprochen, die ich für meine Kochkunst bekommen könnte, sondern von echten Sternen. Florian hatte beruflich mit Sternen zu tun, und ich hatte ihn kennengelernt, als mein Hut auf das Grundstück seiner Eltern geflogen war. Das konnte doch alles kein Zufall mehr sein, oder?

»Es wird einige Zeit dauern, bis es passt«, riss Florian mich aus meinen Gedanken. »Ich hoffe, dass ich bis zum Abend fertig werde. Die Nacht soll klar werden, und ich möchte Fotos von M16 machen.«

»M16?«

»M ist die Abkürzung für Messier Katalog. Das ist ein Katalog, in dem 110 astronomische Objekte aufgelistet sind, wie zum Beispiel Nebel und Galaxien oder Kugelsternhaufen. M16 ist der sogenannte Adlernebel im Sternbild Schlange.«

»Was ist denn ein Kugelsternhaufen?«

»Eine sehr große kugelförmige Ansammlung von Sternen, ähnlich wie bei einer Galaxie, um es vereinfacht auszudrücken.«

»Einfach ist gut.«

»Hör mal, Ben, ich versuche, das alles hinzubekommen, und hoffe, dass es klappt. Wenn du heute Abend noch nichts vorhast, dann kannst du gern kommen und mal einen Blick durchs Teleskop werfen oder besser gesagt dir am Laptop anschauen, was meine Kamera gerade aufnimmt. Und ich kann dir auch Fotos zeigen, die ich bisher gemacht habe. Und das Wichtigste für jede Beobachtungsnacht: Nebenbei können wir ein Bier trinken.«

»Total gern, wenn ich dich nicht störe?«, sagte ich und spürte, wie mein Herz plötzlich vor Aufregung schneller schlug.

»Gar nicht. Ich freue mich über ein wenig Gesellschaft.«

»Okay. Dann bringe ich aber das Bier mit!«

»Nichts da. Du hast heute schon das Essen und den Kuchen mitgebracht.«

»Na gut. Dann lass ich dich jetzt mal hier arbeiten. Ich verschwinde an den See und komme am Abend wieder. Wann soll ich denn da sein?«

»Am besten bei Anbruch der Dunkelheit. Und sprüh dich gut gegen Mücken ein.« Er nickte zum Gartenteich. »So nah am Wasser sind die Biester um diese Zeit ganz besonders wild.«

»Danke für den Tipp.«

»Gern. Dann bis später.«

»Bis später.«

Ich ging gerade zur Gartentür, als Florian noch mal nach mir rief.

»Ben?«

»Ja?«

»Willst du deinen Hut nicht mitnehmen?«, fragte er mit einem breiten Grinsen.

Kapitel 15

Der Zopf muss ab

Nachdem ich fast eine halbe Stunde geschwommen war, lag ich auf der Decke an einer etwas abgelegenen Stelle am See, die nicht von Touristen bevölkert war. Hier war ich auch früher oft mit meinem Bruder und Leonie zum Schwimmen gewesen. Die Wolken vom Vormittag hatten sich längst verzogen. Die Sonne schien von einem herrlich blauen Himmel und spiegelte sich glitzernd in den sanften Wellen des Chiemsees. Ein richtiges Bilderbuchwetter.

Nach dem gemeinsamen Mittagessen konnte ich an fast nichts anderes denken als an Florian und unsere heutige Verabredung zum Sternegucken. Um mich abzulenken, holte ich aus meinem Rucksack Jennys Tagebuch heraus, das ich vorsichtshalber in eine Plastikhülle gepackt hatte. Als ich es aufschlug, hatte ich plötzlich das Gefühl, etwas sehr Kostbares in der Hand zu halten. Jennys Handschrift war schwungvoll und klar. Die Texte waren immer wieder durch kleine bunte Zeichnungen oder mit zum Thema passenden ausgeschnittenen Bildern und Fotos verziert. Jeden Eintrag hatte sie zuerst auf Portugiesisch und dann auf Deutsch verfasst. Es war erstaunlich zu verfolgen, wie sehr sich ihre Kenntnisse unserer Sprache dabei immer mehr verbesserten. Manchmal waren es nur wenige

Sätze. Und es gab auch Tage, an denen sie gar nichts geschrieben hatte. Dann wieder schilderte sie ausführlich ihre Erlebnisse hier in Bayern, ihre Wünsche und Träume, Erinnerungen an ihre Heimat oder auch die Menschen, die sie hier als Au-pair kennengelernt hatte. Lustiges, Nachdenkliches, Sehnsuchtsvolles, und manchmal einfach nur nüchterne Feststellungen und Vergleiche. Dabei spürte man in jeder Zeile ihre gute Beobachtungsgabe. Obwohl Deutsch nicht Jennys Muttersprache war und die Texte natürlich nicht fehlerfrei waren, schrieb sie überaus lebendig und oft tiefsinnig, und ich hatte das Gefühl, die junge Frau von den Kapverden noch mal von einer anderen Seite kennenzulernen. Eine faszinierende Seite. Ich war ganz gebannt von dem, was ich las, und vergaß darüber sogar für eine Weile das Treffen mit Florian.

»Wie toll muss das erst in ihrer Muttersprache zu lesen sein«, murmelte ich beeindruckt.

Sie hatte mich gebeten, die Fehler in den deutschen Passagen auf einem separaten Block zu korrigieren, um ihr zu helfen, ihr Deutsch zu verbessern. Doch ich wusste gar nicht, ob das überhaupt eine gute Idee war. Gerade weil es grammatikalisch nicht perfekt war und der Wortschatz nicht immer ganz genau passte, hatten die Texte etwas unglaublich Berührendes.

Nach etwa einem Drittel klappte ich das Buch zu und verstaute es wieder sorgfältig im Rucksack.

Inzwischen war mir heiß geworden. Ich kühlte mich im Wasser ab, dann ließ ich mich noch eine Weile auf der Decke trocknen, bis ich schließlich zusammenpackte und nach Hause radelte.

Nachdem ich geduscht und noch eine Kleinigkeit zu essen gemacht hatte, sah ich auf die Uhr. Noch nicht mal sieben.

Die Zeit bis zum Sonnenuntergang zog sich endlos wie Kaugummi.

Ich erkundigte mich in Wien, wie die Lage war, und erfuhr von meinem Bruder, dass es tatsächlich alle drei heftig mit der Magen-Darm-Grippe erwischt hatte. Glücklicherweise hatten sie die ersten Symptome bereits vor unserer Ankunft bemerkt. Womöglich hätten wir uns ansonsten bei einem Besuch alle bei ihnen angesteckt. Und das hätte ich jetzt absolut nicht gebrauchen können. Ich wünschte den dreien gute Besserung und beantwortete dann noch einige berufliche E-Mails.

Doch so wirklich konzentrieren konnte ich mich nicht auf die Arbeit. Außerdem war Sonntag. Ich sollte diese seltenen freien Stunden einfach genießen.

Ein neuer Blick auf die Uhr. Halb acht. Ich würde noch bis neun Uhr warten und mich dann langsam auf den Weg machen. Bis dahin könnte ich noch ein wenig in Jennys Buch lesen.

Als ich mir gerade etwas zu trinken einschenken wollte, klingelte es an der Wohnungstür. Wer war das denn?

Kaum hatte ich die Tür geöffnet, rannte Emma wortlos an mir vorbei ins Wohnzimmer. Der Kajal um ihre Augen war bis zu den Wangen verschmiert. Sie hatte geweint.

»Emma? Ist was passiert?«, fragte ich besorgt.

Ich erschrak, als sie eine große Schere aus ihrer Umhängetasche zog und sie in meine Richtung hielt.

»Du musst mir die Haare abschneiden!«, forderte sie aufgeregt.

»Ich muss was?«

»Die Haare müssen ab!« Diesmal war ihre Stimme fast wütend.

»Emma«, begann ich und nahm ihr vorsichtig die Schere aus der Hand. »Was ist denn los mit dir? Warum soll ich deine wunderschönen Haare abschneiden?«

»Weil ich ihr sonst auch nicht helfen kann!«, rief sie fast verzweifelt, und in ihren grauen Augen schimmerten Tränen.

So aufgewühlt hatte ich sie noch nie gesehen.

»Jetzt setz dich erst mal und erzähl mir, was los ist, Hexlein. Ich verstehe nämlich gerade nur Bahnhof, und du machst mir ein bisschen Angst. Was ist denn los?«

Kurz darauf saß sie wie ein Häufchen Elend auf dem Sofa und sah in diesem Moment viel jünger aus, als sie war.

»Du kennst doch Judy?«, begann sie schließlich.

»Ja klar … Eine deiner Freundinnen vom Gymnasium.« Ich konnte mich gut an die sportliche Blondine erinnern, die oft bei Emma zu Besuch gewesen war und eine ganz besondere Art von trockenem Humor hatte, der mich oft zum Lachen gebracht hatte.

»Was ist denn mit Judy?«

»Ich habe vorhin erfahren, dass sie krank ist. Irgend so ein scheiß Krebs.«

O Gott!

Wieder kullerten Tränen über ihre Wangen.

»Ach, Emma. Das tut mir leid«, sagte ich betroffen.

Ich legte einen Arm um sie und zog sie fest an mich. Eine Weile lang schwiegen wir beide. Was sollte ich auch sagen? Wie sollte ich sie trösten?

»Sie ist so alt wie ich! Wieso passiert so was, Ben?«, murmelte sie.

Hilflos zuckte ich mit den Schultern.

»Das weiß ich leider auch nicht, Hexlein. Aber heutzutage

gibt es gute Behandlungsmöglichkeiten, da darfst du die Hoffnung nicht gleich aufgeben.«

Was rede ich denn da? Was für ein hohles Geschwätz. Aber wie sollte ich sie sonst aufmuntern?

Langsam löste sie sich von mir und wischte sich die Tränen von den Wangen.

»Von der Chemo sind ihr die Haare ausgefallen, und jetzt soll sie eine Perücke bekommen, hat Farid mir erzählt.« Farid war einer ihrer Bandkollegen und ebenfalls mit ihr in einer Klasse gewesen.

Langsam dämmerte mir, was Emma vorhatte.

»Deine Haare werden aber nicht reichen, um eine Perücke für Judy zu machen«, sagte ich behutsam.

»Das weiß ich doch selbst, Ben. Aber es gibt noch viel mehr Menschen, denen es geht wie Judy. Wenn ich ihr auch nicht direkt helfen kann, dann vielleicht jemand anderem.«

Ich strich über ihren Kopf.

»Das ist sehr lieb von dir, Emma. Und du willst das wirklich machen?«

Sie nickte entschlossen.

»Du machst das doch, Ben, oder?«

»Aber ich kann das doch gar nicht. Willst du nicht lieber bis morgen warten und zum Friseur gehen?«

»Nein! Es muss sofort sein. Zu meiner Friseurin kann ich in den nächsten Tagen immer noch gehen, damit sie mir einen ordentlichen Haarschnitt verpasst. Aber ich muss das wirklich jetzt machen!«

Sie begann wieder zu weinen.

»Bitte, Ben … Wenn du mir nicht hilfst, dann mach ich es allein.«

»Okay. Ich helfe dir. Aber ich muss erst mal nachsehen, wie man das richtig macht, ob ich da auf irgendwas achten muss. Ich kann sie ja nicht einfach nur abschneiden, oder?«

Ich zog mein MacBook heran und tippte das Suchwort »Haarspenden« ein. Wie in der Anleitung vorgegeben, flocht ich ihr fast hüftlanges dunkles Haar sorgfältig zu einem dicken Zopf, den ich unten und auf Schulterhöhe knapp unter der Stelle, an der wir abschneiden würden, fest mit Gummis fixierte, damit keine einzelnen Strähnen herausrutschen konnten.

Bevor ich die Schere nahm, sah ich Emma in die Augen.

»Emma. Ich weiß, dass du im Moment total aufgewühlt bist, deswegen möchte ich, dass du jetzt tief Luft holst und noch mal gut darüber nachdenkst. Möchtest du das wirklich machen?«

»Ja, Ben. Das ist eine Entscheidung, die ich für mich selbst auch gar nicht mehr rückgängig machen könnte, sonst würde ich mich mies fühlen.«

Ich konnte genau nachvollziehen, was sie meinte.

»Na gut. Dann mal los …«

»Halt! Ich möchte das filmen!«

»Okay.«

Ich wartete, bis sie das Handy in Position gebracht hatte. Dann griff ich nach der Schere und setzte sie beherzt am Zopf oberhalb des Gummis auf Schulterhöhe an. Es dauerte eine Weile, bis ich auch noch die letzten Strähnen durchtrennt hatte. Schließlich hielt ich den Zopf in der Hand.

»Hier ist er«, sagte ich und gab ihn Emma.

Auch wenn die Frisur noch professionell korrigiert werden musste, so stand ihr der nach vorne länger werdende Bob, der sich aus dem Abschneiden automatisch ergeben hatte, erstaunlich gut.

»Danke, Ben!«, murmelte sie, nachdem sie die Aufnahme beendet hatte. »Jetzt fühle ich mich besser.«

Die radikale Aktion schien ihr tatsächlich geholfen zu haben.

Ich holte ein Maßband, und wir legten den Zopf daneben. Er hatte stolze 47 Zentimeter.

»Bei dieser Haarlänge spendet diese Seite sogar noch einen Geldbetrag für eine Hilfsorganisation. Du kannst das auf der Seite anschauen und selbst aussuchen, wo der Betrag hingehen soll. Du tust also was doppelt Gutes.«

Nachdem sie das erledigt hatte, machte Emma noch ein paar Fotos vom Zopf und dazu Selfies von ihrer neuen Frisur. Dann nahm sie ein weiteres Video für Judy auf. Dabei versuchte sie, so locker wie möglich zu klingen. Sie hielt den Zopf in die Kamera und drehte ihren Kopf mit den abgeschnittenen Haaren hin und her und beteuerte, wie gut sich das anfühlte. Am Ende musste auch ich noch mit aufs Video, sozusagen als mehr oder weniger freiwilliger Friseur bei dieser Aktion. Ich schickte Judy liebe Grüße und wünschte ihr alles Gute.

Nur wenig später kam eine Videonachricht von Judy aus dem Krankenhaus zurück. Mit kahlem Kopf, blass und mit dunklen Augenringen war nicht zu übersehen, dass es ihr nicht sonderlich gut ging. Trotzdem hatte sie immer noch dieses freche Funkeln in den Augen und ihren trockenen Humor offenbar auch in ihrer schwierigen Lage nicht verloren.

»Cool. Ihr seid wirklich total verrückt, ihr zwei. Aber im Sommer sind kürzere Haare sowieso viel praktischer. Du wirst dir einiges an Haarpflegeprodukten sparen, Emma. Wenn auch nicht so viel wie ich«, scherzte sie und fuhr sich über den Kopf. »Und Ben, du solltest umschulen. Du wärst sicher ein super

Friseur! Allein schon die Vorstellung, dass du einem beim Haarewaschen ganz langsam die Kopfhaut massierst – hmmm … dir würden alle ganz sicher die Bude einrennen! Also noch mal danke, ihr zwei Wunderbaren. Vor allem dir, Emma. Und wage es bloß nicht, nach New York zu verschwinden, ohne dass wir uns vorher noch mal gesehen haben.«

Ich schluckte.

Emma versprach in einer weiteren Nachricht, dass sie sich ganz bestimmt vorher sehen würden.

»Vielleicht ist es ja blöd, aber irgendwie habe ich jetzt so ein Gefühl, dass Judy das schaffen wird«, sagte Emma zu mir.

»Ich auch«, beteuerte ich und hoffte sehr, dass die Behandlung bei Judy anschlagen würde. Ein Wunsch für Kategorie C ganz oben auf meiner Liste. »Aber auf jeden Fall hast du ihr damit ein wenig Kraft gegeben!«

»Das hoffe ich.«

Wir packten den Zopf in ein großes Kuvert. Dazu legten wir den ausgefüllten Schein, den wir von der Online-Plattform heruntergeladen hatten.

»Das bringe ich gleich morgen früh zur Post.«

»Echt cool, dass du das gemacht hast, Emma!«

»Danke, dass du mir dabei geholfen hast, Ben. Und ich meine nicht nur das mit dem Zopf.«

»So bin ich eben, Hexlein. Und du siehst wirklich gar nicht übel aus mit diesem neuen Look. Der steht dir.«

»Nicht wahr? Ich werde die Aktion gleich auf Instagram und TikTok posten. Vielleicht kann ich auch andere Leute motivieren, ebenfalls ihre Haare zu spenden.«

»Damit tust du schon was dreifach Gutes!«

»Aber ich würde am liebsten noch viel mehr tun!«

Ich drückte sie kurz an mich.

»Sag mal, hast du vielleicht ein Radler für mich? Ich bin jetzt ganz schön durstig.«

In diesem Moment fiel mir meine Verabredung mit Florian wieder ein, die ich über diese ganze Aktion völlig vergessen hatte. Draußen dämmerte es inzwischen, und eigentlich müsste ich losfahren. Doch ich brachte es nicht übers Herz, Emma jetzt nach Hause zu schicken.

»Klar habe ich ein Radler für dich.«

»Und auch ein paar Chips?«

»Ja. Ich habe auch Chips!«, sagte ich und ging in die Küche.

Bedauernd schrieb ich Florian eine Nachricht, dass mir leider etwas sehr Wichtiges dazwischen gekommen war und ich es heute doch nicht schaffen würde.

Kurz darauf schrieb er zurück:

Alles klar, vielleicht klappt es ja ein anderes Mal.

Das hoffe ich auch!, tippte ich und seufzte.

Dann holte ich zwei Radler aus dem Kühlschrank und ging zurück zu Emma ins Wohnzimmer.

Kapitel 16

Sternenkutsche ohne Pferd

Um Emma und mich auf andere Gedanken zu bringen, kam ich auf ihr Musikstudium in New York zu sprechen. Sie erzählte, dass sie sich inzwischen schon mit Zoes Mann Hendrik unterhalten habe, der einige Jahre in New York gelebt und ihr jede Menge Tipps und Informationen gegeben habe.

»Und stell dir vor, ich weiß jetzt auch schon, mit wem ich dort in der WG zusammenwohnen werde. Hoffentlich komme ich gut klar mit denen.«

»Hey, Hexlein, wer sollte denn mit dir nicht klarkommen?«

»Stimmt auch wieder.«

Sie grinste, und ich war froh, dass es ihr wieder ein wenig besser ging.

»Du sag mal, ich mache mir bereits Gedanken über unser großes Patchworkfamilienfest im August. Wäre das nicht eine gute Gelegenheit für einen Auftritt von eurer Band?«

»Stimmt! Vielleicht ist das sogar der letzte gemeinsame Auftritt von *Crazyblubb*. Zumindest, solange ich in Amerika bin. Ich werde gleich morgen fragen, ob alle Zeit haben.«

»Super! Da könnt ihr es noch mal so richtig krachen lassen.«

Das Display ihres Handys leuchtete ständig auf.

»Ich habe schon fast 500 Likes für das Video«, rief sie. »Und einige haben geschrieben, dass sie auch eine Haarspende machen wollen.«

»Wow. Damit hast du echt was Gutes bewirkt.«

In diesem Moment bekam Emma eine WhatsApp-Nachricht, und ihr Lächeln verschwand. Sie kam von Jana, die mit Kai aus Regensburg nach unserer vorzeitigen Rückkehr einen spontanen Ausflug auf die Herreninsel unternommen hatte. Sie hatte erst jetzt von der Krankheit ihrer gemeinsamen Schulfreundin Judy erfahren und war, genau wie Emma, total erschüttert.

»Ich glaube, ich muss gleich zu Jana nach Hause«, sagte Emma kurz nach elf. »Ihr geht es nicht gut.«

»Ich begleite dich mit dem Fahrrad!«, bot ich an.

»Aber ich kann doch auch allein heimradeln!«, meinte sie, jedoch nur halbherzig. Ich merkte ihr an, dass sie über meine Begleitung froh war.

»Ich möchte mich eh noch ein wenig bewegen!«, beruhigte ich sie, und bald darauf fuhren wir los.

Sie drückte mich noch mal ganz fest, als wir uns vor dem Haus verabschiedeten.

»Danke, Ben.«

»Schon gut. Du und Jana stellt euch vielleicht vor, wie ihr euch alle drei bei einem Klassentreffen in dreißig Jahren darüber unterhaltet, wie tapfer sie die Krankheit damals überstanden hat. Und dabei schaut ihr euch die Fotos vom abgeschnittenen Zopf und ihrer Glatze an.«

»Und genau so wird es auch sein!«

Emma gab mir einen Kuss auf die Wange, bevor sie ins Haus verwand.

Ich machte mich wieder auf den Heimweg. Eigentlich hatte ich keine Lust, jetzt schon schlafen zu gehen. Heute war so vieles passiert, mein Kopf war noch ganz voll davon. Für mich war es selbstverständlich gewesen, für Emma in der schwierigen Situation da zu sein. Doch ein klein wenig bedauerte ich es schon, dass ich deswegen die Verabredung mit Florian hatte platzen lassen müssen. Aber vielleicht war es ja noch gar nicht zu spät, um zu Florian zu fahren? Sterne sah man ohnehin nur in der Nacht, und so wie ich das aus unserem Gespräch herausgehört hatte, war er oft stundenlang mit seinem Teleskop und der Kamera zugange, um Bilder zu machen.

Ohne noch weiter darüber nachzudenken, bog ich an der nächsten Straße ab und machte mich auf den Weg zum Haus der Peters.

Ich schickte Florian eine Nachricht, nachdem ich das Fahrrad neben der Garage abgestellt und abgeschlossen hatte.

Nun hat es doch nicht so lang gedauert, wie gedacht. Gibt es noch ein Bier in der Sternwarte für mich?

Klar! Melde dich einfach, wenn du da bist!, schrieb er zurück.

Bin da! Dazu setzte ich ein fröhlich grinsendes Smiley.

Gleich darauf sah ich das Licht einer Taschenlampe in der Dunkelheit immer näher auf mich zukommen. Schließlich stand Florian vor mir.

»Hi, Ben. Komm rein!« Er öffnete das Gartentor.

»Super, dass es doch noch klappt«, sagte ich und spürte, wie mein Magen aufgeregt flatterte. »Leider habe ich deinen Hoodie wieder nicht dabei.«

Er lachte leise, während wir zur kleinen Sternwarte gingen, aus der Musik erklang.

»Irgendwann wirst du es schon schaffen. Und wenn nicht, dann kann ich es auch verschmerzen.«

»Das kriege ich schon hin. Wäre ja noch schöner! … Cooler Song übrigens!«, sagte ich. »*Harvest Moon* von Neil Young, oder?«

Florian nickte.

»Einer meiner Lieblingssongs von ihm. Er hat so eine lässige Leichtigkeit.«

»Ich mag das Lied auch sehr. Und es passt super, wenn man in den Sternenhimmel schaut.«

»Das stimmt. Wenn ich hier bin, höre ich immer Musik.«

Ich spürte etwas an meinem Hals! Eine Mücke, die bereits zugestochen hatte. Kaum hatte ich sie weggescheucht, war schon die nächste auf meinem Arm gelandet.

Florian bemerkte mein Dilemma und reichte mir ein Mückenspray.

»Danke. Daran habe ich leider nicht mehr gedacht.«

»In der Dämmerung war es noch viel schlimmer«, sagte er, während ich mich einsprühte.

»Dann ist es ja gut, dass ich so spät dran bin.«

»Was die Mücken betrifft, auf jeden Fall.«

Er grinste und holte mir ein Bier aus dem Kühlschrank.

»Danke. Und trotzdem noch mal sorry, dass ich es nicht früher geschafft habe.«

»Kein Ding. Die Kamera am Teleskop ist inzwischen eingestellt und macht Fotos. Das dauert jetzt ein paar Stunden. Ich hoffe, dass ich morgen ein paar gute Bilder vom Adlernebel haben werde.«

»M16?«, fragte ich.

»Respekt! Gutes Gedächtnis!«

Ich zuckte lächelnd mit den Schultern.

»Da bin ich echt gespannt, ich kann mir unter einem Adlernebel gar nichts vorstellen.«

»Moment …«, er nahm sein iPad vom Tisch und öffnete eine Fotogalerie mit Aufnahmen, die er gemacht hatte.

»Schau. Das hier ist eine ältere Aufnahme des Adlernebels, die leider noch nicht ganz so gut ist, wie ich mir das vorstelle. Vielleicht hast du ein ähnliches Bild schon mal gesehen. Aus dem Jahr 1995 gibt es eine spektakuläre, fast schon ikonische Aufnahme des Hubble–Teleskops von den sogenannten *Säulen der Schöpfung* im Herzen dieses Nebels. Und seit Kurzem gibt es eine noch schärfere Aufnahme vom neuen James Webb Weltraumteleskop. Hier, siehst du …«, er deutete es mit dem Zeigefinger an, »… die drei Säulen – und da kann man mit etwas Fantasie den Schnabel eines Adlers erkennen, der seine Flügel weit ausgebreitet hat.«

»Faszinierend!« In verschiedenen Rot-, Rosa- und Blautönen war da eine Art Nebel samt unzähliger Sterne. »Das ist ja Wahnsinn! Du hast diese Aufnahmen gemacht?«

»Ja … Aber wie gesagt, ich hoffe, dass ich heute mit dem neuen Teleskop noch bessere Bilder hinkriege.«

Auf der Fotogalerie waren noch weitere beeindruckende Bilder mit so seltsamen Namen wie Herznebel oder Elefantenrüsselnebel, von der Andromedagalaxie, Sternschnuppen und einer Mondfinsternis. Und sogar eine Aufnahme des Saturns mit seinen Ringen war zu sehen. Auch wenn ich nicht alles verstand, war es spannend, Florian zuzuhören, während er mir ausführlich die Aufnahmen beschrieb. Inzwischen lief *Bohemian Rhapsody* von Queen und untermalte die Bilder mit kraftvoller Energie.

»Und das hier ist der Komet Neowise aus dem Jahr 2020! Den konnte man sogar mit bloßem Auge am Himmel sehen«, erklärte Florian das letzte Bild, bevor er das iPad weglegte.

»Das habe ich damals auch mitgekriegt, habe ihn aber nur als verschwommenen Klecks am Himmel wahrgenommen. Deine Bilder sind super, Florian«, sagte ich anerkennend und nahm einen Schluck Bier.

»Ich bin auch immer wieder begeistert, was es da oben alles zu entdecken gibt. Vor allem, wenn ich die ersten Aufnahmen von einem Himmelsobjekt mache, das ich vorher noch nicht vor der Linse hatte. Da bekomme ich selbst manchmal eine Gänsehaut.«

»Bisher habe ich mir über den Sternenhimmel nicht so viele Gedanken gemacht.« Ich sah durch die offene Kuppel der Sternwarte nach oben. »Auch wenn ich ihn toll finde, gerade an einem so lauen Sommerabend wie heute. Ab und zu habe ich natürlich schon mal Sternschnuppen gesehen. Und einige Sternbilder erkenne sogar ich. Das da ist der *Große Wagen*, oder?« Ich deutete schräg nach oben.

Florian lächelte.

»Diese sieben hell leuchtenden Sterne aus dem Sternbild *Großer Bär* bezeichnet man tatsächlich als *Großer Wagen*«, erklärte Florian und fügte dann etwas leiser hinzu: »Oder auch *Sternenkutsche ohne Pferd.*«

»Diese Bezeichnung habe ich noch nie dafür gehört.«

»So hat meine Schwester immer dazu gesagt.«

Plötzlich veränderte sich sein Blick.

»Wie alt ist denn eigentlich deine Schwester?«

»Zweiunddreißig. Genauso alt wie ich.«

»Du hast eine Zwillingsschwester?«, fragte ich überrascht und kannte nun endlich auch sein Alter.

»Melanie – Melli – starb eine Woche vor unserem elften Geburtstag an den Komplikationen einer Endokarditis, einer Herzentzündung. Sie hatte von klein auf Probleme mit ihrem Herzen.«

»Das tut mir sehr leid, Florian. Wirklich«, sagte ich betroffen.

Er nickte, dann griff er wieder zu seinem iPad und öffnete eine Datei mit dem Namen *Melli*. Ein Foto erschien: Zwei Geschwister, etwa zehn Jahre alt, die auf einer Decke am Ufer des Chiemsees saßen und fröhlich in die Kamera lachten. Florian war unschwer an seinen Locken zu erkennen.

»Melli hatte das Down-Syndrom!«, erklärte er das Offensichtliche. »Sie konnte lachen wie niemand sonst auf dieser Welt, und sie war nicht nur meine Schwester, sondern auch meine beste Freundin.«

Eine Weile schwieg er, offenbar versunken in seine Erinnerungen. Ich wusste nicht, was ich dazu sagen sollte, deswegen schwieg ich ebenfalls und schaute wieder nach oben zum Himmel. In völligem Kontrast dazu lief nun schwungvoll das Lied *You're The One That I Want* von John Travolta und Olivia Newton-John. Offenbar stand Florian auf einen wilden Musikmix aus den 70er und 80er Jahren.

Florian folgte meinem Blick.

»Melli liebte die Sterne. Als wir klein waren, hatten wir in unseren Zimmern oben an der Decke phosphoreszierende Sterne, die im Dunkeln leuchteten. Doch das war ihr nicht genug. Später schlichen wir uns oft in der Nacht hinaus und legten uns im Sommer auf eine Decke ins Gras, um Sternschnuppen zu entdecken. Manchmal gelang uns das auch. Aber wenn nicht, dann war es nicht weiter schlimm. Es gab unendlich viel zu sehen. Ich machte mich schlau über die Himmelskörper und

Galaxien, um ihr so viel wie möglich darüber vorlesen und erzählen zu können. Am liebsten mochte sie die *Sternenkutsche ohne Pferd*. Damit wollte sie irgendwann über den ganzen Himmel reisen.«

Ich schluckte. Irgendwie war dieser Tag heute eine ziemliche Achterbahnfahrt der Gefühle.

»Nachdem sie gestorben war, fühlte ich mich, als hätte man mich in der Mitte auseinandergerissen. Ich war fast jede Nacht draußen oder sah aus dem Fenster. Und ich stellte mir vor, wie sie mit der *Sternenkutsche* den Himmel und das ganze Universum eroberte und dabei glücklich lachte. Das tröstete mich zumindest ein wenig. Mein Opa hat mich eines Nachts entdeckt, und ich habe ihm davon erzählt. Kurz darauf hat er zusammen mit meinem Vater das alte Gartenhaus abgerissen und die kleine Sternwarte für mich gebaut. Ich bekam mein erstes Teleskop.«

»Bist du deswegen Astrophysiker geworden?«, fragte ich mit belegter Stimme.

Er nickte.

»Entweder Herzchirurg oder Astrophysiker – etwas anderes wollte ich nach Mellis Tod nie werden. Als Astrophysiker habe ich das Gefühl, ihr etwas näher zu sein. Auch wenn es natürlich nur das Wunschdenken eines kleinen Jungen ist, der in dieser Beziehung nicht erwachsen werden will. Außerdem zittern meine Hände zu stark, um auch nur in die Nähe eines OPs gelassen zu werden.«

Ich lächelte.

Er stand auf und ging zum Kühlschrank, um sich ein Bier zu holen.

»Magst du auch noch eines?«, fragte er.

»Gern!«

»Tut mir leid, Ben, dass ich …«, begann er, als er mir die Flasche reichte, und suchte offenbar nach den richtigen Worten. »Also, ich … ich habe schon lange nicht mehr mit jemandem über Melli gesprochen, und normalerweise tu ich das auch nicht. Wir sind uns gestern zum ersten Mal begegnet, aber ich habe irgendwie das Gefühl, als ob ich dich schon länger kennen würde. Und als du vorhin den Großen Wagen erwähnt hast, da hat mich das total an Melli erinnert, und ich …«

»Hey! Schon gut!«, unterbrach ich ihn. »Auch das gehört zum Leben dazu. Und heute ist offenbar so ein Tag, da gibt es neben schönen Dingen auch die nicht so schönen Seiten. Deswegen war ich vorhin auch so spät dran.«

Nun erzählte ich ihm die Geschichte von Judy und Emmas abgeschnittenem Zopf und zeigte ihm das Video, das sie online gestellt hat. Inzwischen hatte sie schon über tausend Likes.

»Diese Emma scheint eine tolle junge Frau zu sein!«, sagte Florian.

»Ja. Das ist sie. Emma ist großartig!«

Er hielt mir die Flasche entgegen.

»Auf das Leben!«, sagte er.

»Auf das Leben!«

Wir stießen an.

Plötzlich spürte ich, wie sehr der lange Tag mich erschöpft hatte. Inzwischen war es schon nach zwei Uhr morgens. Die Zeit in der Sternwarte war nur so verflogen. Verstohlen gähnte ich hinter meiner Hand.

»Ist es okay, wenn ich die Flasche nicht mehr ganz austrinke?«, fragte ich.

»Klar.«

»Ich muss morgen wieder früh raus und in den Laden. Zurzeit ist ziemlich viel los. Und weißt du, es gibt auch noch diesen großen Auftrag von einer gewissen Frau Peters, für den wir noch einiges organisieren müssen.«

Florian grinste.

»Da wäre ich an deiner Stelle auch lieber ausgeschlafen. Ich habe gehört, dass diese Frau Peters ganz schön kompliziert und die Arbeit mit ihr manchmal nervenaufreibend sein kann«, sagte er mit einem Zwinkern.

»Das ist sie. Aber inzwischen habe ich aus guter Quelle erfahren, dass man das einfach nicht persönlich nehmen darf.«

»Eben! … Warte, ich komm mit und leuchte dir den Weg«, bot Florian an, und wir gingen zum Gartentor.

»Danke für das Bier und den spannenden Unterricht in Sternenkunde«, sagte ich zum Abschied.

»Jederzeit gerne wieder! Denn es gibt noch viel zu entdecken in den unendlichen Weiten«, sagte er, fast theatralisch.

»Ich kann es kaum erwarten!«

»Danke auch für das Gespräch. Es … es hat mir gutgetan, mit dir über Melli zu sprechen.«

»Du kannst mich gerne jederzeit anrufen, wenn du reden willst«, bot ich an. »Egal worüber.«

»Danke. Aber du brauchst jetzt keine Angst davor zu haben, dass du zu meinem Seelsorger werden musst«, scherzte er.

»Ach, das bin ich gewohnt«, winkte ich ab.

»Sag mal, Ben, kennst du eigentlich *Didis Oberstübchen*? Diese Kneipe in der Nähe von Rosenheim?«

»Logisch kenne ich die! Emma hat dort ein paarmal mit ihrer Band gespielt.«

»Echt? Ich war früher ab und zu dort bei Konzerten, bevor

ich zum Studium nach München gegangen bin. Hast du vielleicht Lust, dich nach der Geburtstagsfeier von meinem Vater da mal auf ein Bier mit mir zu treffen? Seitdem ich wieder am Chiemsee bin, habe ich abends kaum was unternommen. Ich kenne nicht mehr so viele Leute hier. Die meisten Schulfreunde von früher hat es beruflich oder privat woandershin verschlagen. Und allein habe ich keine Lust wegzugehen.«

»Klar. Das können wir gern machen, Florian«, sagte ich und versuchte, mir meine Freude nicht allzu sehr anmerken zu lassen.

»Super!«

»Und vielleicht schaffe ich es ja doch mal, deinen Hoodie in den nächsten Tagen vorbeizubringen.«

»Mach dir deswegen echt keinen Stress. Mein Großvater kommt morgen aus Nürnberg angereist. Er wird bis nach dem Geburtstag bleiben. Die nächsten Tage werde ich viel mit ihm unterwegs sein.«

Plötzlich musste ich an das Telefonat heute Mittag – inzwischen schon gestern Mittag – denken. Ich kombinierte, dass er da wohl mit seinem Großvater gesprochen hatte. War das wirklich erst gestern gewesen?

»Und dann muss ich auch noch meiner Mutter helfen. Es gibt noch jede Menge vorzubereiten.«

»So runde Geburtstage können einen schon stressen.«

»Ich freue mich zwar für Vater, aber ich bin auch froh, wenn die ganze Aufregung wieder vorbei ist. Dann wird meine Mutter hoffentlich auch wieder etwas erträglicher sein.«

Ich verkniff mir einen Kommentar dazu, grinste jedoch vielsagend.

»Also, bis bald, Florian.«

»Bis bald, Ben!«

Kapitel 17

Ein Riesling aufs Haus

Am nächsten Tag füllte ich gerade das Regal mit verschiedenen Nussmischungen und herzhaftem Gebäck auf, als Ilona aus dem Büro in den Laden geeilt kam.

»Ben, es gibt Neuigkeiten!«, rief sie, und ihre Augen glänzten vor Aufregung.

»Was ist denn?«

»Chris hat gerade angerufen. Er kommt auch zur großen Patchworkfamiliensause und …«

»Aber das wussten wir doch schon!«, unterbrach ich sie.

»Lass mich doch ausreden.«

»Sorry.«

»Er wird nicht allein kommen. Seine Schwester Claudia und Alessia werden ihn begleiten.«

»Das ist ja super, wenn sie beim Fest dabei sein können. Aber wer kümmert sich in dieser Zeit in der Toskana um den Hof und die Gästezimmer?«

»Das macht Alessias Opa Mario zusammen mit zwei Nachbarinnen. Sie bleiben ja nur fünf Tage hier. Ich frag mich nur, wo ich die Leute alle unterbringen soll.«

»Leider kann ich niemanden mehr bei mir aufnehmen, weil meine Eltern schon bei mir wohnen werden. Ich war jedenfalls nicht davon ausgegangen, dass es eine so große Feier wird.«

»Ich auch nicht. Aber je mehr, desto besser – das kriegen wir schon hin.«

In diesem Moment meldete mein Handy eine Nachricht. Florian hatte ein Foto geschickt mit dem Text: *eines der Ergebnisse von letzter Nacht.*

»Wow!«, murmelte ich. »Schau dir das mal an. Ist das nicht toll?«

»Was ist das denn für ein Gebilde?«

»Das heißt Adlernebel. Und das hier nennt man, wenn ich mich nicht falsch erinnere, die Säulen der Schöpfung.« Ich zog das Foto größer und deutete auf die Stelle, die Florian mir gezeigt hatte. »Florian hat das Bild letzte Nacht mit seiner Kamera am Teleskop gemacht.«

»Unglaublich … das Foto, aber auch deine roten Wangen«, bemerkte sie amüsiert.

»Was?« Ich fasste an mein Gesicht. Die Wangen fühlten sich tatsächlich heiß an. »Das kommt vom Schleppen der Kartons. Außerdem war ich gestern Nachmittag lange in der Sonne«, hatte ich eine Ausrede parat, die Ilona mir jedoch nicht abnahm.

Ich tippte eine Nachricht und bedankte mich für das Bild. Als ich das Handy zurück in die Hosentasche steckte, streifte ich mit dem Ellenbogen eine angebrochene Packung mit Nüssen, die ich während der Arbeit ab und zu knabberte. Sie kippte um, und überall lagen verstreut Cashewkerne, Mandeln und Paranüsse auf dem Fußboden.

»Verdammt«, murmelte ich und holte Besen und Schaufel aus der kleinen Putzkammer.

»Zeig mir doch mal ein Foto von diesem Kerl, der dich so durcheinanderbringt!«, forderte Ilona mich auf, als ich alle Nüsse auf die Schaufel gekehrt und in einen Eimer mit Bioabfall geschüttet hatte.

»Ich habe keines«, beteuerte ich wahrheitsgemäß.

»Sicherlich wird sich das bald ändern!«

Sie grinste.

»Ilona!«

»Ben! Ich freue mich doch nur für dich!«

»Aber da gibt es nichts, worüber du dich freuen kannst. Wir kennen uns ja erst ganz kurz, und im Moment freunden Florian und ich uns einfach nur an. Außerdem habe ich keine Ahnung, ob er auf Männer steht.«

»Merkt man das denn nicht gleich?«

»Oft merke ich es. Ja. Aber nicht bei ihm. Deswegen befürchte ich, dass er hetero ist.«

»Kannst du ihn nicht einfach mal fragen?«

»Hast du Chris auch gefragt, welche sexuelle Orientierung er hat, als du gemerkt hast, dass er dir gefällt?«, fragte ich, ein wenig schroffer, als ich das beabsichtigt hatte.

Sie sah mich für ein paar Sekunden betroffen an.

»Es tut mir leid, Ben«, begann sie dann. »Nein. Das habe ich nicht gemacht. Weder bei Chris noch bei sonst wem zuvor. Bitte vergiss diese blöde Frage. Es … es war nicht böse gemeint.«

»Das weiß ich doch«, sagte ich versöhnlich und legte einen Arm um sie.

»Ich will ja nur, dass es dir gut geht und du wieder mit einem Partner glücklich bist, mein Tiger!«

»Danke … Ich möchte ja selbst herausfinden, ob es überhaupt einen Sinn hat, dass ich öfter an ihn denke, als ich vielleicht sollte.«

»Dann sei besser einfach mal entspannt, und lass es auf dich zukommen!«

»Du hast ja recht.«

»Natürlich hab ich das.«

Sie grinste und schob sich eine Dattel im Speckmantel in den Mund.

»Aber es gibt noch was anderes, das wir besprechen müssen«, sagte sie mit vollem Mund. »Ich habe ewig überlegt, aber mir fällt kein wirklich origineller neuer Name für unser Geschäft ein. Deswegen schlage ich vor, dass wir es ganz pragmatisch *Heubach und Fuchs Delikatessen* nennen.«

»Hm. Oder wir lassen einfach den alten Namen, den alle kennen und der überall schon so gut eingeführt ist«, sprach ich den Gedanken aus, der mir schon seit einer Weile durch den Kopf ging. »*Ilonas Delikatessenladen.* Du hast den Laden vor Jahren eröffnet und aufgebaut. Inzwischen bist du hier am Ort und in der Umgebung doch schon fast so was wie eine Marke oder Institution. Nur weil ich zukünftig als Teilhaber an Bord bin, müssen wir den Firmennamen echt nicht wechseln. Schon gar nicht, wenn uns beiden sowieso kein besserer Ersatz einfällt.«

»*Heubach und Fuchs Delikatessen* hört sich wirklich nicht sonderlich originell an, oder?«

»Ehrlich gesagt: Eher nicht.«

»Also sollen wir den alten Namen wirklich behalten?«

»Ja. Außerdem sparen wir uns dann jede Menge Kosten für ein anderes Logo. Wir müssen keine neuen Papiertüten drucken lassen, das Werbematerial kann so bleiben, wie es ist. Und auf dem Briefkopf und auf der Homepage ist es ja kein Problem, mich als weiteren Geschäftspartner aufzuführen.«

»Also gut. Wenn das für dich so okay ist?«

»Ist es«, erklärte ich.

»Dann rufe ich beim Notar an und sag ihm Bescheid.«

»Super.«

Die nächsten zwei Tage war ich so mit Arbeit eingedeckt und einen Abend auch wieder als Babysitter bei Zoes Jungs im Einsatz, dass ich nicht dazu kam, an Florian zu denken. Zumindest nicht allzu oft.

Am darauffolgenden Morgen brachte ich den Hoodie endlich bei Peters vorbei. Doch meine Hoffnung, Florian vielleicht kurz zu sehen, erfüllte sich nicht. Er war unterwegs, wie ich von seiner Mutter erfuhr.

Die nutzte meine Anwesenheit, um noch mal alles mit mir durchzugehen und letzte kleine Änderungswünsche zu besprechen. Auch wenn ich es inzwischen nicht mehr persönlich nahm, so war es nach wie vor ziemlich anstrengend mit ihr. Jedenfalls ließ ich mich nicht aus der Ruhe bringen, auch dann nicht, als sie wieder einiges umwerfen wollte.

Schließlich einigten wir uns darauf, bei der kulinarischen Reise durch sieben Länder Spanien durch Frankreich zu ersetzen. Ich würde die Rezepte für das Fingerfood noch anpassen müssen, doch noch waren wir rechtzeitig dran.

Als ich gegen Mittag zum Laden zurückkam, parkte ein Lieferwagen mit einem Autokennzeichen aus dem Elsass auf dem Bürgersteig. Die Lieferung des Weingutes Beaulieu war eingetroffen.

Eine Viertelstunde später hatten wir die Kartons in den Lagerraum gebracht.

»Ein gutes Gefühl, wieder genug Vorrat zu haben. Vor allem den Crémant«, sagte Ilona, als wir wieder im Laden waren.

»Anna, Zoe und du seid ja auch gute Abnehmerinnen«, feixte ich und bekam dafür einen Rempler in die Seite.

»Du hilfst aber auch öfter mal mit, Ben!«, stellte sie klar.

»Ich geb's ja zu, ich mag ihn auch sehr.«

Kundschaft kam in den Laden. Ein älterer Herr und – Florian!

»Guten Tag!«, begrüßte Ilona sie freundlich.

»Grüß Gott«, sagte der Mann, bei dem es sich vermutlich um Florians Großvater handelte. Er war einige Zentimeter kleiner als sein Enkel, wirkte aber sehr rüstig. Zudem hatte er sehr volles silbergraues Haar.

»Guten Tag … Hallo, Florian!«

»Hallo. Servus, Ben.«

Ich spürte, wie dieser unerwartete Besuch im Laden ein leises Magenflattern bei mir auslöste. Gleichzeitig bemerkte ich an Ilonas Blick, dass sie nach unserer Begrüßung natürlich realisiert hatte, wer da in den Laden gekommen war. Hoffentlich rutschte ihr jetzt nichts Unüberlegtes raus, das mich vor Florian in Verlegenheit brachte.

»Ach, Sie sind also der Sohn von Frau Peters, nicht wahr?«, sagte sie an Florian gerichtet.

»Ja. Und das ist mein Großvater, Werner Peters.«

Ilona nickte beiden freundlich zu.

»Freut mich sehr!«

»Gerade kam die Lieferung aus dem Elsass mit den Weinen, die wir für das Geburtstagsfest bestellt haben«, sagte ich, weil ich nicht wusste, was ich sonst sagen sollte.

»Ich hoffe, es handelt sich nicht um ein saures Gepansche, bei dem es einem schon beim ersten Schluck die Eingeweide zusammenzieht!«, meinte Werner Peters in einem satten Bariton.

Ich bemerkte, dass Florian einmal tief durchatmete, aber ein kleines Lächeln seine Lippen umspielte, und auch ich musste mir ein Grinsen verkneifen.

»Keine Sorge, Herr Peters. Ob der Wein sauer ist oder nicht, werden Sie beim Geburtstagsfest gar nicht schmecken können, weil Ben das Essen so scharf würzt, dass Ihre Augenbrauen Feuer fangen und sämtliche Geschmacksnerven mindestens ein paar Tage brauchen werden, sich wieder zu erholen«, sagte Ilona trocken zu dem alten Herrn.

Für einige Sekunden herrschte Stille. Dann fingen wir alle zu lachen an.

»Die Frau gefällt mir!«, erklärte Werner Peters.

»Keine Angst, mit dem scharfen Essen hat sie völlig übertrieben!«

»Ach, ein wenig Schärfe würzt das Leben.« Werner ging einen Schritt näher auf Ilona zu. »Wenn ich es dem Firmenschild draußen richtig entnehme, sind Sie die Inhaberin, Ilona, nicht wahr?«

»Genau.«

»Falls Sie zufällig noch frei sind, hübsche Ilona, würde ich Sie gern auf ein schönes Abendessen in einem netten Restaurant am See einladen.«

»Opa, also bitte!« Nun wurde es Florian offenbar doch ein wenig zu viel.

»Was denn, Junge? In meinem Alter hat man keine Zeit, um lange hin und her zu überlegen. Die Möglichkeiten für Verabredungen, bei denen man an einem hübsch gedeckten Tisch noch selbst das Essen bestellen und schneiden kann, reduzieren sich unwiderruflich von Tag zu Tag. Bevor die Stunde gekommen ist, in der ich mit einem Löffel gefüttert werden und ihn schließlich ganz abgeben muss, versuche ich bei dieser feschen Frau mein Glück.«

»Da bin ich ganz Ihrer Meinung, Herr Peters. Und wenn ich noch frei wäre, dann würde ich keine Sekunde zögern und die Einladung glatt annehmen!«, beteuerte Ilona.

Werner Peters zuckte mit einem bedauernden Lächeln mit den Schultern.

»Schade. Aber einen Versuch war es wert.«

»Auf jeden Fall«, stimmte sie ihm zu.

»Jetzt, da wir das geklärt haben, möchten wir gern ein paar Sachen für das Abendessen einkaufen«, sagte Florian.

»Ben, übernimmst du das?«, fragte Ilona.

»Klar. Womit kann ich dich denn glücklich machen, Florian?« Kaum waren mir die Worte rausgerutscht, wäre ich am liebsten im Erdboden versunken. Ich hoffte, dass meine Wangen nicht so rot aussahen, wie sie sich anfühlten.

Ilona sah aus, als würde sie jeden Moment laut losprusten.

Doch Florian schien die unbeabsichtigte Zweideutigkeit meiner Worte gar nicht zu bemerken.

»Also, die Rouladen und der Käsekuchen letztens haben mich schon echt sehr glücklich gemacht«, beteuerte er. »Aber ich gehe jetzt mal nicht davon aus, dass ich das heute hier bekomme.«

»Leider nicht.«

»Also, wir brauchen was für einen Familienabend mit vier Personen. Was kannst du uns empfehlen, Ben?«

»Wie wär's mit hauchdünn geschnittenem Iberico-Schinken und Rohmilch-Brie mit rosa Pfeffer, eingelegten Oliven und

Fenchel in Zitronen-Honigmarinade, Paprikaaufstrich und pikantem Graupensalat? Und hier hätte ich auch noch einen besonders feinen Schafskäse aus den Pyrenäen.«

»Hört sich alles gut an. Was meinst du?«, wandte Florian sich an seinen Großvater.

»Wenn wir noch einen Becher von diesem Heringssalat dort nehmen«, er deutete auf eine Schale in der Kühltheke, »kann man mich durchaus glücklich machen.«

»Und wenn ich noch einen Tipp geben darf…«, mischte sich Ilona nun doch noch ein, »… dann empfehle ich diese Kartoffelcreme italienischer Art. Ben hat sie heute zum ersten Mal für den Laden zubereitet, und sie schmeckt zum Verlieben!« Ilona schwärmte geradezu und betonte das letzte Wort dabei besonders.

»Okay. Da kann man ja gar nicht Nein sagen. Wir nehmen von all diesen Sachen was«, beschloss Florian.

»Und Sie wollen es sich nicht doch noch mal mit einem Abendessen überlegen, liebe Ilona?«, hakte Werner Peters erneut nach.

»Falls es mit meiner Beziehung überraschend nicht mehr klappen sollte, dann komme ich gerne darauf zurück.«

»Sie würden es nicht bereuen!«

»Davon bin ich überzeugt.«

Florian und ich warfen uns amüsierte Blicke zu.

Sein Großvater war noch ein Charmeur der alten Schule und Ilona locker genug, um mitzuspielen und dabei ihren Spaß zu haben.

Während ich die ausgewählten Sachen abwog und verpackte, bediente Ilona eine weitere Kundin.

»Deinen Hoodie habe ich heute bei deiner Mutter abgegeben!«, sagte ich.

»Danke. Aber so eilig wäre das wirklich nicht gewesen.«

»Was ist denn ein Hoodie?«, wollte Werner Peters wissen.

»Das ist so was wie ein Kapuzenpullover!«, erklärte Florian.

»Aha. Man lernt nie aus!«

»Wollt ihr sonst noch etwas?«, fragte ich.

»Wir sollten noch diesen Wein mitnehmen, den es auf der Geburtstagsfeier gibt! Damit wir uns davon überzeugen können, dass er auch wirklich passt«, meinte Werner Peters.

Ich holte aus dem Regal je eine Flasche Crémant, Pinot noir und Riesling vom Weingut Beaulieu.

»Das sind die drei … Der Riesling geht zum Testen aufs Haus«, sagte ich.

»Unsinn. Der kommt mit auf die Rechnung«, winkte Florian ab.

»Lass doch den netten jungen Mann, Florian, wenn er das schon anbietet«, mischte sich sein Großvater ein. »Falls er wirklich so gut ist, wie behauptet, werde ich vor meiner Heimfahrt einige Flaschen kaufen und meinen Vorrat auffüllen.«

»Dann reserviere ich schon mal welche!«, sagte ich mit einem Lächeln und packte die Flaschen ein.

»Sind die hier zum Mitnehmen?« Florian deutete auf die verschiedenen Flyer, die wir in Kooperation mit anderen Geschäften und Partnern ausgelegt hatten.

Ich nickte.

»Nimm dir, was du möchtest!«, sagte ich.

Ilona hüstelte, und ich wurde mir der erneuten Doppeldeutigkeit meiner Worte bewusst. Doch Florian schien sich auch diesmal nichts dabei zu denken. Er griff nach dem Faltprospekt des Meditationszentrums und einem Flyer für Urlaub auf dem Biobauernhof in der Toskana.

»In die Toskana möchte ich schon so lange mal«, sagte Florian.

»Das ist der Hof, den mein Freund mit seiner Schwester und deren Lebensgefährtin führt. Von dort beziehen wir auch Produkte für unseren Laden, vor allem Olivenöle und eingelegtes Gemüse«, erklärte Ilona, während die Kundin bezahlte.

»Ich war kürzlich dort, es ist wirklich toll«, fügte ich hinzu.

»Sind die sehr ausgebucht?«, wollte Florian wissen.

»Wenn man ein klein wenig flexibel ist, ergattert man dort fast immer was«, erklärte Ilona. »Ben wird in ein paar Wochen wieder runterfahren, um Ware zu holen. Wir wechseln uns da immer ab. Nicht wahr, Ben?«

Eigentlich tun wir das nicht.

»Äh. Ja.«

»Vielleicht kannst du mich mal mitnehmen, wenn es keine Umstände macht? Zurück könnte ich dann ja mit dem Zug fahren.«

»Das macht Ben bestimmt gern«, bemerkte Ilona mit einem Lächeln.

»Ja. Klar. Wenn es sich mal ausgeht, kannst du gern mitfahren.«

»Junge!« Werner Peters klopfte ungeduldig mit dem Finger auf seine Armbanduhr. »Wir müssen nach Hause. In einer Viertelstunde beginnt die Tennisübertragung im Sportkanal. Die möchte ich nicht verpassen.«

»Das schaffen wir locker, Opa«, versprach Florian und wandte sich wieder an mich.

»Über die Toskana reden wir noch, Ben. Einen Urlaub dort könnte ich mir echt gut vorstellen.«

»Klar!«

Kurz darauf verließen Florian und sein Großvater mit drei

Papiertüten den Laden. Auch die Kundin war inzwischen gegangen.

»Der ist ja wirklich süß!«, flötete Ilona.

»Muss ich Chris warnen, dass du vorhast, mit Werner Peters durchzubrennen?«, fragte ich mit übertrieben strengem Blick.

»Der Großvater ist auch süß. Aber du weißt genau, dass ich seinen Enkelsohn meine.«

»Tja. Jetzt hast du ihn also kennengelernt.«

»Nach dem ersten Eindruck könnte ich mir durchaus vorstellen, dass ihr beide gut zusammenpasst. Er wirkt auch ganz anders als Bernhard.«

»Ja. Völlig anders«, stimmte ich ihr zu. Bernhard war ein Macher, der immer unter Strom stand. Anfangs hatte mich diese Energie mitgerissen, ich hatte mich vielleicht sogar gerade deswegen in ihn verliebt. Doch zum Ende unserer Beziehung war er immer aufbrausender geworden. Dazu kam, dass er nicht nur mein Partner, sondern auch mein Chef war. Wenn ich so darüber nachdachte, hatte ich bei meinem Exfreund immer das Gefühl gehabt, alles richtig machen und ständig über mich hinauswachsen zu müssen, damit ich ihm und seinen Ansprüchen gerecht werden konnte.

Florian hingegen schien die Dinge in Ruhe zu betrachten, um daraus seine Schlüsse zu ziehen. Vielleicht brachte das sein Beruf mit sich. Auch wenn er mich stets ein wenig nervös machte, spürte ich in seiner Gegenwart eine angenehme Leichtigkeit. Und ein leises Prickeln.

»Vielleicht klappt es ja wirklich, dass Florian mal mit dir in die Toskana fährt«, riss Ilona mich aus meinen Gedanken. »Wie ich aus eigener Erfahrung sagen kann, passieren dort magische Dinge!«, feixte Ilona mit einem Zwinkern.

Kapitel 18

Der Countdown läuft

Bis zum Tag der Geburtstagsfeier verging die Zeit wie im Flug. Im Geschäft und mit dem Catering hatten wir alle Hände voll zu tun. Auch das neue Geschäftsmodell mit den Picknickkörben kam super an.

Glücklicherweise sprang Emma in dieser Zeit oft im Laden und in der Küche ein. Es lief beruflich gut. Richtig gut. Inzwischen hatten wir auch die Vereinbarungen beim Notar unterzeichnet. Leider war keine Zeit geblieben, diesen besonderen Tag zu feiern. Doch das würden wir spätestens beim großen Familienfest im August nachholen.

Wie vorausgesehen hatte Frau Peters meine Geduld bis zum letzten Tag noch ziemlich strapaziert. Doch ich hoffte sehr, dass sich am Ende alles durch zufriedene Gäste – und vor allem ein glückliches Geburtstagskind – bezahlt machen würde.

Am Tag vor der Veranstaltung waren Ilona, Emma und ich bis tief in die Nacht hinein in der Küche mit Vorarbeiten für den nächsten Tag beschäftigt. Für die knapp sechzig Gäste waren je drei verschiedene landestypische Minigerichte aus sieben Ländern geplant, kalt und warm, angerichtet als Fingerfood auf Tabletts oder in Schälchen, Gläsern und auf kleinen Tellern.

Das bedeutete schon vorab einen enormen logistischen Aufwand. Aber wir waren ein gut eingespieltes Team. Die Arbeitsabläufe mit den Rezepten hatte ich an alle Mitarbeiter weitergegeben.

Nach Mitternacht fiel ich erschöpft ins Bett, konnte aber lange nicht einschlafen. Dabei musste ich am nächsten Morgen schon wieder früh raus. Tausend Dinge gingen mir durch den Kopf. Nicht nur beruflicher Natur. Morgen würde ich die Gelegenheit beim Schopf packen und Florian fragen, wann er in der kommenden Woche Zeit hatte, um mit mir auf ein Bier in *Didis Oberstübchen* zu gehen. Dort würde ich dann offen mit ihm reden und ihm gestehen, dass ich ihn gern näher kennenlernen wollte, weil ich mir mehr als eine Freundschaft zwischen uns vorstellen könnte. Wobei ich jetzt schon ein wenig Bammel vor seiner Reaktion hatte.

Ein anhaltendes lautes Klingeln ließ mich hochschrecken. Ich griff nach meinem Handy, dachte, ich müsste einen Anruf annehmen. Doch der Akku war leer.

Verdammt!

Ich hatte letzte Nacht vergessen, das Handy ans Ladekabel zu hängen. Wieder klingelte es, diesmal noch drängender. Ich sprang aus dem Bett, stieß mir dabei die große Zehe an und humpelte mit schmerzverzerrtem Gesicht und nur in Shorts durch den Flur zur Wohnungstür.

»Ben! Gott sei Dank!«, rief Ilona völlig aufgebracht, kaum dass ich die Tür aufgemacht hatte. »Ich wollte schon fast die Polizei rufen, damit sie die Tür aufbrechen!«

»Tut mir leid. Der Akku vom Handy war leer.«

»Bist du krank? Hast du Schmerzen?«, fragte sie besorgt.

»Nur die Zehe. Die habe ich mir gerade angestoßen. Wie spät ist es denn?«

»Nach halb acht. Wir warten schon seit sechs Uhr in der Küche auf dich und konnten dich nicht erreichen.«

»Verdammt! Ich spring schnell unter die Dusche und zieh mich an.«

Ilona griff nach meinem Arm.

»Du darfst mir bitte keinen solchen Schrecken mehr einjagen. Ich dachte wirklich, dir sei irgendwas passiert. Du warst noch nie unpünktlich! Schon gar nicht vor so einem großen Auftrag.«

»Sorry. Ausgerechnet heute, wo sowieso jede Minute zählt.«

»Hauptsache es geht dir gut. Wir schaffen das schon, Ben.«

»Danke ... Oh, warte!« Nun fiel mir siedend heiß etwas ein. »Ich hatte ja abgemacht, dass ich spätestens um acht Uhr bei den Peters bin, wenn der Pavillon und die mobile Bar im Garten aufgebaut und Stehtische und Blumen gebracht werden. Und die Getränke sollten auch bald geliefert werden. Aber dahin schaffe ich es garantiert nicht mehr pünktlich.«

»Dann fahre eben ich gleich los und kümmere mich darum. Die anderen brauchen dich jetzt erst mal noch in der Küche. Es gibt noch Fragen zu den Rezepten auf deinen Anweisungen.«

»Okay ... Dann mach du das bitte. Aber falls es irgendwelche Probleme bei den Peters gibt ...«

»Dann ruf ich dich an oder kläre das selbst!«, unterbrach sie mich.

Knapp dreißig Minuten später eilte ich in die Gastroküche und entschuldigte mich für mein Zuspätkommen. Sie hatten schon angefangen Gemüse zu schälen und zu schneiden. Emma hatte bereits den Teig für die Cannoli vorbereitet, die wir gefüllt mit einer Ricotta-Sahne-Espresso-Creme und frischen Erdbeeren als italienisches Dessert servieren würden.

»Der Teig muss noch eine Weile im Kühlschrank ruhen. Ich mach mich gleich an die Baklava«, sagte Emma. Nicht jedes der sieben Länder würde mit einer Nachspeise vertreten sein, da es auch noch eine Geburtstagstorte gab. Neben den Cannoli und türkischem Baklava hatten wir für Österreich Ministrudel mit Aprikosenfüllung geplant. Auch darum würde sich Emma kümmern, die zusammen mit ihrer Oma in den letzten Tagen ein wenig experimentiert und ein eigenes Rezept kreiert hatte.

Ich war gerade dabei, vier Hühner für das Coq au vin zu zerteilen, das wir mit einem gerösteten Brottaler in Minischälchen servieren würden, da rief Ilona mich am Handy an.

»Es ist mir ein Rätsel, wie du es ausgehalten hast, mit dieser Frau zusammenzuarbeiten. Dafür sollte man dir echt eine Auszeichnung verleihen. Ich würde ihr schon nach einer Stunde am liebsten den Hals umdrehen«, schimpfte sie genervt.

»Tja, meine liebe Ilona, so ist sie eben. Gibt es ein Problem?«

»Heute ist echt der Wurm drin. Der Mitarbeiter des Getränkemarktes hat übersehen, den Bierfahrern die Gläser mitzugeben, die wir eigentlich für heute reserviert hatten. Und da gerade so viele Feste in der Umgebung sind, haben sie offenbar alles verliehen. Denkst du, die Gläser, die wir selbst haben, reichen?«

»Auf keinen Fall. Wir haben zwar ausreichend Sekt- und Weingläser hier, nicht aber für Bier oder Softdrinks.«

»Und was machen wir jetzt? Diese Frau macht mich wahnsinnig, ich kann nicht mehr geradeaus denken.«

»Ich würde vorschlagen, du rufst noch mal im Getränkemarkt an. Egal, wie sie das bewerkstelligen, sie müssen für uns Gläser auftreiben und rechtzeitig vorbeibringen.«

»Denen mache ich die Hölle heiß«, beteuerte sie entschlossen.

»Ist sonst noch was?«

»Florian hat nach dir gefragt.«

»Wollte er was Spezielles?«

»Nein. Zumindest hat er nichts gesagt. Und stell dir vor: Ich bin inzwischen mit Werner per Du. Nachdem er mich nicht davon überzeugen konnte, mit Chris Schluss zu machen, möchte er zumindest heute Abend mit mir tanzen.«

Obwohl ich sehr unter Zeitdruck war, musste ich lachen.

»Ich fürchte, Chris muss sich bei dieser Konkurrenz warm anziehen!«

Sie kicherte.

»Na ja. Nicht wirklich. Aber jetzt halte ich dich nicht mehr auf. Ich regle das mit den Gläsern und kümmere mich noch um die Blumendeko, dann komm ich und helfe euch in der Küche … Je schneller ich hier wieder weg bin, umso besser. Ach du liebe Güte, Frau Peters winkt mir schon wieder. Ich muss aufhören.«

»Nimm es einfach nicht persönlich … Bis dann.«

Ilona schaffte es tatsächlich, dass der Mitarbeiter des Getränkemarktes noch rechtzeitig genug Gläser brachte. Wie auch immer ihm das gelungen war. Doch jetzt war ich froh, dass sie wieder zurück war und half. Die Zeit drängte.

In der Küche ging es den ganzen Tag über hoch her.

Von den jeweils drei verschiedenen Speisen aus sieben Ländern hatten wir für jeden der sechzig Gäste pro Gericht zwei

Miniportionen bzw. Häppchen eingeplant. Das bedeutete, wir mussten insgesamt etwas mehr als zweitausendfünfhundert einzelne Portionen dekorativ anrichten.

Normalerweise blühte ich bei solchen Herausforderungen regelrecht auf und arbeitete souverän. Doch heute war ich fahrig und hatte das Gefühl, keinen richtigen Geschmack in die Speisen zu bekommen. Das hatte man wohl davon, wenn man sich in den Nächten unzählige Szenarien über die Zukunft ausmalte, anstatt zu schlafen. Als ich ein großes Tablett mit dreißig Sushi-Rollen in drei vegetarischen Varianten in die Kühlung bringen wollte, die wir erst später portionieren, anrichten und mit einem Schälchen Sojasoße servieren würden, trat ich auf eine Gurkenscheibe. Ich versuchte, das Gleichgewicht zu halten, doch gleich darauf landete ich samt den Sushi-Rollen und mit einem lauten Scheppern des Tabletts am Boden. Alle drehten sich erschrocken zu mir um.

»O Gott!«, rief Ilona.

Das darf doch nicht wahr sein! Wie blöd stelle ich mich denn heute an?

»Ist dir was passiert, Ben?«, fragte Emma besorgt, als ich mich hochrappelte. Gleichzeitig sah ich ihr an, dass sie ein Grinsen unterdrückte.

»Schon gut, mir fehlt nichts«, beteuerte ich rasch und rieb über mein schmerzendes Hinterteil. Zuerst die Zehe, jetzt mein Hintern – wenn es so weiterging mit meiner Tollpatschigkeit, würde ich am Abend eine Halskrause tragen.

»Aber für die Party fehlt uns jetzt das Sushi«, bemerkte Ilona, während wir rasch die Sauerei am Boden beseitigten. Ich sah auf die Uhr. Durch mein Zuspätkommen am Morgen waren wir ohnehin schon etwas im Verzug. Trotzdem konnte ich diesen wichtigen japanischen Gang nicht einfach ausfallen lassen.

»Haben wir noch genug Zutaten für eine neue Runde?«, fragte ich Ilona, obwohl ich das selbst am besten hätte wissen müssen. Irgendwie schien ich im Moment den Überblick verloren zu haben.

»Die Noriblätter könnten knapp werden«, antwortete sie. »Aber ansonsten dürfte alles da sein. Ich koche gleich mal frischen Reis.«

»Danke! Ich weiß, wir haben noch einiges vor uns, aber wenn wir einen Zahn zulegen, können wir das schaffen.«

Wir schafften es. Diesmal brachte Ilona das Tablett in den Kühlraum, und wir beeilten uns, die noch ausstehenden Gerichte rasch zuzubereiten.

Um halb fünf Uhr war das kalte Fingerfood fantasievoll angerichtet. Das warme Essen würden wir erst später anliefern und vor Ort in den vorgewärmten Schälchen und kleinen Tellern und Gläsern anrichten.

Zeitversetzt waren alle Mitarbeiterinnen noch mal nach Hause gefahren, um zu duschen und sich für den Service am Abend umzuziehen. Es würde für uns alle ein langer Tag werden.

Wir trugen farblich einheitliche Kleidung. Schwarze Hosen oder Röcke und hellgraue Hemden oder Blusen mit dem roten Geschäftslogo von Ilonas Delikatessenladen.

Eine Stunde vor dem offiziellen Beginn der Feier traf ich zusammen mit zwei Mitarbeiterinnen, die sich hauptsächlich um den Getränkeservice kümmern würden, im Haus der Peters ein. Ilona und Emma würden zusammen mit Martina und einer weiteren zusätzlichen Helferin später mit dem Essen nachkommen.

Der Garten war nach den Vorstellungen von Helga Peters sehr stilvoll dekoriert. Überall waren Stehtische verteilt, und die Gäste konnten auf Bänken und Gartengarnituren Platz nehmen.

Auf der großen Terrasse hatten die Hallinger Buam ihre Instrumente aufgebaut und waren noch beim Soundcheck. Ich begrüßte sie kurz.

»Kommt Emma heute auch?«, fragte Benjamin, der Bandleader. Die beiden kannten sich von einem früheren gemeinsamen Auftritt.

»Ja. Sie wird auch da sein und helfen.«

»Vielleicht hat sie mal Lust, auf die Bühne zu kommen und ein, zwei Songs mit uns zu singen?«

»Frag sie einfach, wenn sie da ist«, schlug ich vor.

Ich führte die Mitarbeiterinnen zur provisorischen Bar, die wir auch für den Ausschank der Getränke nutzten, und wies sie dort ein. Neben zwei großen Kühlschränken, die bis zum Anschlag gefüllt waren, gab es eine mobile Spüle für die Reinigung der Gläser. Ein weiterer Vorrat an Getränken lagerte im Keller des Hauses und musste nach Bedarf von dort geholt und im Kühlschrank aufgefüllt werden.

»Hey, Ben. Da bist du ja«, begrüßte Florian mich. Er trug eine graue Anzughose und ein weißes Hemd und sah so unverschämt gut aus, dass es in meinem Magen zu flattern begann.

»Hi, Florian. Na, wie war der Tag bis jetzt für euch?«

»So, wie man es an einem solchen Tag erwarten kann«, meinte er vieldeutig. Vermutlich auch etwas stressig.

Ein Mann kam auf uns zu.

»Ich glaube, ihr kennt euch noch gar nicht. Mein Vater Hans-Jochen. Und das ist Ben Fuchs vom Catering-Service«, stellte er uns vor.

Es war nicht zu übersehen, dass die beiden Vater und Sohn waren.

»Herzlichen Glückwunsch zum Geburtstag, Herr Peters!«, gratulierte ich ihm, und wir schüttelten uns die Hände.

»Vielen Dank! Sie haben hier ganze Arbeit geleistet, Herr Fuchs! Es sieht toll aus!«

»Das geht hauptsächlich auf das Konto Ihrer Frau.«

»Stimmt, Herr Fuchs, das kann sie, meine Helga.«

Ich nickte.

»Aber sagen Sie doch bitte Ben zu mir!«

»Gern, Ben, und ich bin Hajo.«

Im Gegensatz zu seiner Frau wirkte Hajo Peters sehr entspannt und ausgeglichen.

»Falls Sie noch irgendwas wünschen, sagen Sie bitte einfach Bescheid«, forderte ich den Jubilar auf.

»Bis jetzt bin ich wunschlos glücklich!«, erklärte er mit einem Lächeln, das dem seines Sohnes sehr ähnlich war.

»Das kann Ben offenbar sehr gut, Menschen glücklich machen«, scherzte Florian.

»Ich versuche mein Bestes.«

In diesem Moment kam der Lieferwagen der Konditorei mit der zweistöckigen Geburtstagstorte. Ich entschuldigte mich bei Herrn Peters und Florian und ging zum Fahrer, um ihm den Karton mit der Torte abzunehmen und in die Küche zu bringen.

Dort schwirrte die aufgeregte Frau Peters herum, noch mit Lockenwicklern im Haar.

»Ich habe vorhin schon alles Mögliche ausgeräumt, aber ich weiß nicht, ob wir die Torte in den Kühlschrank bekommen!«, rief sie besorgt.

»Das kriegen wir schon hin«, beruhigte ich sie. Doch tatsächlich mussten wir erst ein Gitter rausnehmen, damit die Schachtel mit der Torte gerade so Platz hatte.

»Jetzt muss ich dringend nach oben und mich fertig machen und umziehen. Hier läuft doch alles nach Plan?«

»Tut es!«

Sie verließ die Küche.

Ich warf einen Blick auf den Kaffeeautomaten, und mir fiel auf, dass ich heute noch gar keinen Kaffee hatte. Was gäbe ich jetzt für einen starken Espresso oder aromatischen Kaffee Crema aus frisch gemahlenen Bohnen? Doch dafür war keine Zeit. Nicht mehr lange, und die ersten Gäste würden eintreffen.

Kapitel 19

Ein unerwarteter Gast

»Danke noch mal, dass Sie uns Frau Peters empfohlen haben«, sagte Ilona zur Bürgermeisterin, die ihr Glas mit Crémant hob und uns zuprostete.

»Ehrlich gesagt, das war absoluter Eigennutz. Ich freue mich immer ganz besonders auf Veranstaltungen, wenn ich weiß, dass ihr das Catering macht«, erklärte die Bürgermeisterin vergnügt. »Diese kulinarische Reise durch sieben Länder ist ein Gedicht!«

»Danke! Das freut uns.«

»Auch wenn ich vermutlich gleich platzen werde – man muss einfach alles probieren.«

»Deswegen sind die Portionen extra so klein«, verriet ich.

Sie beugte sich näher zu mir und fragte leise: »War sie wieder sehr anstrengend, die Helga?«

»Ach, wir haben uns schon zusammengerauft«, verriet ich diplomatisch.

»Ben hat eine bemerkenswerte Geduld!«, beteuerte Ilona.

»Meistens, aber nicht immer«, korrigierte ich.

»Helga kann eine Seele von Mensch sein, aber auch ein echter Drachen.«

Wir lachten.

»So, jetzt werde ich noch einen Blick auf das Tablett der jungen Bedienung dahinten werfen. Vielleicht gibt es noch was von den sündhaft leckeren indischen Teigtaschen.«

»Samosas müssten noch da sein«, sagte ich.

Das ließ sie sich nicht zweimal sagen.

Seit zweieinhalb Stunden lief die Geburtstagsfeier inzwischen, und die Gäste – und vor allem auch die Gastgeberin – schienen sehr zufrieden zu sein.

Die Hallinger Buam sorgten für eine tolle Stimmung, einige Leute tanzten sogar schon, und Helga Peters hatte vorhin tatsächlich eingeräumt, dass sie froh war, sie nicht durch einen einzelnen Pianisten ersetzt zu haben.

Obwohl ich es eigentlich gar nicht wollte, ertappte ich mich immer wieder dabei, dass ich Ausschau nach Florian hielt. Er unterhielt sich mit den Gästen, hatte sich zwischendrin sogar mal Tabletts mit Getränken geschnappt, um zu helfen, als der Andrang recht groß war. Jetzt kam er mit seinem Großvater auf uns zu.

»Es läuft ziemlich gut«, sagte er.

»Sieht ganz so aus«, antwortete ich.

»Alle sind begeistert vom Essen!«

»Danke.«

Werner Peters wandte sich an mich.

»Reservieren Sie bitte je eine Kiste mit dem Pinot noir und dem Riesling für mich«, bat er mich.

»Dann hat der Wein also den Test bestanden?«

»Hat er. Das Essen war nicht scharf genug gewürzt, um meine Geschmacksnerven ins Koma zu versetzen«, scherzte er mit einem Blick zu Ilona, die mit unschuldigem Blick mit den Schultern zuckte.

»Vielleicht habe ich da ja ein klein wenig übertrieben.«

»Zum Glück für die Gäste … Und nicht vergessen, wir beide werden heute noch das Tanzbein schwingen!«

»Das lasse ich mir ganz bestimmt nicht entgehen«, erklärte Ilona.

»Ben?«, rief Emma mir zu. »Haben wir noch Sushi?«

»Müsste noch da sein. Ich bring es raus«, rief ich zurück.

»Soll ich was helfen?«, bot Florian an.

»Es gibt da tatsächlich was!«, antwortete ich.

»Ja?«

»Ich hatte den ganzen Tag heute noch keinen Kaffee und könnte dringend das Koffein eines doppelten Espressos vertragen. Aber ich kenne mich mit deinem Siebträger leider nicht aus und …«

»Da muss ich wohl ran. Komm mit«, sagte er mit einem Lächeln, und wir gingen gemeinsam ins Haus.

Während Florian an der Kaffeemaschine hantierte, nahm ich den Deckel vom Kühltablett ab, auf dem auf kleinen Tellern jeweils zwei Sushi-Stücke und ein Schälchen mit Sojasoße angerichtet waren.

»Ich bringe das schnell zu Emma raus.«

»Und wenn du zurück bist, ist dein Espresso fertig«, versprach Florian und schüttete frische Bohnen ins Mahlwerk. Draußen stellte ich überrascht fest, dass ein weiterer Gast gekommen war. Jo Ranke, der Musikkomponist. Er stand neben Werner Peters bei Ilona am Getränkestand. Ich konnte von Weitem an ihrer Haltung erkennen, dass Ilona etwas nervös war. Obwohl sie Chris liebte, schien es da irgendwas zwischen den beiden zu geben, das ich nicht ganz verstand. Endlich entdeckte ich Emma und reichte ihr das Tablett.

»Das ist das letzte Sushi. Aber es gibt noch Tsukune.«

»Du meinst die frittierten Fleischspießchen?«

»Genau!«

»Super. Danke, Ben!«

Sie warf mir ein Luftküsschen zu.

»Hast du schon gesehen, Jo Ranke ist hier«, sagte ich.

Sie nickte.

»Ja. Er ist mit dem Geburtstagskind befreundet. Hab ich mitbekommen. Vielleicht kann ich später mal ein paar Minuten Auszeit nehmen, um mit ihm zu quatschen?«

»Klar. Martina holt gerade die Minidesserts aus dem Lieferwagen, und in etwa einer halben Stunde stellen wir alles, was übrig geblieben ist, auf zwei Tische im Pavillon, dann müsst ihr nicht mehr mit den Tabletts herumgehen, und die Gäste können sich selbst bedienen. Die Torte wird es auch bald geben. Ich bin jetzt ein paar Minuten im Haus und mache eine kleine Kaffeepause.«

»So einen könnte ich auch vertragen.«

»Ich schau mal, was sich machen lässt.«

Als ich zurück in der Küche war, standen zwei Tassen Espresso bereit. Dankbar nahm ich gleich einen Schluck.

»Damit rettest du mich. Danke, Florian.«

»Ich mich selbst auch.«

»Sag mal, wäre es möglich, noch einen Kaffee für Emma zu bekommen?«

»Aber sicher … Ich hatte vorhin Gelegenheit, ein wenig mit ihr zu plaudern. Eine tolle junge Frau.«

»Das ist sie!«, bestätigte ich.

Er trank seinen Espresso aus und machte sich wieder am Kaffeeautomaten zu schaffen.

»Was mag sie denn? Latte macchiato oder Cappuccino?«

»Einen Cappuccino, bitte.«

»Wird erledigt ... Schade, dass die Torte erst später angeschnitten wird. Was Süßes wäre jetzt super.«

»Draußen gibt es gleich die Desserts.«

»Welche denn?«

»Baklava, Minimarillenstrudel und gefüllte Cannoli.«

»Da muss ich unbedingt zuschlagen.«

Er lächelte in Vorfreude auf die Süßspeisen, und dieses Lächeln bescherte mir ganz unverhofft wieder ein Kribbeln in der Magengegend.

Während er den Cappuccino zubereitete, trank ich den letzten Schluck Espresso aus der kleinen Tasse.

»Sag mal, wir wollten doch auf ein Bier in *Didis Oberstübchen* gehen. Hast du nächste Woche mal Zeit?«, fragte ich, fast wie nebenbei, und ich war froh, dass er nicht hören konnte, wie schnell mein Herz plötzlich trommelte. Und das kam nicht vom doppelten Espresso.

»Total gern. Wie wär's am Dienstag?«, schlug er vor.

»Da muss ich leider als Babysitter einspringen.«

»Babysitter?«

»Ja. Längere Geschichte. Erzähle ich dir mal in Ruhe. Wie sieht es am Mittwoch bei dir aus?«

»Mittwoch klappt. Soll ich dich abholen?«

»Wenn du magst.«

»Schick mir einfach deine Adresse.«

Ich nickte und konnte es jetzt schon kaum erwarten, mit ihm auszugehen.

Inzwischen war der Cappuccino fertig, und wir machten uns wieder auf nach draußen.

»So, ich muss wieder zum Ausschank.«

»Dann bring ich Emma den Cappuccino und schnapp mir das Dessert.«

»Da bist du ja wieder!«, rief Ilona, die Crémant einschenkte. Sie rückte näher an mich heran und murmelte: »So, wie deine grünen Augen gerade funkeln, gibt es Neuigkeiten, oder?«

Sie kannte mich manchmal besser als ich mich selbst.

»Nur, dass wir am Mittwoch gemeinsam ein Bier trinken werden.«

»Super! Und dann findest du heraus, ob du bei ihm landen kannst!«

»Bitte, Ilona, nicht so laut. Das müssen ja nicht alle mitbekommen!«

Sie reichte einer der Servicekräfte das Tablett mit Crémant, um ihn den Gästen anzubieten.

»Wir brauchen noch ein Tablett mit Riesling und Pinot noir«, wies sie mich an, während sie selbst Mineralwasser einschenkte.

»Okay.«

Immer wieder kamen Gäste zu uns an die Bar, die einen Sonderwunsch hatten. Als wir wieder kurz allein waren, wandte ich mich an Ilona.

»Sag mal, was ist das eigentlich mit dir und diesem Jo Ranke?«

Sie sah mich etwas verdutzt an.

»Mit mir und Jo? Nichts ist mit uns!«, beteuerte sie, doch ihre Wangen färbten sich plötzlich rosa, als er ihr just in diesem Moment lächelnd zuprostete.

»Bist du dir da sicher?«, hakte ich nach.

»Ganz sicher!«

»Ilona!«

Diesmal ließ ich nicht locker.

Sie atmete einmal tief ein und aus.

»Also, es ist nur … ich weiß ja, dass Jo sich vor allem Anna gegenüber unmöglich benommen hat damals. Und auch mich hat er schon mal an meine Grenzen gebracht. Aber irgendwie … keine Ahnung warum das so ist, ich mag ihn trotzdem. Ich habe das nie jemandem gesagt – und wenn ich dir das gleich erzähle, wirst du das auch nicht tun, verstanden? Sonst sind wir geschiedene Leute! Versprich mir das!«

Ich nickte.

»Versprochen!«

Sie nahm einen Schluck Wasser, dann sah sie mich an.

»Damals, als ich dachte, dass Chris mir gegenüber nicht ehrlich gewesen war, du weißt ja, wie schlecht es mir da ging, bevor wir all diese blöden Missverständnisse geklärt haben …«

»O ja!« Nur zu gut konnte ich mich daran erinnern. Ich hatte damals alles versucht, um ihr über den Liebeskummer hinwegzuhelfen.

»Nun, zu dieser Zeit, da habe ich Jo einmal zufällig getroffen.«

»Du hast ihn getroffen?«

»Es war im Dolce Vita, draußen im Flur vor den Toiletten.«

»Sehr romantisch!«, konnte ich mir nicht verkneifen.

»Das sollte auch nicht romantisch sein. Jo hat sich bei mir entschuldigt für sein blödes Verhalten.«

»Immerhin …«

»Und dann hat er mir gesagt, dass er mich nicht vergessen kann, und mich gefragt, ob ich ihm nicht vielleicht eine zweite Chance gebe.«

»Ernsthaft?«

Sie nickte.

»Das habe ich natürlich nicht getan. Aus vielerlei Gründen. Vor allem, weil ich ihn nicht liebe. Aber ich mag ihn, trotz seiner manchmal etwas gewöhnungsbedürftigen Art. Und frag mich nicht, wie das meinem Ego geschmeichelt hat, dass Jo Ranke, der in Hollywood mit allen möglichen Berühmtheiten zu tun hatte, mich mittelaltes Moppelchen gebeten hat, ihm eine zweite Chance zu geben, weil er mich nicht vergessen kann.«

Sie kicherte ein wenig verlegen.

»Ich sage dir die ganze Zeit, dass du eine Wahnsinnsfrau bist, Ilona. Aber mir glaubst du es ja nicht. Apropos – Werner Peters steuert auf uns zu. Ich glaube, jetzt ist ein Tanz fällig.«

»Ausgerechnet zu einem Coversong von Metallica?«

»Es ist *Nothing else matters.* Du musst also keinen Tango oder Rock 'n' Roll mit ihm aufs Parkett legen … Hach, ich würde jetzt auch gern tanzen.«

»Dann fordere Florian doch auf!«, sagte sie verschmitzt.

»Damit würden wir diese Geburtstagsgesellschaft ganz schön aufmischen.«

Sie verdrehte die Augen.

»Ich habe das noch nie verstanden. Wieso ist es völlig okay, wenn zwei Frauen miteinander tanzen, aber bei zwei Männern fallen alle immer gleich halb in Ohnmacht?«

»Wer fällt in Ohnmacht?«, fragte Werner Peters, der inzwischen vor Ilona stand.

»Ich, wenn du mich nicht auf der Stelle um einen Tanz bittest, Werner!«

»Genau das wollte ich gerade tun. Darf ich bitten, schöne Frau?«

Die beiden mischten sich unter die anderen Tänzer vor der Terrasse.

Ich seufzte.

»Ich hoffe, es ist für deine Geschäftspartnerin okay, wenn mein Opa sich so offensiv verhält«, sagte plötzlich Florian. Ich hatte gar nicht bemerkt, dass er an die Bar gekommen war.

»Aber klar. Ilona nimmt das locker«, beteuerte ich. »Und schau nur, wie gut sie zusammen tanzen.«

»Ja … die beiden scheinen sich zu amüsieren.«

Inzwischen spielte die Band ein nächstes Lied. *Just a Gigolo* von David Lee Roth.

Florian lachte. »Na, das passt ja zu Opa, dem alten Charmeur.«

Ich grinste.

»Er hat echt noch viel Energie.«

»Absolut. Ich bin froh, dass er nach dem Tod meiner Oma seinen Lebensmut nicht verloren hat. Die beiden waren fast fünfzig Jahre verheiratet und immer sehr eng gewesen.«

»Wow, eine lange Zeit.«

»Tja … das werden wir beide wohl eher nicht mehr schaffen«, sagte er mit einem Lächeln, und für einen Augenblick war ich irritiert. Aber natürlich hatte er die Feststellung auf unser Alter bezogen.

»Wohl kaum.«

»Und unter Hallinger Buam hatte ich mir was ganz anderes vorgestellt. Ich bin total überrascht. Das ist eine richtig coole Coverband.«

Ich nickte.

»Ja. Die haben damals auf der Hochzeit meines Bruders gespielt und für eine super Stimmung gesorgt. Sie können auch echt gute bayerische Blasmusik spielen, auch wenn das persönlich nicht so ganz mein Geschmack ist.«

Was wäre, wenn ich ihn jetzt einfach auf die Tanzfläche ziehen würde?, schoss es mir durch den Kopf.

Doch das tat ich natürlich nicht. Ich wollte Florian nicht mit so einer Aktion brüskieren. Außerdem war ich schließlich beruflich hier.

Das ist Ilona auch, und sie tanzt trotzdem ausgelassen mit dem Vater des Geburtstagskindes.

»Der Ministrudel war so lecker«, riss Florian mich aus meinen Gedanken. »Wie das ganze Essen. Ich glaube, wenn ich jeden Tag mit dir zusammen wäre, dann würde ich vermutlich bald Kleidergröße XXL tragen«, feixte er.

»Den Strudel hat Emma gemacht«, erklärte ich rasch. »Und ich kann durchaus auch etwas weniger üppig kochen. Meine fettfreie Kohlsuppe ist legendär.«

Er lachte schallend mit funkelnden Augen. Ich spürte ein wildes und gleichzeitig wohliges Flattern im Magen. Und in diesem Moment musste ich mir eingestehen, dass ich mich in ihn verliebt hatte.

Florians Mutter kam an die Bar.

»Hört mal, langsam wird es Zeit für die Geburtstagstorte. Vorher möchte ich aber noch ein paar Worte sagen und ihm unser Geschenk überreichen.«

Sie wirkte wieder sehr fahrig.

»Soll ich den Musikern Bescheid geben?«, fragte Florian.

Sie schüttelte den Kopf.

»Brauchst du nicht. Ich denke, dass sie sowieso bald wieder eine Pause machen, dann …« Plötzlich riss sie ihre Augen überrascht auf.

»Na also! Sie hat es doch noch geschafft!«

Florian und ich folgten ihrem Blick. In einem eleganten lachsfarbenen Kleid und farblich passenden Sandalen kam eine attraktive junge Frau auf uns zu. Ihre hellbraunen Haare waren zu einem einfachen Pferdeschwanz gebunden, der ihre hohen Wangenknochen und die fein geschwungenen Augenbrauen betonte.

»Ich wusste nicht, dass Simone kommt«, sagte Florian etwas hölzern.

Wer ist Simone?, wollte ich fragen und hatte plötzlich ein mulmiges Gefühl.

»Natürlich habe ich sie eingeladen, sie wusste nur nicht, ob sie es rechtzeitig schafft«, meinte Helga Peters.

»Das hättest du mir sagen können, Mutter.«

»Guten Abend, Helga!«

»Meine Liebe! Wie schön, dass du doch noch gekommen bist.«

Helga Peters war sichtlich erfreut und umarmte die Frau, die Florian Simone genannt hatte, mit je einem angedeuteten Küsschen links und rechts auf die Wangen.

»Ich konnte es mir doch nicht entgehen lassen, Hajo persönlich zum Geburtstag zu gratulieren«, sagte sie mit einer honigwarmen Stimme.

Dann wandte sie sich an Florian.

»Hallo, Flo!«

»Hallo, Simone.«

Auch die beiden umarmten sich kurz, jedoch etwas förmlich.

Dann lag ihr Blick neugierig auf mir. Das Blau ihrer Augen war so hell, wie ich es bisher noch nie gesehen hatte, und es nahm einen sofort gefangen.

»Und wer sind Sie?«, fragte sie.

»Das ist Ben Fuchs«, übernahm Florian die Vorstellung. »Er ist zuständig für das Catering. Ben, das ist Simone Albers.«

»Die Verlobte meines Sohnes«, fügte seine Mutter hinzu.

Kapitel 20

Noch ein Glas Pinot noir

Florians Verlobte?

Nach dieser völlig unerwarteten Information rauschte das Blut in meinen Ohren so laut, dass ich fast überhört hätte, was Florian sagte. Glücklicherweise wiederholte er die Worte.

»Ex-Verlobte, Mutter. Simone ist meine Ex-Verlobte.«

Ein wirklicher Trost war das nicht. Auch wenn sie nicht mehr zusammen waren, so wusste ich nun definitiv, dass Florian hetero war. Das traf mich mehr, als ich gedacht hätte, auch wenn bisher noch gar nichts zwischen uns gelaufen war. Das Kartenhaus, das ich in den letzten Tagen aus meinen Wunschträumen errichtet hatte, war soeben zusammengekracht.

Helga Peters schüttelte nur den Kopf, als ob sie seine Worte nicht ernst nehmen würde.

»Unsinn. Ihr brauchtet ein wenig Abstand und hattet eure kleine Auszeit. Aber das reicht jetzt auch, würde ich sagen. Simone hat den ersten Schritt gemacht. Und heute ist doch eine wunderbare Gelegenheit, euch wieder zu versöhnen und noch mal neu anzufangen.«

Ich kam mir völlig fehl am Platz vor und wollte einfach nur weg.

»Ich geh schon mal in die Küche und hole die Torte aus der Schachtel«, murmelte ich und war verwundert, dass meine Stimme mir überhaupt gehorchte.

So rasch ich konnte, ohne dass es nach Flucht aussah, ging ich in Richtung Haus. In der Küche stand Hajo mit drei seiner Gäste in eine Unterhaltung vertieft. Alle hatten ein Glas Grappa in der Hand.

Eigentlich sollte ich mich um die Torte kümmern, doch das konnte ich in seiner Anwesenheit nicht. Außerdem brauchte ich dringend eine paar Minuten für mich allein, um diese Nachricht zu verdauen.

Florians Verlobte! Ex-Verlobte!

Wieso hatte er diese Frau bei unseren Gesprächen nicht einmal erwähnt? *Weil es zu viele andere Dinge gab, über die wir uns unterhalten haben,* antwortete ich mir selbst.

Florians Vater sah mich fragend an.

»Brauchst du etwas, Ben?«

»Nein … Moment … Ja, hallo?«

Ich tat so, als ob ich einen Anruf bekommen hätte, und ging mit dem Handy am Ohr wieder aus der Küche.

Doch wo sollte ich hin? Der einzige Ort, an dem ich ungestört ein paar Minuten allein sein konnte, war das Badezimmer. Ich schloss die Tür hinter mir und ging zum Waschbecken, dabei verfluchte ich mich, dass ich in dieses Gefühlschaos geraten war.

Eine Nachricht kam aufs Handy.

Alles gut bei dir?, fragte Ilona, die wohl inzwischen mitbekommen hatte, dass diese Simone und Florian ein Paar waren … oder gewesen waren.

Ich konnte jetzt keine Antwort tippen, ohne sie anzulügen, denn nein, es war nicht alles gut bei mir.

Für einen Moment schloss ich die Augen und versuchte mir einzureden, dass ich froh sein sollte, heute schon erfahren zu haben, was ich sonst vermutlich erst am Mittwoch herausgefunden hätte. Jeder weitere Tag, an dem ich mich noch mehr in eine romantische Vorstellung mit Florian und mir als Hauptdarsteller verrannte, hätte es mir nur schwerer gemacht.

Ich wusch meine Hände und klatschte mir Wasser ins Gesicht.

Jemand drückte den Türgriff nach unten.

»Ich bin gleich so weit!«, rief ich.

Mit einem kleinen Gästehandtuch trocknete ich mein Gesicht und die Hände, atmete noch einmal tief durch und öffnete dann die Tür.

»Entschuldigung, aber es ist schon ein wenig eilig bei mir! Meine Blase, wissen Sie«, sagte eine Frau in den Sechzigern und schlüpfte an mir vorbei ins Badezimmer.

Ich überspielte meine Enttäuschung, auch wenn es mir schwerfiel. Gut, dass die Arbeit mich ablenkte.

Helga Peters hielt eine emotionale Rede für ihren Mann, schenkte ihm im Namen der Familie eine vierwöchige Reise nach Peru, und Hajo schnitt die Geburtstagstorte an.

Etwas später applaudierte ich mit den anderen, als Emma zusammen mit Jo Ranke und den Musikern als besonderen Höhepunkt des Abends spontan *You've Got a Friend* von Carol King und *All All You Need Is Love* von den Beatles zum Besten gaben. Beim Refrain sangen fast alle Gäste vergnügt mit, nur ich schluckte einen Kloß hinunter.

All You Need Is Love – ha, alles was du brauchst, ist Liebe. Leider war das, was man brauchte, nicht immer das, was man bekam.

Ich lachte, als Ilona mit Jo Ranke tanzte und dieser von Werner Peters abgeklatscht wurde. Und ich versuchte, die Stiche zu ignorieren, die ich dann spürte, als ich entdeckte, wie Florian und Simone auf einer Bank saßen und sich sehr vertraut unterhielten.

Den ganzen restlichen Abend hatte ich mir meinen Frust vor den anderen nicht anmerken lassen. Das war mir vermutlich nur deswegen gelungen, weil ich wohl irgendwie schon geahnt hatte, dass Florian für mich nichts als ein Wunschtraum war, so weit entfernt wie seine geliebten Sterne, Galaxien oder irgendwelche Sternennebelhaufen am Himmel, oder wie immer sie auch hießen. Er hatte mir passiv einen Korb gegeben, ohne überhaupt etwas von meinen Gefühlen zu wissen. War das der Korb, den Mama Blanca gemeint hatte?

Ilona, Emma und ich hatten kurz nach ein Uhr die leeren Behälter und einen Teil des Geschirrs in den Lieferwagen geräumt.

»Darf ich fahren?«, bat Emma.

»Klar.« Im Gegensatz zu ihrer Oma hatte ich volles Vertrauen in Emmas Fahrkünste mit dem großen Wagen. Ich reichte ihr den Autoschlüssel, als ich Schritte hörte.

»Ben?«

Ich wollte gerade zu den beiden in den Wagen steigen, da kam der Mann, um den meine Gedanken kreisten wie irgendein Mond um einen Planeten, auf mich zu.

»Hey. Ich wollte mich noch bei euch bedanken. Es war ein richtig toller Abend, und ihr habt das echt alle großartig gemacht.«

Er nickte zu Ilona und Emma im Wagen.

»Ihre Tanzeinlagen mit meinem Opa waren legendär. Ich glaube, er hatte lange schon nicht mehr so viel Spaß wie heute.«

»Den hatte ich auch mit Werner!«, beteuerte Ilona.

»Und Emma, meinen großen Respekt. Echt toll, dein Gesang. Jo Ranke hat mir erzählt, dass du ein Stipendium in New York bekommen hast. Da wünsche ich dir jetzt schon viel Glück und Erfolg.«

»Danke, Florian!«, sagte Emma.

Er wandte sich wieder an mich.

»Und in den Genuss deiner Kochkünste komme ich hoffentlich bald mal wieder, Ben.«

»Du hast ja die Nummer für den Catering-Service«, rutschte es mir heraus, obwohl mir klar war, dass er es anders gemeint hatte. Florian lachte über den vermeintlichen Scherz. Er ging offensichtlich davon aus, dass wir dabei waren, uns anzufreunden. Doch ich wusste nicht, ob ich das konnte.

Ich setzte mich auf den Beifahrersitz.

»Dann bis Mittwoch, ich hole dich um 19 Uhr ab«, rief Florian.

»Bis Mittwoch!«, bestätigte ich, aber ich würde unseren Abend in *Didis Oberstübchen* mit einer plausiblen Ausrede absagen, die mir jetzt jedoch noch nicht eingefallen war. Ich schlug die Tür zu.

Emma startete den Wagen und fuhr los. Ein paar Minuten schwiegen wir. Dann rutschte Ilona nach vorn und legte eine Hand auf meine Schulter.

»Es tut mir echt leid, Ben!«, sagte sie mitfühlend.

»Diese Simone ist wirklich seine Verlobte?«, wollte Emma wissen.

»Ex-Verlobte!«, verbesserte ich.

»Trotzdem Mist!«, sagte Ilona.

»O Mann! Ihr hättet so ein cooles Paar abgegeben!«

»Ich hätte es von Anfang an besser wissen sollen. Aber da war sofort diese ungewöhnlich starke Anziehungskraft«, murmelte ich. »Was für ein Idiot bin ich denn eigentlich?«

»Überhaupt kein Idiot! So ein Unsinn. Man kann doch nicht mit dem Kopf steuern, zu wem man sich hingezogen fühlt«, fand Ilona.

»Eben. Ganz genau so ging es Leo doch auch«, sagte Emma.

»Was?«, fragte ich. »Was ist mit deiner Schwester?«

»Ach nichts! Gar nichts«, winkte sie rasch ab. Offenbar hatte Emma das eigentlich gar nicht sagen wollen.

»Mit Leo ist alles gut!«, beteuerte nun auch Ilona, was die Sache noch suspekter für mich machte.

Leo und ich waren als Kinder schon die besten Freunde gewesen, und auch jetzt noch, als Schwager und Schwägerin, hatten wir mehrmals in der Woche Kontakt. Ihr hatte ich auch von Florian erzählt, und ich wusste, dass auch sie sich sehr für mich freuen würde, wenn ich wieder mal einen Partner hätte.

»Also, ihr zwei könnt mir jetzt nicht mehr weismachen, dass nichts mit Leo ist. Ich möchte das jetzt wissen! Und wenn ihr es mir nicht erzählt, dann ruf ich sie morgen an und frag sie selbst.«

»Nein, du wirst sie nicht anrufen!«, sagte Emma bestimmt und in einem Ton, den ich von ihr gar nicht kannte. »Ich werde es dir sagen, aber nur, wenn du mir hoch und heilig auf die Gesundheit der kleinen Lena-Charlotte versprichst, niemals mit Leo darüber zu sprechen, außer es geht von ihr selbst aus.«

»Ich werde sicher nicht auf die Gesundheit von Le-Lo schwören!«

»Dann wirst du es auch nicht erfahren.«

Sie meinte es wirklich ernst. Doch nachdem sie nun mal etwas angedeutet hatte, musste ich wissen, was mit Leo los war. Und ich würde natürlich nie die Gesundheit von Le-Lo riskieren und deswegen auch meine Klappe Leo gegenüber halten.

»Okay. Ich verspreche, dass ich nichts zu ihr sagen werde, außer wenn sie mich selbst darauf anspricht«, beteuerte ich deswegen. »Was immer es ist.«

»Emma, ist es wirklich eine so gute Idee, wenn du es ihm sagst?«, fragte Ilona skeptisch. »Ben hat heute sowieso schon einiges zu verarbeiten.«

Zu verarbeiten? War es denn so schlimm?

»Ja! Das ist es!«, antwortete ich statt Emma. »Denn so langsam mache ich mir wirklich Sorgen, ob mit Leo alles gut ist.«

»Mit Leo ist alles okay!«, stellte Ilona klar. »Absolut gut sogar!«

»Aber etwas ist doch?«

»Leo hat dich immer geliebt, Ben!«, platzte Emma nun ohne Vorwarnung heraus. »Schon als Teenager war sie in dich verliebt. Sie hat dich auch dann noch geliebt, als sie längst wusste, dass du nicht auf Frauen stehst und sie nie eine Chance bei dir haben würde. Es hat ewig gedauert, bis sie sich wieder einem Typen öffnen konnte. Erstaunlicherweise war das dein Bruder! Dabei ist er das absolute Gegenteil von dir.«

Ich war wie vom Donner gerührt.

»Leo war in mich verliebt?«

Leo und ich waren immer schon ganz besonders eng gewesen, aber für mich war klar, dass wir einfach Freunde waren, die besten Freunde eben. Als ich als Teenager meinen ersten Freund hatte, war Leo für eine Weile etwas distanziert gewesen. Das hatte ich jedoch dem Umstand zugeschrieben, dass sie sauer gewesen war, weil wir nicht mehr ganz so viel Zeit miteinander verbrachten wie vorher.

»Man kann sich eben nicht aussuchen, in wen man sich verliebt!«, murmelte Ilona.

»Und ihr wisst das alle?«, fragte ich etwas verschnupft.

»Leo ist das herausgerutscht, als wir mal über dich gesprochen haben. Gleich nachdem sie abgestillt hatte und von einem Glas Wein ziemlich beschwipst war«, verriet Emma. »Vorher wusste ich das auch nicht.«

»Und ich weiß es von Anna. Aber auch noch nicht so lange«, erklärte Ilona. »Sie hat da zumindest mal was angedeutet.«

»Also wissen es alle außer mir?«

»Nein! Timo weiß es bestimmt nicht!«, sagte Emma. »Und er soll es auch weiterhin nicht erfahren. Weil es auch keine Rolle mehr spielt. Verstanden?!«

»Aber er ist mein Bruder!«

»Den Leo sehr liebt, und mit dem sie eine Familie gegründet hat. Also belassen wir es dabei.«

»Vermutlich ahnt er das selbst auch irgendwie, Timo ist ja schließlich kein Trottel«, gab Ilona zu bedenken.

»Der bin also nur ich?«, fragte ich sauer.

»Du bist natürlich kein Trottel. Aber du hast es eben aus irgendeinem Grund nicht sehen können«, schlichtete Emma.

Ich schwieg eine Weile.

»Also, wenn Leo mich wirklich so lange geliebt hat …«, begann ich.

»Dann ist sie durch die emotionale Hölle gegangen, weil sie wusste, dass ihr nie ein Paar werden würdet«, beendete Emma den Satz für mich.

»O Mann!«

»Und du hast das wirklich nie bemerkt?«, fragte Ilona, fast ein wenig ungläubig.

Ich schüttelte den Kopf.

»Nein … Warum hat sie mir das denn niemals gesagt?«, murmelte ich, immer noch fassungslos.

»Weil sie Angst hatte, dich dann auch noch als Freund zu verlieren«, erklärte Emma. »Und das hätte sie wirklich nicht ertragen.«

Ich fuhr mir durch die Haare und fühlte mich mit einem Mal ziemlich erschöpft. Körperlich und mental.

»Das tut mir so leid für Leo …«

»Aber dafür kannst du ja nichts, Ben. Genau so wenig, wie Florian etwas dafür kann, dass er auf Frauen steht und du auf ihn«, sagte Ilona ruhig. »Shit happens.«

»Und außerdem geht es Leo gut. Richtig gut sogar. Sie liebt Timo und ist mit ihm und der kleinen Lena-Charlotte glücklich. Und als Bonus hat sie auch noch dich als guten Freund und Schwager. Manchmal kann man nicht alles so bekommen, wie man es sich wünscht. Dafür bekommt man manchmal Wünsche erfüllt, von denen man vorher vielleicht noch gar nichts wusste.«

Emma sah kurz zu mir und lächelte mich aufmunternd an.

»Ich habe dir das erzählt, weil du auch über Florian hinwegkommen wirst, Ben. Und du wirst einen anderen Mann kennenlernen, mit dem du megaglücklich sein wirst. Das weiß ich ganz bestimmt.«

»Ach Hexlein, danke …«

Doch so wie ich mich im Moment fühlte, konnte ich mir das in nächster Zeit jedenfalls nicht vorstellen. Und jetzt beschäftigte mich auch die Sache mit Leo. Ich würde wie versprochen nichts zu ihr sagen und auch nicht mit meinem Bruder darüber reden, trotzdem ging mir das nahe. Und ich fragte mich, warum ich das nicht selbst bemerkt hatte. Vielleicht, weil ich es nicht hatte bemerken wollen?

Inzwischen waren wir am Laden angekommen und räumten den Wagen aus.

Ich sah, wie Emma und Ilona sich Blicke zuwarfen.

»Was ist denn?«, fragte ich.

»Wir drei könnten noch ein Glas Pinot noir zusammen trinken«, schlug Ilona vor.

»Aber klar«, stimmte Emma ihr zu.

»Hey, der Tag war echt lang genug. Ihr seid sicher schon müde. Außerdem müsst ihr nicht denken, dass ihr aus Mitleid noch den Babysitter für mich …«

»Ach, halt die Klappe, und komm einfach, Tiger!«, unterbrach Ilona mich energisch.

»Tiger?« Emma kicherte.

»Mein spezieller Kosename für den besten Freund und Kollegen, den man sich nur vorstellen kann.«

»Darf ich auch Tiger zu Ben sagen?«, bat Emma.

»Nein. Du musst dir selbst was ausdenken … Und jetzt lasst uns endlich nach oben gehen!«

»Na gut!«, stimmte ich zu und folgte den beiden in Ilonas Wohnung.

Kapitel 21

Zoes Plan

Am nächsten Morgen wachte ich mit einem leichten Kater auf. Aus einem Glas Pinot noir waren insgesamt zwei Flaschen geworden, und das meiste davon hatte ich allein getrunken. Ilona und Emma hatten ihr Bestes gegeben, um mich aufzumuntern und auf andere Gedanken zu bringen. Als ich nach drei Uhr morgens endlich im Bett lag, ermahnte ich mich, nicht so ein Theater um das Ganze zu machen und vor allem nicht in Selbstmitleid zu versinken. Manchmal hatte man eben Pech in der Liebe, doch davon ging die Welt nicht unter.

Glücklicherweise war Sonntag, und für heute hatten wir keinen Catering-Auftrag. Trotzdem mussten Ilona und ich noch das Geschirr und die Gläser von gestern reinigen, und es war auch abgesprochen, dass ich kurz vor Mittag noch mal zum Haus der Peters kam, um die verbrauchten Spirituosen und Weine abzurechnen und den Restbestand abzuholen. Am liebsten hätte ich Ilona geschickt. Aber da ich der Ansprechpartner für Frau Peters gewesen war, wollte ich den Auftrag auch ordentlich zu Ende bringen.

Als ich dort ankam, waren der Pavillon und die Stehtische schon abgebaut. Der Fahrer des Getränkewagens hatte das Leergut und die übrigen noch vollen Getränkekästen und die zur Verfügung gestellten Gläser bereits abgeholt und würde alles selbst mit Frau Peters verrechnen. Darum musste ich mich nicht kümmern.

Frau Peters war allein zu Hause, worüber ich erleichtert war.

»Mein Mann ist mit meinem Schwiegervater, Simone und Florian schon vorausgefahren, weil wir einen Tisch zum Mittagessen reserviert haben.«

Das gab mir einen kleinen Stich. Womöglich hatten Florian und Simone sich inzwischen wieder versöhnt und beschlossen, es noch mal miteinander zu versuchen. Es sollte mir egal sein, aber leider war dem nicht so.

»Übrigens sind wir in dem Restaurant, in dem Sie früher mal als Küchenchef gearbeitet haben, wie ich gestern erfahren habe«, sagte Frau Peters.

Ernsthaft?

Sie würden heute Mittag also ausgerechnet bei meinem Ex-Freund Bernhard essen. Irgendwie war das Leben für mich derzeit schon etwas verrückt.

»Dann möchte ich Sie gar nicht lange aufhalten, Frau Peters.«

Die Kartons mit dem restlichen Wein und den Schnäpsen standen im Flur bereit. Vom Crémant war keine einzige Flasche übrig geblieben.

»Ihr Schwiegervater wollte je einen Karton mit Riesling und Pinot noir. Soll ich den Wein vielleicht gleich für ihn hierlassen?«

»Das können wir machen. Florian wird ihn bei seinem nächsten Besuch in Nürnberg mitnehmen. Setzen Sie ihn einfach auf meine Rechnung mit drauf.«

Ich stellte die beiden Kartons zur Seite, notierte die übrigen Flaschen auf dem Lieferschein und ließ Frau Peters unterschreiben.

»Zum Bezahlen der Schlussrechnung komme ich morgen vorbei. Passt das?«, fragte sie, nachdem ich die Kartons in den Wagen geräumt hatte.

»Klar.«

Sie ging zur Kommode und holte aus einer Schublade ein Kuvert.

»Unabhängig von der Rechnung, das ist schon mal das Trinkgeld für Sie und alle Mitarbeiter. Können Sie es bitte gerecht verteilen?«

»Klar, mache ich. Vielen Dank!«

»Ich war sehr zufrieden, Herr Fuchs. Es hat alles geklappt. Und ich soll von meinem Mann extra noch mal ausrichten, wie gut es ihm gefallen und geschmeckt hat. Auch die Gäste waren begeistert. Ich bin mir sicher, dass der ein oder andere Sie kontaktieren wird. Und vielleicht ergibt sich ja zu einem anderen Anlass wieder einmal eine Zusammenarbeit zwischen uns.«

»Darüber würde ich mich freuen!«, sagte ich, auch wenn ich mir nicht sicher war, ob das tatsächlich der Wahrheit entsprach. Ich war einfach froh, dass sich die anstrengende Zusammenarbeit mit Frau Peters am Ende gelohnt hatte.

»Vielen Dank noch mal für den Auftrag und das Trinkgeld und bis morgen, Frau Peters.«

»Bis morgen.«

Als ich zurück war im Laden, hatte Ilona bereits alles gespült und aufgeräumt.

»Du warst ja schnell!«

Sie zuckte mit den Schultern.

»Damit wir beide den restlichen Tag freihaben.«

»Schau mal, Frau Peters hat mir Trinkgeld für alle gegeben.«

Ich öffnete das Kuvert und blies überrascht durch die Lippen. »Siebenhundert Euro! Ich hätte nicht damit gerechnet, dass sie so großzügig ist.«

»Ich auch nicht. Für jeden einen Hunderter! Unsere Mitarbeiterinnen werden sich freuen, wenn wir das aufteilen!«

»Meinen Anteil bekommt Emma. Sie hat sich für den Auftrag zeitlich mehr reingehängt als die anderen«, sagte ich.

»Weißt du was? Dann kriegt sie meinen Anteil auch!«, beschloss Ilona. »Das Geld kann sie für New York sicher auch gut brauchen.«

»Ganz bestimmt.«

Sie sah auf die Uhr und wirkte ein wenig in Eile.

»Was hast du denn heute noch vor, Ilona?«, fragte ich neugierig.

»Ich werde dich jetzt ins Auto verfrachten, und dann fahren wir beide zu Zoe«, antwortete sie mit einem Grinsen.

»Ach, tun wir das?« Eigentlich wäre ich an meinem freien Nachmittag gern mal ein wenig allein gewesen.

»Ja. Es ist gut, wenn du in Gesellschaft bist, damit du nicht zu viel ins Grübeln kommst.«

»Hör mal, Ilona, du und Emma habt euch schon letzte Nacht Zeit genommen. Ihr müsst mich jetzt nicht ständig ablenken, damit ich …«

»Ehrlich gesagt, es geht eigentlich gar nicht um dich«, unterbrach sie mich. »Zoe hat eine Überraschung für Jenny, und sie möchte gerne, dass wir dabei sind, wenn sie es ihr erzählt.«

»Was für eine Überraschung denn?«

»Keine Ahnung. Aber sie tut schon seit ein paar Tagen sehr geheimnisvoll. Anna und Mina kommen auch. Wir kriegen sogar was zu essen, hat Zoe versprochen.«

»Okay. Dann bin ich mal gespannt.«

Eine halbe Stunde später saßen wir bei Zoe am gedeckten Tisch unter einem großen Sonnenschirm im Garten, der eigentlich gar nicht nötig gewesen wäre, weil sich immer wieder Wolken vor die Sonne schoben.

Tommy und Sebastian hielten ein Mittagsschläfchen. Hendrik war mit Jenny gerade losgefahren, um beim Inder Essen für uns abzuholen.

»Wo ist denn Paul?«, fragte ich.

»Der steckt mal wieder in einer seiner Übersetzungen fest und ist froh, wenn wir was unternehmen, damit er kein schlechtes Gewissen haben muss und in Ruhe arbeiten kann«, antwortete Anna.

Zoe schien nervös zu sein und spielte mit einem Muschelanhänger an ihrem Hals. Sie sah in die Runde.

»Noch mal: Schön, dass ihr da seid! Die erste gute Nachricht schon mal vorab. Mein Milchbrunnen ist früher als gedacht endgültig versiegt, und deswegen werde ich mir zur Feier des Tages später ein Glas von deinem Eierlikör gönnen, liebe Mina!«, sagte sie ein wenig lauter, damit Mina sie auch verstand.

»Genau deswegen habe ich ihn gestern ganz frisch gemacht!«, erklärte diese.

»Auf dich ist eben Verlass!« Zoe warf ihr einen Luftkuss zu.

»Für mich dann bitte auch, am besten ein großes Glas voll«, bat ich. Schließlich hatte ich heute nichts Wichtiges mehr vor.

»Natürlich ist auch für dich genügend da, Ben!«, beteuerte Mina.

Zoe sah zu mir.

»Über die verunglückte Sache mit diesem Florian unterhalten wir uns später noch, aber …«

Natürlich hatte Ilona sie schon darüber informiert, oder vielleicht war es auch Anna, die es von Emma erfahren hatte?

»… aber solange Jenny weg ist, möchte ich euch schon mal in meinen Plan einweihen.«

Zoe wirkte richtig aufgeregt.

»Über Florian brauchen wir gar nicht mehr zu reden. Das hat sich erledigt«, beteuerte ich. »Und jetzt mach es nicht so spannend und sag schon, was du vorhast«, forderte ich sie auf.

»Gut. Als ich Jenny auf den Kapverden kennengelernt habe, hat sie mir erzählt, dass sie am liebsten eine Ausbildung zur Optikerin machen würde. Doch mit ihrer Behinderung und weil es in ihrer Heimat überhaupt für ein Mädchen wie sie so gut wie unmöglich ist, einen Beruf wie diesen zu erlernen, war das für Jenny nur ein unmöglicher Traum gewesen.«

»Ich ahne es schon!«, meinte Anna mit einem Lächeln.

Ilona nickte. »Wir ahnen es wohl alle, was du für eine Überraschung hast.«

Zoe grinste.

»Ich hatte vor einer Woche ein nettes Gespräch mit der Optikerin im Laden gegenüber meiner Praxis. Jennys Au-pair-Zeit endet offiziell im Januar. Danach kann sie dort schon ein Praktikum machen, und wenn alles klappt, woran ich nicht zweifle, beginnt sie im Sommer die Ausbildung.«

»Sie wird sich bestimmt riesig freuen, wenn du ihr die

Neuigkeit erzählst. Und mit ihrer Beinprothese wird es auch viel einfacher für sie sein, so einen Beruf auszuüben«, meinte Anna.

»Dann werde ich zukünftig zu dieser Optikerin gehen und mich immer von Jenny beraten lassen, wenn ich eine neue Brille brauche«, beschloss Mina, so als ob Jenny bereits fest dort arbeiten würde.

Während alle sich über die Neuigkeit unterhielten, musste ich an Jennys Tagebuch denken. Inzwischen hatte ich nur noch ein paar Seiten zu lesen. Würde sie in ein neues Buch die Geschichte schreiben, wie aus ihr eine Optikerin wurde? Ohne es erklären zu können, hatte ich plötzlich meine Zweifel.

»Ich glaube, sie kommen!«, rief Zoe. »Bitte jetzt noch nichts verraten, das mache ich nach dem Essen.«

Jenny und Hendrik kamen durch die Terrasse in den Garten und verteilten die indischen Speisen an uns. Die Jungs schliefen immer noch, und so konnten wir ungestört das Essen genießen.

Als wir fertig waren und Hendrik und ich das Geschirr in die Küche gebracht hatten, räusperte Zoe sich.

»Jenny. Es gibt da etwas, das ich dir sagen möchte!«, begann sie feierlich.

»Habe ich was falsch gemacht?«, fragte Jenny und wirkte fast ein wenig erschrocken.

»Quatsch. Wie kommst du denn darauf? Du machst alles richtig.«

Jenny lächelte erleichtert.

»Jetzt pass mal auf. Ich habe eine Überraschung für dich.«

Zoe erzählte Jenny begeistert, dass sie sich in der kommenden Woche bei einer Optikerin vorstellen durfte und diese schon signalisiert hatte, dass sie Jenny eine Chance geben würde. Zoe schilderte lebhaft, wie toll das sicher alles klappen würde und dass Jenny im nächsten Jahr beginnen und nach drei Jahren Ausbildung den Beruf haben würde, den sie sich immer gewünscht hatte.

Während Zoe sprach, hörte Jenny ihr sehr aufmerksam und fast reglos zu.

»Was sagst du dazu? Ist das nicht super?«, fragte sie am Ende.

Jenny nickte.

»Und du kannst in dieser Zeit natürlich weiterhin bei uns wohnen, wenn du das möchtest!«, fügte Zoe noch hinzu.

In diesem Moment hörte man über das Babyphon Sebastian weinen.

»Ich geh schon!«, sagte Jenny schnell.

»Aber das kann ich auch machen«, meinte Hendrik.

Doch Jenny war schon aufgestanden und durch die Terrassentür ins Haus gegangen.

Zoe wirkte etwas irritiert.

»Denkt ihr, sie hat nicht verstanden, was ich ihr gerade gesagt habe?«, fragte sie unsicher.

»Sicher muss sie diese Nachricht erst einmal verdauen«, überlegte Anna. »Sie war offenbar richtig sprachlos vor Überraschung.«

»Und sie muss mit ihrer Großmutter reden«, gab Mina zu bedenken. »Hast du mit Mama Blanca überhaupt darüber gesprochen?«

»Noch nicht. Ich wollte Jenny damit überraschen«, antwortete Zoe.

Das Weinen des Babys endete, als Jenny oben das Gerät ausschaltete.

»Vielleicht hättest du das aber doch vorher erst mit ihrer Oma klären sollen«, gab Hendrik zu bedenken.

»Die wird sicher nichts dagegen haben. Ganz im Gegenteil. Mama Blanca ist es wichtig, dass Jenny glücklich ist«, war Zoe überzeugt.

»Ich schau nach ihr«, bot ich an.

Als ich die Treppe hochging, hörte ich, dass wohl auch der zweijährige Tommi aufgewacht war, jedoch nicht weinte.

»Kann ich dir was helfen, Jenny?«, fragte ich, als ich im Kinderzimmer war.

Sie hatte das Baby auf dem Arm.

»Sebastian braucht eine neue Windel. Kannst du bitte kurz auf Tommy aufpassen, Ben, dann gehe ich mit dem Kleinen ins Badezimmer?«

»Natürlich … Hallihallo, Tommy.«

Der Junge rieb sich noch etwas verschlafen die Augen, freute sich jedoch, mich zu sehen.

»Benny …«, brabbelte er. Er war der einzige Mensch auf dieser Welt, dem ich diese Form meines Namens gestattete.

»Komm mal her, mein kleiner Spezl!« Ich hob ihn aus seinem Gitterbettchen und stellte ihn auf den Boden.

»Pielen?«, fragte er mich mit großen Augen.

»Klar. Wir spielen gleich. Aber ich glaube, bei dir ist auch eine frische Windel fällig. Komm, wir gehen ins Bad.«

Ich nahm ihn an der Hand und ging mit ihm zu Jenny. Die hatte bereits die Windel des kleinen Sebastian gewechselt und zog ihm gerade eine kurze Hose an. Sie gab mir den Kleinen und schnappte sich nun Tommy.

»Hast du vorhin eigentlich alles verstanden, was Zoe zu dir gesagt hat?«, fragte ich wie nebenbei.

»Ja.«

»Freust du dich denn nicht?«

»Doch …«

Das sah aber ganz und gar nicht danach aus. Im Gegenteil, sie wirkte eher bedrückt und wollte offensichtlich nicht mit mir darüber sprechen.

Sie öffnete Tommys Windel, der ein sehr intensiver strenger Duft entströmte.

Ich trat einen Schritt zurück und schnappte nach Luft. Ich liebte die Jungs wirklich sehr, aber daran würde ich mich vermutlich niemals so richtig gewöhnen.

»Herrje, was hast du denn für einen Stinker gemacht?«, fragte ich.

»Stinker!«, wiederholte Tommy und kicherte.

Und als ob er uns verstanden hätte, fing Sebastian auf meinem Arm an zu lachen.

»Da brauchst du gar nicht zu lachen, deine Windeln duften auch nicht besser!«, beteuerte ich und stupste auf seine Nasenspitze, was ihn noch mehr erheiterte.

»Jenny?«

»Ja?«

»Es tut mir leid, dass wir noch nicht dazu gekommen sind, unser Essen mit den Gerichten aus deiner Heimat zu kochen.«

Ich hatte deswegen tatsächlich ein schlechtes Gewissen. Aber ich war in den letzten Wochen so mit der Arbeit und meinen persönlichen Problemen beschäftigt gewesen, dass ich einfach keine Zeit gefunden hatte.

»Das macht doch nichts, Ben«, winkte sie ab. Doch das sonst immer so fröhliche Funkeln in ihren Augen fehlte.

»Was hältst du davon, wenn wir es nächsten Sonntag machen?«, schlug ich vor. Ich wollte es auf keinen Fall länger aufschieben.

»Das wäre schön!«

In diesem Moment kam Zoe herein.

»Ich wollte mal nachsehen, wie es euch geht hier oben«, sagte sie.

»Gut«, antwortete ich. »Wir haben alles unter Kontrolle.«

Jenny nickte. Sie hatte auch Tommy inzwischen eine frische Windel verpasst und zog ihm eine kurze Hose an.

»Mama da!«, freute sich Tommy.

»Ja. Ich bin auch da.«

Sie strich ihm kurz über die Wange.

»Jenny? Ich hoffe, ich habe vorhin nichts Falsches gesagt?«, fragte Zoe unsicher.

Jenny schüttelte energisch den Kopf.

»Nein.«

Ich merkte Zoe an, wie irritiert sie von Jennys Reaktion war. Sie hatte sich bestimmt vorgestellt, dass die junge Frau ihr vor Freude um den Hals fallen würde.

»Es war doch immer dein Wunsch, Optikerin zu werden, oder?«

»Ja. Schon.«

So einsilbig wie heute hatte ich Jenny tatsächlich noch nie erlebt.

Sie hob Tommy von der Wickelkommode und wusch sich die Hände. Der Junge griff nach meiner freien Hand.

»Pielen … Komm!«

Er wollte mich ins Kinderzimmer ziehen.

»Gehen wir doch alle ins Kinderzimmer«, schlug Zoe vor.

»Gute Idee!«, stimmte ich zu.

Ich legte den sieben Monate alten Sebastian unter seinen geliebten Spielebogen auf die Krabbeldecke und hockte mich dann mit Tommy neben eine Kiste mit bunten Holzbauklötzen.

»Komm, wir bauen einen großen Turm, Tommy«, forderte ich ihn auf, und der Kleine ließ sich das nicht zweimal sagen.

Jenny legte ein paar Kleidungsstücke zusammen, die herumlagen, während Sebastian gurrend und fröhlich quietschend den kleinen Bären betrachtete, der neben anderen Stofftieren am Spielebogen befestigt war.

»Was ist los, Jenny?«, fragte Zoe nun ganz direkt.

»Nichts.«

»Hör mal, ich wollte dich vorhin überraschen, aber nicht überfahren. Wenn es so rübergekommen ist, dann tut es mir leid, Jenny. Du kannst dir das mit der Ausbildung natürlich gründlich durch den Kopf gehen lassen. Und sicher möchtest du auch mit Mama Blanca sprechen, was sie dazu sagt, oder?«

Ich sah, wie über Jennys Wange eine einzelne Träne kullerte, die sie verlegen wegwischte. Dann hob sie den Kopf und sah Zoe an.

»Ich bin so dankbar für alles hier. Es könnte mir nicht besser gehen. Und dieses Wunder hier habe ich nur dir zu verdanken. Damit hast du mir so ein großes Geschenk gemacht.«

Sie deutete auf ihre Prothese.

»Das hast du dir verdient, Jenny!«, beteuerte Zoe.

»Ich habe euch sehr in mein Herz geschlossen, vor allem Tommy und Sebastian«, fuhr Jenny mit heiserer Stimme fort und schaute kurz zu den Kindern.

»Wir dich doch auch. Mehr, als du dir vielleicht vorstellen kannst«, beteuerte Zoe, und ich nickte.

Jenny schien nach den richtigen Worten zu suchen.

»Was ich sagen möchte … die Zeit, die ich hier sein kann, ist so kostbar für mich. Und ich wäre glücklich, wenn ich so eine Ausbildung hier machen könnte, aber …«

Es fiel Jenny offensichtlich sehr schwer weiterzusprechen.

»Aber?«, fragte ich nach. »Einfach raus damit, sag, was in dir vorgeht, Jenny.«

Obwohl ich es irgendwie ahnte, nachdem ich ihr Tagebuch gelesen hatte.

»Ich liebe es, hier zu sein. Wirklich. Aber ich vermisse auch mein Zuhause, meine Familie. Mama Blanca, meine kleine Nichte Rosita und meine Geschwister und Cousinen.«

Zoe räusperte sich leise.

»Möchtest du wieder zurück zu ihnen?«

»Nein. Nicht gleich. Aber wenn meine Zeit als Au-pair hier vorbei ist. Auch wenn ich jetzt schon weiß, wie sehr ich euch dann vermissen werde.«

Wieder liefen ihr Tränen übers Gesicht.

»Ach Jenny …«

Zoe lachte und weinte gleichzeitig. So offen emotional hatte ich die toughe Zahnärztin bisher selten erlebt.

Sie nahm ein Papiertaschentuch aus einer Box und putzte sich die Nase.

»Bist du mir böse, wenn ich dein Angebot nicht annehme, Zoe?«, fragte Jenny leise.

»Aber nein! Absolut nicht, Jenny!«

»Ich hatte so gehofft, dass ich Jenny mit einer Ausbildung etwas Solides ermöglichen könnte, mit dem sie sich in ihrer Heimat etwas aufbauen kann«, erklärte Zoe ein wenig später, als wir mit Ilona und Anna an der Küchentheke standen und Kaffee tranken. Hendrik, Jenny und Mina machten mit den Kindern einen kleinen Spaziergang.

»Du hast es gut gemeint, Zoe. Das wissen wir alle«, sagte Anna.

»Vielleicht ein wenig zu gut«, warf ich ein, ohne es wie einen Vorwurf klingen zu lassen.

Sie seufzte.

»Ich geb's ja zu, da bin ich wohl ein wenig übers Ziel hinausgeschossen, weil ich dachte, so eine Ausbildung wäre ihr größter Wunsch. Aber ich hätte vorher mit ihr reden sollen, was sie von dieser Idee hält.«

»Hey, ich bin mir sicher, dass Jenny ihren Weg auch so gehen wird«, versuchte ich, sie aufzumuntern.

»Buchstäblich. Denn mit der Prothese hat sie ganz andere Möglichkeiten«, meinte Ilona. »Und das hast du ihr ermöglicht.«

»Ich darf nur nicht dran denken, dass sie uns in einem halben Jahr wieder verlässt. Jenny ist für mich mehr als nur ein Au-pair …«

»Zoe …«, begann Ilona.

»Ich weiß …«, unterbrach sie ihre Freundin, »ich wusste im Voraus, dass die Zeit auf ein Jahr begrenzt ist. Aber insgeheim hatte ich wohl gehofft, dass sie länger hier sein würde.«

»So, wie ich dich kenne, würdest du sie am liebsten auch noch adoptieren, oder?«, sprach Ilona aus, was ich insgeheim auch dachte.

»Ehrlich gesagt, habe ich darüber nachgedacht. Aber sie hat ja ihre Familie und ist schon erwachsen.«

»Eben. Jenny ist kein Kind mehr, Zoe. Sie ist eine junge Frau und im Moment ziemlich hin- und hergerissen zwischen zwei völlig verschiedenen Welten«, sagte ich.

Sie nickte.

»Ich möchte es ihr auch nicht schwer machen und habe ihr gesagt, dass sie jetzt auch noch gar keine endgültige Entscheidung treffen muss. Sie kann noch darüber nachdenken. Auch wenn ich das Gefühl habe, dass sie ihre Meinung nicht mehr ändern wird.«

Das sah ich ähnlich.

Zoe seufzte, dann bemühte sie sich um ein Lächeln. »Und jetzt mag ich nicht mehr warten, bis die anderen vom Spaziergang zurück sind. Eine Runde Eierlikör?«

Kapitel 22

Eine Bitte an einen Freund

Ich stand an der Spüle und wusch die Edelstahlschüssel aus, in der ich die Füllung für die Tortellini verrührt hatte, die ich später zu einem Tortellini-Salat verarbeiten würde, den eine Kundin bestellt hatte.

»Ben!«

Jemand tippte mir an die Schulter. Erschrocken drehte ich mich um. Die Schüssel rutschte mir aus der Hand und fiel laut scheppernd zu Boden. Emma stand hinter mir und hielt sich die Ohren zu.

»Himmel, Emma. Willst du, dass ich einen Herzinfarkt kriege!«

Ich hob die Schüssel auf und stellte sie in die Spüle, um sie noch mal abzuwaschen.

»Ich habe dich schon zweimal angesprochen, Ben. Aber du hast nicht reagiert. Was hörst du denn da an?«

Ich nahm die Kopfhörer aus dem Ohr und stellte die Musik auf dem Handy laut.

»Das ist *Harvest Moon* von Neil Young«, erkannte sie das Lied sofort. »Ein cooler Song.«

Ich nickte und seufzte.

»Und er erinnert dich an Florian, nicht wahr?«

Ich zuckte nur mit den Schultern.

»Ilona möchte heute Mittag im Laden gern Kartoffel-Quiche mit Ziegenkäse anbieten. Es wäre super, wenn du gleich anfangen würdest.«

»Lenk nicht ab. Du willst dich also heute Abend wirklich mit Florian treffen?«, fragte sie. »Denkst du echt, das ist eine gute Idee?«

»Keine Ahnung, Emma«, gestand ich. »Aber versuchen will ich es. Vielleicht kriegen wir es ja hin mit einer Freundschaft. So ähnlich wie bei deiner Schwester und mir.«

»Dann sind aber solche Lieder wie *Harvest Moon* nicht gerade hilfreich.«

»Weißt du, an dem Abend waren wir in der kleinen Sternwarte in seinem Garten, und nebenbei lief Musik, auch dieser Song.«

»Ja klar. Und da hat er dir den Sternenhimmel gezeigt. Alles superromantisch, kann ich mir vorstellen! Aber genau das sollst du dir ja aus dem Kopf schlagen, Ben! Denn von ihm war das nicht romantisch gemeint.«

Während sie sprach, ging sie zum Kühlschrank und holte Mineralwasser heraus. Dann nahm sie einen großen Schluck direkt aus der Flasche.

»Das weiß ich inzwischen auch.«

In diesem Moment kam Ilona in die Küche.

»Kann bitte jemand von euch gleich rüber in den Laden kommen? Es ist so viel los, dass Martina und ich gar nicht mehr hinterherkommen.«

»Klar! Ich komme mit!«, sagte Emma.

»Braucht ihr mich auch noch?«, fragte ich.

Ilona winkte ab.

»Emma reicht.«

Eilig verließen beide die Küche.

»Dann kümmere ich mich eben um die Quiche«, murmelte ich. Ich setzte die Kopfhörer ein, startete die Playlist auf meinem Handy und machte mich an die Arbeit.

Im Laufe des Tages war es im Laden wieder ruhiger geworden. Ich hatte mit Ilona vereinbart, dass ich ausnahmsweise schon um vier Uhr Feierabend machte.

»Ich dachte, Florian holt dich erst um sieben ab. Brauchst du denn so viel Vorlaufzeit?«

»Nein … Aber ich habe vorher noch was vor.«

»Was denn?«

»Das, liebe Ilona, verrate ich dir nicht. Noch nicht«, sagte ich und griff nach meinem Rucksack.

Sie machte ein enttäuschtes Gesicht.

»Hm. Ich krieg es schon noch aus dir raus!«

Emma kam mit einem Karton voller pikant eingelegter grüner Paprika vom Biohof in der Toskana aus dem Lager und stellte ihn auf der Theke ab.

»Das war der letzte Karton. Soll ich schon alle Gläser ins Regal räumen?«

»Ja … Und wir müssen dringend Nachschub bestellen«, sagte Ilona. »Auch der Vorrat an Oliven geht langsam zu Ende.«

»Das erledige ich morgen«, versprach ich und machte mir eine Notiz im Terminkalender auf dem Handy.

Emma begann, die Gläser in ein Regal hinter der Theke einzuräumen, dann drehte sie sich zu uns um.

»Kann ich euch was fragen?«

»Klar!«, antworteten Ilona und ich gleichzeitig.

»Judy hat die Operation gut überstanden und den Chemozyklus hinter sich. Sie ist am Freitag aus dem Krankenhaus nach Hause gekommen. Es geht ihr wieder viel besser.«

»Hey, das sind ja super Nachrichten! Das freut mich sehr, Hexlein!«, sagte ich freudig.

»Mich auch!«, pflichtete Ilona mir bei.

»Wäre es für euch okay, wenn ich Judy auf unsere Patchworkparty einlade? Ich weiß, sie gehört nicht direkt zu unserer Familie. Aber wir haben uns gestern lange im Chat unterhalten, und da hat sie mir verraten, dass sie so gern noch mal einen Auftritt von *Crazyblubb* erleben würde. Beim Fest wird unser letzter Auftritt sein, bevor ich nach New York gehe. Und ich weiß ja nicht, was in den nächsten zwei Jahren mit Judy …«

»Klar kann sie kommen!«, unterbrach Ilona sie.

»Bring sie einfach mit zum Fest«, sagte ich. »In der kunterbunten Truppe wird sie sowieso überhaupt nicht auffallen. Langsam habe ich eh schon den Überblick verloren, wer denn wirklich dazugehört.«

Ilona lachte.

»So geht es mir auch!«

»Danke ihr zwei!«

Sie griff nach ihrem Handy.

»Ich werde Judy gleich schreiben!«

Ich warf einen Blick auf die Uhr.

»Und ich muss jetzt los.«

»Wohin denn?«, fragte Ilona, als ob wir das Thema vorhin nicht bereits gehabt hätten.

Ich grinste.

»Netter Versuch. Aber nicht gut genug.«

»Du bist grausam!«, moserte sie.

»Und diesmal bin ich es gern.«

Sie verdrehte die Augen.

Ich lachte und machte mich auf den Weg.

»Hi, Paul!«

»Hi, Ben, komm doch rein!«, sagte Annas Mann. »Magst du einen Kaffee?«

»Danke, für heute hatte ich schon genug Koffein. Ich bin schon ganz hibbelig. Außerdem möchte ich dich auch gar nicht lange aufhalten.«

»Okay.«

Wir gingen in sein Büro, das im ersten Stock neben dem Schlafzimmer von Anna und ihm lag. Zwei komplette Seiten des nicht allzu großen Raumes bestanden aus Regalen, die vollgestopft waren mit Büchern und Zeitschriften. Man merkte, dass er Romane nicht nur übersetzte, sondern selbst auch sehr viel las.

»Leider gibt es hier nicht so viele Sitzgelegenheiten, aber der Hocker ist bequemer, als er aussieht.«

»Danke.« Ich nahm auf der stabilen Pappschachtel Platz, die auf allen Seiten das Buchcover eines Thrillers zeigte, den Paul aus dem Englischen übersetzt hatte.

»Das war ein Bestseller, oder?«, fragte ich.

Paul saß inzwischen auf seinem Bürostuhl und nickte.

»Der erfolgreichste Roman, den ich je übersetzt habe. Nächste Woche beginne ich mit dem zweiten Band der Reihe … Also, was kann ich für dich tun, Ben?«

Ich öffnete den Reißverschluss meines Rucksacks und holte ein wattiertes Kuvert heraus, aus dem ich Jennys Tagebuch zog.

Nach Zoes geplatzter Überraschung war mir ein Gedanke gekommen, der mich nicht mehr losgelassen hatte.

»Jenny hat mir das vor einer Weile zu lesen gegeben. Es ist so eine Art Tagebuch. Sie hat mich gebeten, die Grammatik und Fehler für sie zu korrigieren.«

»Soll ich dir dabei helfen, es zu überarbeiten?«, fragte Paul.

Ich schüttelte den Kopf und reichte ihm das Buch.

»Nein. Klar, es ist nicht alles perfekt, aber ich würde es nicht übers Herz bringen, etwas zu ändern. Nicht ein einziges Wort.«

»Okay …?« Er sah mich fragend an.

»Du kennst dich doch mit Texten aus, Paul, und deswegen bitte ich dich, einfach mal einen fachlichen Blick darauf zu werfen, was du davon hältst.«

Er griff nach seiner Brille, die auf dem Schreibtisch lag, und setzte sie auf. Neugierig schlug Paul das Buch auf und blätterte darin.

»Das ist ja zweisprachig.«

Ich nickte.

»Ich kenne mich mit Literatur nicht sonderlich aus. Und kann sicher auch nicht beurteilen, was gut ist und was weniger gut. Aber als ich Jennys Zeilen gelesen habe, da machte das etwas mit mir. Sie hat eine erstaunliche Art, wie sie den Blick auf diese für sie neue Welt hier bei uns wirft. Ich weiß nicht, wie ich es erklären soll. Aber für mich ist es besonders. Fast so, als könnte man durch diese Zeilen die Welt aus ihren Augen sehen. Entschuldige. Das hört sich kitschig an, ich weiß.«

Ein wenig verlegen wollte ich mir durch die Haare streichen, bis ich bemerkte, dass ich den Hut trug.

»Nein, das hört sich für mich gar nicht kitschig an, Ben«, meinte er. »Das macht mich eher neugierig.«

»Jenny weiß übrigens Bescheid, dass ich mit dir darüber rede.«

Da ich nicht denselben Fehler wie Zoe machen wollte, hatte ich Jenny heute angerufen. Ich hatte ihr erklärt, dass ich Paul an der ein oder anderen Stelle bezüglich der Grammatik um Rat fragen wolle. Das war natürlich nicht der eigentliche Grund, doch sie war einverstanden gewesen, dass ich es ihm zeigte. Mir ging es jedoch darum, ob auch Paul in Jennys Worten das Besondere erkennen konnte oder ob ihre Zeilen nur mich so berührten.

»Okay. Ich weiß noch nicht genau, wann ich dazu komme, aber ich werde mir das gern ansehen.«

»Danke ... Dafür lade ich dich und Anna mal zum Essen bei mir ein, wenn ihr Lust habt.«

»Das muss zwar nicht unbedingt sein, aber auf dein Essen hab ich immer Lust!«, erklärte er mit einem Lächeln und nahm seine Brille wieder ab.

»Du darfst dir auch aussuchen, was du gern möchtest.«

»Noch besser!«

Ich stand auf.

»Okay, das war es dann auch schon wieder! Jetzt halte ich dich nicht weiter vom Arbeiten ab, Paul«, sagte ich, und wir gingen nach unten.

»Ab und zu ist so eine kleine Unterbrechung auch mal ganz schön. Ich melde mich bei dir, wenn ich es gelesen habe.«

Fast zwei Stunden später ging ich nervös in meinem Wohnzimmer auf und ab. Noch eine Viertelstunde, bis Florian mich abholen würde. Ich griff nach dem Handy und wählte eine Nummer.

»Ilona! Du musst mir jetzt sagen, dass es keine blöde Idee war, doch mit Florian auszugehen.«

»Das kann ich nicht, Ben, weil es eine blöde Idee ist«, erklärte sie trocken.

»Wow! Du bist echt eine Hilfe. Nicht.«

Sie lachte leise.

»Aber dass es eine blöde Idee ist, bedeutet ja noch lange nicht, dass der Abend schlecht laufen muss. Vielleicht kriegst du es wirklich hin, dich mit ihm anzufreunden. Ich fände es jedenfalls gut. Du hast sowieso viel zu viele weibliche Freunde. Ein wenig Testosteron in deinem Bekanntenkreis würde dir sicherlich nicht schaden.«

Ich grinste.

»Das ist ein gutes Argument«, stimmte ich ihr zu.

»Jetzt probiere es doch einfach mal aus, Tiger. Und falls es doch nicht funktioniert, dann wird dich jede Einzelne von uns tröstlich an ihren Busen drücken und dich wieder aufmuntern«, versprach sie theatralisch.

Ich lachte schallend auf, und auch sie kicherte.

»Also gut, dann drück mir bitte fest die Daumen!«

»Was denkst du denn? Und ich will unbedingt heute noch wissen, wie die Sache ausgegangen ist.«

»Aber klar doch. Bis dann, Ilona.«

»Bis dann! Oder Moment, noch kurz was anderes.«

»Was denn?«

»Ich weiß, dass wir für das große Patchworkfamilienfest eigentlich selbst für das Büfett sorgen wollten. Aber dann haben du, Emma und ich wieder so viel Arbeit, dass wir kaum Zeit haben werden, die Party zu genießen und uns mit den anderen in Ruhe zu unterhalten. Was hältst du davon, wenn wir uns vom Dolce Vita einfach Pizza und Pasta liefern lassen? Wir stellen eine Box auf, da kann jeder Geld für das Essen und die Getränke reinwerfen. Und wenn was übrig bleibt, spenden wir es für Hendriks Uganda-Organisation. Ansonsten kann, wer mag, noch einen Kuchen backen oder Chips und Gummibärchen mitbringen.«

Sie sprach mir aus der Seele.

»Ein super Vorschlag, Ilona. Damit bleibt nicht wieder alles an einigen wenigen Leuten hängen. Ansonsten gibt es für dieses Happening eh noch genug vorzubereiten.«

»Genau das meine ich. Also schlag ich das den anderen gleich mal vor?«

»Mach das bitte.«

In diesem Moment klingelte es an der Wohnungstür.

»Ilona! Florian ist da. Ich muss aufhören!«, sagte ich.

»Okay. Viel Glück!«

Ich schnappte meinen Rucksack, während ich zur Tür ging. Mein Herz trommelte wie wild, als ich öffnete.

»Hi, Ben!«, sagte Florian. »Sorry, ich bin ein paar Minuten zu früh.«

»Hi, Florian, macht nichts. Wir können los.«

Kapitel 23

Tequila in *Didis Oberstübchen*

Eine halbe Stunde später betraten wir *Didis Oberstübchen.* Die urige Kneipe war sogar an einem Wochentag gut besucht, und wir hatten Glück, noch zwei Barhocker an der langen Theke zu ergattern. Das Publikum war ein Sammelsurium aus allen Gesellschaftsschichten, und die Kneipe war sowohl bei der jungen Generation als auch bei älteren Semestern beliebt, von denen einige teils schon seit Jahrzehnten zu den Stammgästen zählten.

»Betty, ein Helles bitte«, bestellte ich bei der Bedienung, die schon so lange in der Kneipe arbeitete, dass sie fast zum Inventar gehörte.

»Und für mich bitte ein leichtes Weißbier! Ich bin der Fahrer heute.«

»Notfalls können wir uns aber auch ein Taxi nehmen und dein Auto morgen abholen«, schlug ich vor.

Doch Florian winkte ab.

»Die letzten Tage kamen noch Nachzügler, die Vater zum Geburtstag gratuliert haben. Da habe ich ein paarmal mehr getrunken als üblich, deswegen passt das schon.«

Er sah tatsächlich ein wenig müde aus und hatte sich offenbar seit unserer letzten Begegnung auf der Geburtstagsfeier noch nicht rasiert. Doch der dunkle Fünftagebart stand ihm.

Bis jetzt lief unser Treffen besser, als ich befürchtet hatte. Während der Fahrt zur Kneipe hatten wir uns hauptsächlich über das Fest unterhalten.

»Da sind eure Getränke!«, sagte Betty.

»Schreib bitte beide auf meinen Bierdeckel«, bat ich.

»Auf keinen Fall!«, protestierte Florian.

»Doch. Du bist heute gefahren, also zahle ich das Bier!«, erklärte ich entschieden.

»Und, wo soll ich jetzt den Strich machen?«, fragte Betty und sah uns abwechselnd an.

»Bei mir!«, sagten wir beide und mussten lachen.

Sie schüttelte grinsend den Kopf.

»Na gut. Dann eben bei dir!«, gab Florian schließlich nach, und die Bedienung konnte sich der Bestellung eines anderen Gastes widmen.

»Kommt deine Verlobte eigentlich auch aus Prien«, packte ich den Stier gleich bei den Hörnern.

»Meine Ex-Verlobte«, korrigierte Florian. »Nein, Simone lebt in München.«

Also hatten die beiden ihre Beziehung nicht wieder aufgenommen? Oder waren sie nur weiterhin nicht mehr verlobt, aber als Paar wieder zusammen?

»Sorry … so ganz habe ich nicht verstanden, wie das bei euch ist«, entschuldigte ich mich für meine Neugier.

»Kein Problem … Ich rede normalerweise nur nicht so gern darüber. Diese Verlobung war Simones Idee gewesen. Ich hätte lieber noch gewartet, aber ich steckte vor zwei Jahren so tief in meiner Doktorarbeit, dass es mir einfach unkomplizierter erschien, Ja zu sagen, anstatt Simone zu bitten, noch abzuwarten oder gar Nein zu sagen und damit die Beziehung zu riskieren.

Das hört sich vielleicht ein wenig seltsam an, aber ich brauchte dringend einen klaren Kopf für meine Arbeit.«

»Na ja, ein solcher Schritt sollte für beide Partner zu einem passenden Zeitpunkt kommen«, sagte ich und dachte insgeheim, dass es wohl etwas egoistisch von dieser Frau gewesen war, ihn damit unter Druck zu setzen. Oder hatte ich aus egoistischen Gründen einfach nur Vorbehalte gegen sie?

»Simone ist toll«, versicherte mir Florian. »Und ich schätze sie auch jetzt noch. Aber kaum waren wir verlobt und hatten eine gemeinsame Wohnung, musste ich mir eingestehen, dass ich einen großen Fehler gemacht hatte. Es blieb so gut wie keine Zeit für uns als Paar, was sie anfangs tolerierte, aber später verständlicherweise immer mehr frustrierte. Wir begannen, uns über Kleinigkeiten zu streiten, und ich konnte mich immer weniger auf meine Arbeit an der Dissertation konzentrieren. Bis es zu einem riesigen Krach kam und ich den Schlussstrich zog. Vor einem halben Jahr haben wir uns getrennt. Meine Mutter will das jedoch nicht akzeptieren und versucht ständig, uns wieder zusammenzubringen.«

»Und was sagt Simone dazu?«

Er zuckte mit den Schultern und seufzte.

»Sie hat vorgeschlagen, es jetzt, wo ich erfolgreich promoviert habe und der große Stress vorbei ist, noch mal zu versuchen. Sie möchte, dass ich mir Zeit nehme, um darüber nachzudenken.«

»Was macht sie denn beruflich?«

»Sie arbeitet für die PR-Abteilung einer großen Versicherungsgesellschaft … Aber es wäre mir jetzt echt lieber, nicht mehr weiter über sie zu sprechen, okay?«

»Klar.«

Ich hob mein Glas, und wir prosteten uns zu.

»Bist du in einer Beziehung?«, fragte er, nachdem er getrunken und das Glas abgesetzt hatte.

Jetzt war der richtige Zeitpunkt gekommen, um ihm endlich auch mehr über mich zu erzählen. Mein Herzschlag beschleunigte sich.

»Nein … nein, ich bin schon eine ganze Weile Single … seit zwei Jahren«, begann ich, da unterbrach Florian mich.

»Gut, dann haben wir dieses leidige Thema also abgehakt. Zwei Singles, die gemütlich ein Bier trinken. Man kann auch eine gute Zeit haben, ohne in einer Beziehung zu stecken, und eine noch viel bessere, wenn man erst gar nicht über gescheiterte Versuche spricht«, meinte er. »Nicht wahr?«

»Äh, stimmt.«

Er hob erneut sein Glas, und wir stießen an.

Das war deutlich. Florian wollte nicht weiter darüber reden.

»Und du warst gestern also Babysitter?«, wechselte er auch gleich das Thema.

»Ja. Ab und zu springe ich ein. Ich bin sogar der Pate von einem der Jungs.« Ich erzählte ihm von Zoe und Hendrik und den beiden Kindern und von den ungewöhnlichen Umständen, die diese Familie zusammengebracht hatten.

»Und der Vater ist also der Zahnarzt, der sich für dieses Hilfsprojekt in Uganda einsetzt?«, fragte er beeindruckt.

Ich nickte.

»Darüber stand vor einer Weile ein großer Bericht in der Zeitung. Leider habe ich es übersehen, zu dem Vortrag zu gehen. Der hätte mich echt interessiert.«

»Ich bin mir ziemlich sicher, dass Hendrik bald wieder was macht.«

»Kannst du mir Bescheid geben, wenn du da was weißt?«, bat Florian.

»Klar!«

Schließlich kamen wir auf Emma und ihr gesangliches Talent.

»Ich bin echt gespannt, ob ich sie in ein paar Jahren auf dem Cover eines Albums sehen werde.«

»Nach ihrer Gesangseinlage auf dem Fest kann ich mir das schon vorstellen«, sagte Florian und griff nach der Karte.

In der Kneipe gab es ein paar Kleinigkeiten zu essen, die sich nicht geändert hatten, seitdem ich zum ersten Mal hier Gast war.

»Ich nehme ein gegrilltes Käsesandwich. Und du?«, fragte er.

»Nichts«, winkte ich ab.

Nicht, weil ich keinen Hunger hatte, sondern Angst davor, in seiner Gegenwart keinen Bissen runterzubringen. Obwohl ich es gehofft hatte, konnte ich nicht abstellen, dass er mich nervös machte.

»Ich nehme aber noch mal ein Bier!«, beschloss ich und winkte Betty, damit sie die Bestellung aufnehmen konnte.

»Kann nur sein, dass es ein wenig länger dauert mit dem Essen, weil heute eine Aushilfe in der Küche ist, die das zum ersten Mal macht«, warnte Betty Florian vor.

»Kein Problem.«

Das Bier wurde jedenfalls prompt serviert.

»Sag mal, ist das dort nicht deine Kollegin?«, fragte Florian ein paar Minuten später.

Meine Kollegin? Meinte er eine der Mitarbeiterinnen, die beim Fest geholfen hatten?

Ich drehte mich um und folgte seinem Blick.

Das darf doch nicht wahr sein!

Ilona, Zoe und Anna hatten die Kneipe betreten und sahen sich nach einem freien Tisch um.

Himmel! Was machten die drei denn hier? Wobei ich natürlich ahnte, warum die neugierigen Hühner gekommen waren.

Als sie uns an der Theke entdeckten, taten sie völlig überrascht und kamen auf uns zu.

»Meine Güte, ich glaub's ja nicht!«, rief Ilona. »Ihr beide auch hier im *Oberstübchen*?«

Ich spürte, wie mir vor Ärger die Röte ins Gesicht schoss, und musste mich zusammenreißen, um sie nicht nach draußen zu ziehen und den dreien ordentlich die Meinung zu geigen!

»Das ist echt eine Überraschung!«, sagte ich, und als ich Ilona zur Begrüßung umarmte, zischte ich ihr ins Ohr: »Was macht ihr denn hier?«

»Dich retten, falls nötig!«, flüsterte sie zurück.

Bevor ich entgegnen konnte, dass das absolut nicht notwendig sei, hatte sie sich schon wieder von mir gelöst.

»Hallo, Frau Heubach«, begrüßte Florian sie. »Schön, Sie schon so bald wiederzusehen!«

»Freut mich auch. Wie geht es Werner?«

»Opa geht es gut. Nach den Tanzeinlagen mit Ihnen brauchte er zwar eine halbe Dose Pferdesalbe gegen den Muskelkater, aber ansonsten ist er ziemlich gut drauf.«

Ilona lachte und stellte dann Zoe und Anna vor.

Florian runzelte kurz die Stirn, dann meinte er: »Ach, dann sind Sie die Mutter von Emma und Sie die Zahnärztin mit den zwei kleinen Jungs?«

»Wow!«, rief Zoe. »Sie sind ja bestens informiert.«

»Wir haben gerade vorhin über Sie gesprochen. Ich finde das Engagement Ihres Mannes für Uganda echt toll.«

»Danke, ich werde es ihm ausrichten.«

»Kommt. Dahinten wird ein Tisch frei!«, sagte Anna. Sie machte als Einzige den Eindruck, als wäre ihr diese Aktion ein wenig peinlich.

»Oder wir trinken hier an der Bar noch alle zusammen einen Tequila!«, schlug Zoe vor. »Keine von uns muss nämlich heute noch fahren. Emma hat uns hergebracht und holt uns später wieder ab.«

Also war auch Emma beteiligt! *Na warte!* Darüber würden wir noch ein Wörtchen reden.

Ilona überredete Florian mitzutrinken und schlug vor, wir beide könnten ja problemlos im Firmenwagen mit zurück nach Prien fahren.

»Wir haben Platz genug!«

»Na gut. Dann prost zusammen!«, stimmte er zu, und wir hoben in der einen Hand die Gläser und griffen mit der anderen nach der halbierten Orangenscheibe mit Zimt.

Eine Viertelstunde später bestellte Zoe bereits die zweite Runde, und alle waren mit Florian per Du.

Doch als nach dem zweiten Tequila das Essen für Florian kam, drängte Anna, uns jetzt in Ruhe zu lassen, und die drei setzten sich an einen Tisch in der Nähe.

»Ich hoffe, dieser Überfall hat dich nicht allzu sehr gestört, Florian.«

»Im Gegenteil. Du hast ja wirklich sehr unterhaltsame Freundinnen!«, meinte er amüsiert, bevor er in sein Sandwich biss.

»Mit den dreien wird es einem nie langweilig«, gab ich zu, auch wenn es etwas anstrengend sein konnte, wenn sie meinten, sich ganz besonders in mein Leben einmischen zu müssen.

»Hast du eigentlich schon wieder neue Aufnahmen in deiner Sternwarte gemacht?«, fragte ich.

»Nein. In der letzten Zeit war zu viel los, da kam ich leider nicht dazu. Aber für das kommende Wochenende habe ich es mir fest vorgenommen und hoffe auf einen klaren Nachthimmel. Du kannst gerne kommen, wenn du Lust hast.«

»Am Wochenende habe ich leider keine Zeit!«

In diesem Moment sah ich, wie die drei uns beobachteten und die Köpfe zusammensteckten. Ich wollte besser gar nicht wissen, was sie schon wieder ausheckten.

»Dann ein anderes Mal. Sag mal, Ben, weißt du denn eigentlich schon, wann du wieder in die Toskana fährst?«, kam er plötzlich auf ein ganz anderes Thema zu sprechen. »Ich bin tatsächlich schwer am Überlegen, ob ich nicht bald mal ein oder zwei Wochen Urlaub machen sollte. Ich habe mir den Biohof im Internet angeschaut, das sieht echt nach Erholung aus. Und zum Meer ist es auch nicht allzu weit, oder?«

»Nein. Etwa eine Stunde!«, antwortete ich.

»Und dann die vielen interessanten Städte in der Nähe: Siena, Pisa und Volterra«, schwärmte er.

Ich durfte mir gar nicht vorstellen, wie schön es wäre, mir zusammen mit Florian diesen Wunsch aus der Kategorie A auf meiner Liste zu erfüllen. Ich unterdrückte ein Seufzen.

»Leider ist bis jetzt noch kein fester Termin geplant, wann ich zum Biohof fahre«, sagte ich. Das entsprach immerhin der Wahrheit.

»Sagst du mir bitte Bescheid, wenn du was weißt?«

»Klar!«

Er biss erneut vom Käsesandwich ab.

»Das schmeckt echt super. Und es ist riesig. Magst du wirklich nichts davon abhaben?«

Obwohl mir bei dem Duft nach geschmolzenem Käse und in Butter gebratenem Brot das Wasser im Mund zusammenlief, lehnte ich ab.

»Du verpasst echt was«, sagte er mit einem Schulterzucken. »Aber damit man so eine sportliche Figur hat wie du, verzichtet man wohl am Abend auf zu viele Kohlehydrate und Fett!«

Ich spürte, wie meine Wangen bei seinem Kompliment ganz heiß wurden.

»Eigentlich esse ich immer, worauf ich Lust habe«, erklärte ich.

»Dann machst du ziemlich viel Sport, oder?«, wollte Florian wissen.

»Leider weniger, als ich sollte. Wenn ich Zeit habe, gehe ich schwimmen, und privat bin ich meist mit dem Fahrrad unterwegs. Und manchmal gehe ich laufen. Aber natürlich bin ich im Laden und in der Küche den ganzen Tag auf den Beinen und bewege mich da doch sehr viel.«

»Mit der Bewegung hapert es bei mir leider etwas. Ich sitze zu viel. Vor allem in den letzten Jahren. Aber seitdem ich zurück am Chiemsee bin, versuche ich, wieder mehr zu machen, und will mir demnächst ein neues Fahrrad zulegen. Vielleicht können wir dann mal gemeinsam eine Tour machen, wenn du Lust hast.«

»Wenn es zeitlich klappt, klar«, antwortete ich, obwohl ich mir nicht sicher war, ob das eine gute Idee war.

»Noch ein Bier?«, fragte Betty, und ich merkte zu meinem Erstaunen, dass mein Glas schon wieder fast leer war. Inzwischen spürte ich, dass der Alkohol mir schon ein klein wenig zu Kopf gestiegen war.

»Jetzt mal besser ein großes Wasser«, bestellte ich.

»Aber ich hätte gern ein Helles«, sagte Florian. »Wenn ich später schon im Lieferwagen-Taxi mitfahren kann.«

Er strich sich eine seiner widerspenstigen Locken aus dem Gesicht und lächelte. Und dieses Lächeln verzauberte mich erneut, wie ich voller Bedauern feststellen musste. Voller Bedauern, weil er nicht auf Männer stand und ich mir eingestehen musste, dass es mit einer Freundschaft zwischen Florian und mir nicht funktionieren würde. Ich wollte nicht sein Freund sein, ich wollte mehr.

Ich sah, dass Ilona vom Tisch aufstand und in Richtung Toiletten verschwand. Ich wartete ein paar Sekunden, dann entschuldigte ich mich kurz bei Florian und ging ebenfalls hinaus.

Ich passte Ilona vor der Tür ab, bis sie aus dem Damen-WC kam.

»Ben?«

»Ich glaube, ich brauche doch eure Hilfe«, sagte ich leise.

Sie wusste offenbar sofort, was ich damit meinte, und sah mich mit einem mitfühlenden Blick an.

»Nur Freundschaft funktioniert nicht, oder?«

Ich schüttelte traurig den Kopf.

»In diesem Fall nicht.«

»Ich versteh dich … Der Kerl ist aber auch wirklich zum Anbeißen. Es tut mir so leid, mein Tiger. Jedenfalls sind wir alle für dich da!«

»Danke!«

Sie ging in den Gastraum. Ich atmete noch einmal tief durch und folgte ihr kurz darauf.

Florian hatte das Sandwich inzwischen aufgegessen, und die neuen Getränke waren serviert.

»Es ist echt gemütlich hier«, sagte er.

»Ja, finde ich auch.«

Er hob sein Glas, und ich tat es ihm nach.

»Prost!«

»Prost!«

In diesem Moment kam Anna auf uns zu.

»Hört mal, ihr beiden. Wir haben eben Emma angerufen und sie gebeten, uns gleich abzuholen.«

Das ging ja schnell!

»Jetzt schon?«, fragte Florian verwundert.

»Zoe geht es leider nicht so gut. Sie hat erst vor Kurzem abgestillt, und die beiden Tequila und das Glas Wein waren offenbar zu viel des Guten. Sie ist einfach nichts mehr gewohnt. Ich hoffe, das ist okay für euch?«

»Aber natürlich!«, sagte ich – insgeheim erleichtert.

Sie hatten sich wirklich eine sehr originelle und glaubhafte Ausrede einfallen lassen.

Vierzig Minuten später stieg Florian als Erster aus dem Wagen.

»Danke fürs Mitnehmen, Emma!«, sagte er.

»Gern geschehen!«, sagte sie.

»Ich fahre dich morgen Mittag zurück, damit du dein Auto abholen kannst!«, bot ich an.

»Das musst du nicht, Ben. Mein Vater hat am Vormittag einen Termin in Rosenheim, dann kann er mich am Parkplatz der Kneipe absetzen«, winkte Florian ab, und ich war ganz froh darüber.

»Okay!«

»Und dir gute Besserung!« Er nickte Zoe zu.

»Danke. Tut mir leid, dass ich euch allen den Abend versaut habe«, murmelte sie.

»Das hast du nicht. Du musst dich nicht entschuldigen, Zoe!«, beteuerte ich.

»Auf keinen Fall!«, sagte Florian. »Ben und ich können ja ein anderes Mal wieder ins *Oberstübchen*.«

Ich nickte nur.

»Kommt gut nach Hause. Gute Nacht!«

»Gute Nacht!«

Florian schob die Wagentür zu und ging zum Haus.

Emma fuhr los.

Ich schloss die Augen und atmete einmal tief ein und aus.

»Danke!«, sagte ich.

»Wofür?«, fragte Zoe.

»Dass du vorgegeben hast, dir sei schlecht, und wir deswegen so bald nach Hause gefahren sind.«

»Das habe ich nicht vorgegeben, Ben. Mir ist wirklich schlecht, besser gesagt speiübel«, beteuerte Zoe und stöhnte leise.

»Ich habe dich gewarnt, Zoe, dass du es nach der langen Abstinenz ganz langsam angehen lassen musst«, sagte Anna etwas streng.

»Aber den Eierlikör von Mina habe ich am Sonntag doch auch vertragen.«

»Das war nur ein Glas und nicht zwei Tequila und ein Schoppen Riesling innerhalb so kurzer Zeit!«

»Also war das gar nicht gespielt?«, hakte ich nach. »Aber ich dachte …« Ich warf einen Blick zu Ilona.

Die zuckte mit den Schultern.

»Es hat sich eben alles ziemlich praktisch ergeben, und ich musste gar nichts einfädeln, um dich von Florian wegzukriegen.«

Kapitel 24

Das kunterbunte Herz

In den nächsten beiden Tagen stürzte ich mich wieder voll in die Arbeit. Um mich von meinen Gedanken an Florian abzulenken, fuhr ich am Freitagabend in einen Club nach Rosenheim. Kaum hatte ich einen freien Hocker an der Bar ergattert, kam auch schon ein Typ, der mir einen Drink spendierte. Er sah nicht übel aus und wirkte sympathisch.

Doch als er mich schon nach zehn Minuten total anmachte, hatte ich genug. Das war nicht das, was ich wollte. Ich ließ ihn einfach stehen und fuhr frustriert nach Hause.

Florian schickte mir ab und zu Nachrichten, um zu fragen, ob ich Lust hätte, etwas zu unternehmen, doch ich hatte jedes Mal eine andere plausible Ausrede parat. Er musste nicht wissen, dass ich Abstand zu ihm halten wollte. Schließlich konnte er nichts dafür, dass ich auf ihn stand. Oder war ich völlig auf dem Holzweg? Vielleicht wäre es besser, reinen Tisch zu machen, denn irgendwann würden auch mir die Ausreden ausgehen. Außer Florian wäre es vorher schon leid, dass ich immer absagte, und er würde den Kontakt von selbst einschlafen lassen. Das wäre vermutlich die einfachste Variante. Zumindest für mich.

Am Sonntag konnte ich Florian jedoch für eine Weile aus meinen Gedanken verdrängen. Ich hatte mein Versprechen eingehalten und war den ganzen Vormittag mit Jenny in unserer Gastroküche, um gemeinsam mit ihr typische Gerichte aus ihrer Heimat zu kochen. Wir hatten uns für Cachupa entschieden, das Nationalgericht auf den Kapverden, dazu Maisbrot und als Nachspeise einen landestypischen Vanillepudding mit einer Karamellsoße.

Einige Zutaten für das Cachupa bekamen wir hier leider nicht, doch wir ersetzten sie durch ähnliche Produkte aus der Region, und es funktionierte trotzdem.

Das Besondere an unserer Kochsession war, dass Mama Blanca eine Weile per Video zugeschaltet war und wir von ihr Tipps zur Zubereitung von Cachupa und Maisbrot bekamen. Doch es gab nicht nur Ratschläge zum Kochen.

»Oma sagt, du sollst deine Gedanken einfach mal fliegen lassen, Ben«, übersetzte Jenny eine der kryptischen Botschaften.

»Fliegen lassen? Wie meint sie das denn?«, fragte ich, während ich kurz in dem großen Topf umrührte und den Eintopf dann mit Salz und Chili abschmeckte.

Mama Blanca sagte etwas, und Jenny hörte ihr aufmerksam zu. Sie nickte immer wieder, dann wandte sie sich wieder an mich.

»Sie sagt, du denkst immer viel zu viel über alles nach. Aber du sollst die Gedanken nicht im Kopf lassen. Denn Gedanken sind keine Tatsachen, sondern nur deine Interpretation zu einer Situation. Wenn du die Gedanken loslässt und sie fliegen können, dann wirbeln sie durcheinander und sortieren sich neu, und du merkst, dass manches plötzlich ganz anders ist.«

Spätestens jetzt war mir klar, woher Jenny ihre wunderbare poetische Ader hatte, die ich in ihrem Tagebuch kennengelernt hatte.

»Okay … Sag deiner Oma bitte vielen Dank, Jenny. Ich werde versuchen, die Gedanken fliegen zu lassen.«

Auch wenn ich keinen blassen Schimmer hatte, wie das gehen sollte.

Als wir uns verabschiedeten, rückte Mama Blanca ganz nah an die Kamera, und ich hatte das Gefühl, dass sie durch ihre dicke Brille hindurch und über eine Entfernung von knapp fünftausend Kilometern Luftlinie ganz tief in mich hineinblicken würde.

Plötzlich schmunzelte sie und sagte dann wieder etwas.

Jenny sah mich an und kicherte.

»Was hat sie denn gesagt?«, fragte ich neugierig.

»Dass du ein großes kunterbuntes Herz hast.«

»Ich?«

Mama Blanca nickte und sagte noch etwas, das Jenny mir übersetzte.

»Kunterbunte Herzen haben es manchmal nicht leicht, weil sie immer alle glücklich machen wollen. Deswegen sollst du gut auf dich aufpassen.«

Bevor ich fragen konnte, was sie damit schon wieder meinte, winkte Mama Blanca uns noch mal kurz zu und beendete das Videogespräch.

Jenny sah mich an.

»Ich glaube, Mama Blanca mag dich.«

»Und ich mag sie auch. Auch wenn ich nicht immer so richtig verstehe, was sie mir sagen möchte.«

»Das wirst du schon noch herausfinden.«

Jenny schnupperte plötzlich.

»Hier riecht es komisch!«

Ich schnupperte ebenfalls.

»Das Cachupa!«, rief ich und zog rasch den Topf von der Gasflamme. Wir hatten uns so auf das Gespräch mit Mama Blanca konzentriert, dass ich ganz vergessen hatte, noch mal umzurühren und die Flamme kleiner zu drehen.

»Mist!«

Ich versuchte zu retten, was zu retten war, und goss den oberen Teil des Essens sofort in ein anderes Gefäß. Unten blieb eine dicke angebrannte Schicht übrig. Ich stellte den Topf zum Einweichen in die Spüle.

Jenny probierte das gerettete Essen mit einem Löffel und zuckte mit den Schultern, während ich ein Fenster öffnete, um zu lüften.

»Ich finde, es schmeckt immer noch gut!«, meinte sie.

»Stimmt!«, bestätigte ich, nachdem ich ebenfalls probiert hatte. »Es hat einen leicht rauchigen Geschmack, aber der passt gut zum Eintopf. Jetzt müssen wir nur noch warten, bis das Maisbrot fertig gebacken ist … Ach Jenny?«

»Ja?«

»Dein Tagebuch bekommst du bald zurück.«

»Habe ich viele Fehler darin gemacht?«, fragte sie, etwas zaghaft.

Ich lächelte.

»Nur ganz wenige … Ich finde es toll zu lesen«, sagte ich, ohne sie jetzt schon wissen zu lassen, dass ich es nicht nur toll, sondern ganz besonders fand.

Sie atmete vor Erleichterung tief durch.

»Schreibst du inzwischen schon ein neues Tagebuch?«

Sie nickte.

»Sag mal, hast du eigentlich deiner Oma erzählt, dass du hier eine Ausbildung machen könntest?«

Wir hatten seit dem Gespräch vor einer Woche bei Zoe nicht mehr darüber geredet. Und Mama Blanca hatte vorhin auch nichts dazu gesagt. Oder sie hatte etwas gesagt, das Jenny jedoch nicht übersetzt hatte.

»Nein. Das musste ich nicht, Ben. Oma hat meine Sehnsucht, wieder nach Hause zu kommen, gespürt, und sie freut sich, wenn ich im Januar wieder bei ihr bin. Aber bis dahin möchte ich die kostbare Zeit hier mit euch genießen und noch viel erleben, das ich aufschreiben kann.«

Ich lächelte.

»Das wirst du ganz bestimmt.«

Ein wenig später brachten wir die fertigen kapverdischen Speisen nach oben in Ilonas Wohnung. Eigentlich hatten wir geplant, bei Zoe und Hendrik im Garten zu essen. Doch da es schon seit dem gestrigen Abend regnete, hatte Ilona ihr Wohnzimmer zur Verfügung gestellt. Da war es zwar ein wenig beengt, aber gemütlich.

Es war Jenny anzusehen, wie sehr sie das gemeinsame Essen mit Gerichten aus ihrer Heimat genoss, auch wenn wir nicht so viele Leute waren, wie wir zunächst geplant hatten. Emma besuchte heute ihren Vater, dessen Frau Karla und die drei kleinen Halbgeschwister in München, und Mina hatte sich eine leichte Sommergrippe eingefangen. Da Anna ihre Mutter nicht allein lassen wollte, war nur Paul gekommen. Doch das tat der Stimmung keinen Abbruch. Sebastian schlief in Ilonas Schlafzimmer, und Tommy saß auf Hendriks Schoß und verputzte ein Stück Maisbrot.

»Das Cachupa schmeckt fast so gut wie damals bei euch!«, beteuerte Zoe.

»Genau das Richtige für mich. Kann ich noch einen Nachschlag haben?«, bat Ilona.

»Klar!« Ich schöpfte ihr noch mal eine Portion in die Schale.

»Aber wundere dich nicht, wenn die Bohnen und der Kohl dich halb zum Explodieren bringen. Oder sonst was«, warnte Zoe.

»Du meinst, dass es mir so gehen könnte wie in *Louis und seine außerirdischen Kohlköpfe*?«, fragte Ilona.

»Ach, du meinst die französische Komödie mit Louis de Funès?«, erinnerte sich Zoe und kicherte.

Ilona nickte.

»Ich habe zwar davon gehört, aber den Film nie gesehen«, sagte ich.

Paul grinste.

»Das musst du unbedingt mal nachholen. Eine völlig irre Story. Was habe ich als Kind Spaß gehabt, als Louis als Bauer Claude mit seinem Nachbarn Kohlsuppe aß und die beiden danach mit ihren wilden Fürzen einen Außerirdischen anlockten.«

Ilona prustete los.

»Stimmt. Und in dieser einen Szene hüpfen die beiden alten Männer furzend vor dem Haus herum, und bei jedem Pupser blitzt es am Himmel.«

Paul, Jenny und Zoe lachten nun auch.

»Das hört sich nach einer irren Story an. Was meinst du, Jenny, sollen wir uns das auch mal anschauen?«, schlug ich vor.

Jenny nickte.

»Da bin ich auch dabei. Ich kenne den Film nämlich auch nicht«, sagte Hendrik, was Zoe und Ilona gar nicht glauben konnten.

»Also dann steht demnächst ein Filmeabend an!«, schlug Ilona vor.

Wir alberten noch eine Weile herum, dann brachte ich das Geschirr in die Küche, um den Nachtisch zu holen.

Paul folgte mir.

»Hör mal, Ben. Du hattest echt recht. Diese Texte von Jenny sind was Besonderes.«

»Nicht wahr?«

Also hatte ich es richtig eingeschätzt.

Paul nickte.

»Ich hoffe, du bist mir nicht böse, aber ich habe vor zwei Tagen einige Passagen eingescannt und sie der Lektorin geschickt, mit der ich zusammenarbeite. Stell dir vor, sie hat mich heute Vormittag angerufen und gefragt, ob sie das ganze Buch lesen dürfe. Aber da wollte ich dich erst fragen. Was meinst du? Ist das okay?«

Ich überlegte kurz. Überschritt ich damit eine Grenze, wenn ich die Texte, die Jenny mir – und nach Absprache auch Paul – anvertraut hatte, an eine weitere Person gab? Sollte ich sie nicht besser auch diesmal um Erlaubnis fragen? Doch was, wenn Jenny sich dann Hoffnungen machen würde und die Lektorin am Ende doch nichts damit anfangen konnte? Womöglich wäre Jenny dann enttäuscht und würde vielleicht nicht mehr so unbefangen schreiben, weil sie an sich zweifelte. Vielleicht würde sie aber auch Nein sagen, nur weil sie sich gar nicht zutraute, dass ihre Texte gut genug wären? Ich steckte in einer Zwickmühle.

»Und du musst dir übrigens keinerlei Sorgen machen. Frau Korb ist absolut vertrauenswürdig.«

»Frau Korb?« Ich sah ihn verdattert an.

»Ja. So heißt meine Lektorin! Henriette Korb.«

Korb?

Fast hätte ich laut aufgelacht. Gleichzeitig bekam ich eine Gänsehaut. Korb war ein eher seltener Name. Dass eine Lektorin ausgerechnet diesen Familiennamen trug, wenn es um die Texte von Jenny ging, musste mehr als ein Zufall sein. Nun war ich mir sicher, dass Mama Blanca mit ihren Worten weder die Picknickkörbe gemeint hatte noch den Korb, den Florian mir unbewusst gegeben hatte. Es musste um diese Lektorin gehen. Ich traf eine Entscheidung.

»Es ist okay, Paul! Du kannst dieser Lektorin alles schicken.«

Falls nichts daraus wurde, würde Jenny es niemals erfahren. Und falls doch, hoffte ich, dass sie es mir nachsehen und sich freuen würde. Im schlimmsten Fall wäre sie sauer auf mich, aber das Risiko nahm ich in Kauf.

»Super. Dann mache ich das, sobald ich zu Hause bin.«

Kapitel 25

Fliegende Gedanken

Nachdem der Besuch in dem Club in Rosenheim für mich ein Reinfall gewesen war, suchte ich eine andere Möglichkeit, mich abzulenken. Gleich am Montagmorgen rief ich Maja an und hatte Glück. Zufällig fing heute Abend ein neuer Kurs in einer kleinen Gruppe an. Vielleicht konnte ich ja beim Meditieren Mama Blancas Ratschlag befolgen und meine Gedanken fliegen lassen. Zu Hause funktionierte es jedenfalls nicht.

Nach Ladenschluss schlüpfte ich in einen Jogginganzug und machte mich mit dem Fahrrad auf den Weg zu meiner ersten offiziellen Meditationsstunde.

Ich war der erste Teilnehmer, den Maja in einen der kleineren Gruppenräume führte, in dem der Kurs stattfinden würde. Vier Matten lagen mit Abstand in einer quadratischen Formation auf dem Boden und mittig gegenüber noch eine einzelne Matte, die für die Kursleiterin gedacht war. Der Raum wirkte mit den orangefarbenen Wänden, den exotischen Zimmerpflanzen und dem herrlichen Blick in den Garten sehr freundlich.

»Ich freue mich sehr, dass du mitmachst, Ben. Und es ist auch dringend nötig. Man kann richtig spüren, wie angespannt du bist«, bemerkte Maja, die mich genau ins Visier nahm. »Ich würde sogar sagen, dass du noch angespannter bist als bei unserer ersten Begegnung.«

Wie recht sie damit hatte! Damals hatte ich Florian noch nicht gekannt. Eigentlich war das erst wenige Wochen her, doch es fühlte sich an, als wäre seitdem ein ganzes Jahr vergangen.

»Das kann sein. Es war viel los in letzter Zeit«, gab ich zu.

»Wenn du heute nach Hause gehst und dich ins Bett legst, wirst du wunderbar entspannt und ausgeglichen sein. Dafür werde ich sorgen«, versprach sie.

»Das hört sich richtig gut an!«

»Ist es auch! Darauf kannst du dich verlassen.«

Sie lächelte aufmunternd.

Zwei weitere Kursteilnehmerinnen kamen herein, beide in bequemen bunten Wohlfühlklamotten und selbst gestrickten Socken. Es war nicht zu übersehen, dass es sich dabei um Mutter und Tochter handelte. Die Mutter gut in den Sechzigern, die Tochter vielleicht halb so alt.

Maja stellte mir Linda und Carmen vor. Beide unterrichteten an derselben Realschule, wie die Mutter mich ungefragt gleich wissen ließ. Sie in Deutsch und Geschichte, Tochter Carmen in Chemie und Mathematik.

Maja sah auf ihre Armbanduhr.

»Wir haben ein paar Minuten länger gewartet. Ich fürchte, der letzte Teilnehmer verspätet sich, oder er hat es sich anders überlegt. Lasst uns anfangen. Legt euch bitte ganz entspannt auf eure Matte.«

»Auf den Rücken oder auf den Bauch?«, fragte Carmen.

»Auf den Rücken bitte … Findet eine bequeme Position, und schließt die Augen.«

Wir folgten Majas Anweisungen.

»So … Und jetzt …«

»Entschuldigung. Bin ich hier richtig beim Meditationskurs mit Maja?«, hörte ich plötzlich eine nur allzu vertraute Stimme. Mit einem Ruck setzte ich mich auf.

»Ja. Hier bist du richtig. Florian, nicht wahr?«

»Genau. Tut mir leid, mein Navi hat mich zuerst ganz woandershin geführt.«

Maja stand auf und begrüßte ihn.

»Kein Problem. Willkommen in unserer kleinen Runde, Florian. Dort ist eine Matte für dich.«

In diesem Moment entdeckte er mich.

»Hey, Ben! Das ist ja eine Überraschung.«

Er grinste erfreut.

Meine Wangen fühlten sich inzwischen ganz heiß an.

»Hi, Florian! Das ist echt ein Zufall.«

»Wenn ich gewusst hätte, dass du auch hier bist, hätten wir zusammen fahren können, dann wäre ich pünktlich hier gewesen.«

»Ach, wie nett, ihr kennt euch schon«, bemerkte Maja und schaute zwischen uns hin und her. »Dann muss ich euch ja nicht vorstellen. Die anderen beiden Teilnehmerinnen sind Linda und ihre Tochter Carmen!«

»Hallo, Linda, hallo, Carmen.«

Florian nickte grüßend und ging zur freien Matte, die neben mir lag. Sie grüßten zurück.

»So, und jetzt legen wir uns wieder alle auf den Rücken, ganz locker und entspannt, und dann schließen wir die Augen.«

Von wegen entspannt!

In Florians Nähe war ich alles andere als entspannt und locker. Genau das war ja der Grund gewesen, warum ich überhaupt bei diesem Kurs mitmachte. Aber jetzt musste ich da wohl durch. Ich konnte schließlich schlecht einfach aufstehen und gehen.

»Schön zur Ruhe kommen, meine Lieben … Hier seid ihr in einer Oase des Friedens.«

Nun ertönten sanfte Klänge einer einlullenden Instrumentalmusik, untermalt von gelegentlichem Vogelgezwitscher und plätscherndem Wasser.

»Stellt euch nun bitte vor, an einem Ort zu sein, an dem ihr euch ganz besonders wohlfühlt. Bei dem einen ist es ein kuscheliges Bett auf einer Sommerwiese. Bei einer anderen womöglich in einer Hängematte zwischen zwei Walnussbäumen in einem Garten voller blühender Sträucher. Oder ihr treibt auf einer Luftmatratze auf dem Meer an einem herrlichen Strand mit Palmen und farbenprächtigen exotischen Blumen. Vielleicht liegt ihr aber auch in einer Wanne mit warmem wohlduftendem Wasser und unzähligen Kerzen um euch herum und hört eure Lieblingsmusik … lasst eurer Fantasie einfach freien Lauf und versucht, euch in diese Situation hineinzuversetzen … genießt, wie wunderbar es sich anfühlt, dort an eurem ganz persönlichen Lieblingsplatz … wie die Wellen sich sanft auf und ab bewegen … wie die Sonne eure Haut wärmt … versucht, den Duft der würzigen Kräuter und des Grases auf der Sommerwiese einzuatmen … erfreut euch an den Bienen, die um euch herumsummen … hört das Zwitschern der Vögel, die in den Walnussbäumen sitzen, während ihr hin und her schaukelt … spürt, wie das angenehm warme Wasser in der Wanne euren Körper umspielt. Absolutes Wohlbefinden im Einklang mit euch …«

Maja machte das gut. Wirklich gut. Und normalerweise würde ich meditierend auf meiner imaginären Luftmatratze in der Südsee in eine absolute Entspannung schaukeln. Aber meine Gedanken schweiften ständig ab und stellten sich vor, wie ich mit Florian zusammen in diesem verdammten Bett auf der Sommerwiese lag! Oder in der Badewanne! Zur Not auch in der Hängematte.

Lass deine Gedanken fliegen!, kam mir Mama Blancas Ratschlag in den Sinn, während Maja eine Weile lang schwieg.

Mir schwirrte inzwischen der Kopf von all den Bildern, und ich suchte nach einer Möglichkeit, dieses Chaos der Gedanken endlich aufzulösen. Dass Florian keinen Meter entfernt neben mir auf der Matte lag, machte es nicht einfacher. Es war, als wären die Gedanken in meinem Kopf eingesperrt. Das brachte mich plötzlich auf eine Idee. Wenn etwas eingesperrt war, musste man es eben befreien. Ich stellte mir vor, dass ich einen glänzenden Schlüssel aus meiner Hosentasche zog und damit eine kleine Tür an meiner Schläfe öffnete, um die Gedanken zu befreien. Und es funktionierte! Sofort schienen sie herauszufliegen wie kleine Gespenster und huschten überall herum. Ich merkte tatsächlich, dass einzelne Gedanken nun schwer zu fassen waren. Deswegen ließ ich sie einfach herumschwirren, ohne ihnen nachzujagen. Das fühlte sich gut an!

Plötzlich drang ein seltsames Geräusch in mein Bewusstsein, über die sanften Klänge der Musik hinweg. Es wurde immer lauter. Und endlich erkannte ich, was es war. Ein Schnarchen – es kam von der Matte hinter mir, auf der Linda lag.

»Ihr nehmt nur meine Stimme und die Musik wahr! Befindet euch in eurer persönlichen Wohlfühlblase. Nichts kann eure Ruhe dort stören, ihr schwebt in eurer inneren Mitte«, versuchte Maja offenbar, Lindas Schnarcheinlage mit sanften Worten abzumildern.

Vielleicht half das ja bei den anderen, bei mir aber nicht. Das kleine Futzelchen an Entspannung, das ich für ein paar Minuten dankbar verspürt hatte, war wie weggeblasen. Verdammt!

Das Schnarchen wurde noch lauter! Himmel, die zierliche Linda könnte locker mit einem schwergewichtigen Bauarbeiter mithalten!

Ich öffnete die Augen und sah zu Florian. Ihm gelang es wohl ebenfalls nicht, bei diesem Lärm in einer virtuellen Hängematte oder Badewanne zu entspannen. Als er meinen Blick bemerkte, verdrehte er genervt die Augen. Ich tat es ihm nach, und wir mussten beide grinsen.

Maja hatte das bemerkt. Sie nickte uns zu und machte mit den Händen ein Zeichen, um anzudeuten, dass sie sich darum kümmern würde. Sie ging zu Linda und kniete sich neben ihre Matte.

»Linda«, flüsterte sie sanft. »Linda!«

Doch Linda reagierte nicht. Sie schlief tief und fest. Und schnarchte.

»Linda!« Ein wenig lauter.

Die Antwort war ein nur noch lauteres Schnarchen, unterbrochen von kleinen Grunzern.

Plötzlich setzte Carmen sich auf, packte ihre Mutter am Arm und schüttelte sie.

»Mutter!«

Linda fuhr erschrocken hoch.

»Was ist denn?«

»Hör endlich auf zu schnarchen, verdammt noch mal!«, fuhr ihre Tochter sie an.

»Aber ich schnarche doch gar nicht!«

»Das sagst du immer, aber zu Hause höre ich dich sogar noch zwei Zimmer weiter! Und das jede Nacht.«

Sie wandte sich an uns.

»Könnt ihr euch vorstellen, wie schrecklich das ist?« Sie klang fast verzweifelt.

»Äh ... nun ja!«, sagte Maja, und Florian und ich nickten verständnisvoll.

»Carmen!«, zischte ihre Mutter. »Musst du mich vor den anderen so blamieren?«

»Ist doch wahr!«

»Linda hat das ja nicht mit Absicht gemacht, Carmen. Und jetzt legen wir uns einfach alle wieder hin ...«, begann Maja schlichtend.

Doch offenbar war das Schnarchen heute der berühmte Tropfen, der ein schon längst mit Ärger gefülltes Fass zum Überlaufen brachte.

»Nach Papas Tod bin ich zu dir gezogen, weil es dir allein in dem großen Haus nicht gut ging. Ich habe mich sogar dazu überreden lassen, mich für die freie Stelle an der Realschule zu bewerben, weil du mir eingeredet hast, dass ich dann irgendwann mal Rektorin werden könnte. Was vermutlich nie der Fall sein wird. Du hast jeden Mann vergrault, der auch nur in meine Nähe kam, und du schreibst mir sogar vor, was ich zu essen habe!«

Jetzt ging es hier aber zur Sache!

»Was?« Linda schüttelte empört den Kopf. »Erzähl doch keinen solchen Unsinn! Ich habe dich nur bei mir aufgenommen, weil du dir die Miete in München allein nicht mehr leisten konntest. Dass sich kein Mann für dich interessiert, das hast du selbst zu verantworten. Sieh dich doch nur an, du lässt dich ja total gehen. Und natürlich koche ich für uns, weil du sogar Wasser anbrennen lässt! Und was die Schule betrifft ...«

»Hör einfach auf, Mutter. Es reicht! Ich wollte heute so gerne daheimbleiben und einfach mal für zwei Stunden meine Ruhe haben. Aber du hast einfach nicht lockergelassen. Und jetzt können wir hier nicht einmal meditieren, weil dein Schnarchen alle völlig verrückt macht. Ich habe die Schnauze voll!«

»Linda, Carmen, beruhigt euch und redet in Ruhe miteinander. Das könnt ihr doch bestimmt klären!«, versuchte Maja, erneut zu schlichten, doch Carmen war schon aufgestanden und rauschte ohne ein Wort des Abschieds aus dem Raum. Linda rappelte sich ebenfalls hoch.

»Carmen!«, rief sie ihrer Tochter hinterher und verließ ebenfalls den Meditationsraum. »Warte doch auf mich!«

Für ein paar Sekunden herrschte Schweigen. Ich wusste nicht, ob ich lachen oder den Kopf schütteln sollte. Auch Florian sah etwas ratlos drein. Maja zuckte mit den Schultern.

»Dann machen wir eben zu dritt weiter.«

Doch kaum lagen wir auf der Matte, prusteten wir los.

»Bis nächsten Montag, ihr Lieben«, rief Maja uns knapp eine Stunde später hinterher, als Florian und ich das Meditationszentrum verließen. Auch ohne Lindas Schnarchen hatte ich es nicht mehr geschafft, meine innere Mitte zu finden.

»Das war ja mal eine etwas andere Meditation«, meinte Florian.

Ich grinste.

»Die Tochter hatte echt eine kurze Zündschnur!«

»Vermutlich war die früher mal um einiges länger. Diese Linda hat wohl Stück für Stück abgeschnitten.«

»Schade, dass wir nicht wissen, wie das heute noch ausgeht bei den beiden.«

»Das würde mich auch interessieren, wobei ich es irgendwie traurig finde, dass Mutter und Tochter sich gegenseitig so quälen.«

»Das ist echt bitter. Carmen sollte sich eine eigene Wohnung nehmen.«

»Und sich an einer anderen Schule bewerben«, meinte Florian.

»Denkst du, die kommen nächste Woche wieder?«

»Keine Ahnung …«

Ich ging zu meinem Fahrrad, das ich in der Nähe des Eingangs abgestellt hatte.

»Ich weiß, du hast gerade ziemlich viel um die Ohren, aber hast du vielleicht noch Lust auf ein Bier?«, fragte Florian.

»Du meinst jetzt?«

»Ja. Ich habe heute positive Rückmeldung von zwei Einrichtungen bekommen, bei denen ich mich beworben habe, und es wär schön, darauf anzustoßen. Ich lade dich ein.«

»Wo hast du dich denn beworben?«, fragte ich, ohne auf seine Einladung einzugehen.

»Im Max-Planck-Institut für Astrophysik in Garching bei München und am Observatorium in Straßburg … Also, kommst du noch mit?«

»Im Jogginganzug?«

Er grinste.

»Entweder du ziehst dich daheim noch schnell um, oder wir trinken das Bier bei mir. Da stört sich niemand an unserem Outfit.«

Er machte es mir wirklich nicht einfach.

»Hör mal, Florian. Ich fürchte, es passt heute doch nicht mehr so gut, ich muss noch Bestellungen aufgeben und …«

Das Lächeln verschwand aus Florians Gesicht.

»Was ist los, Ben? Die letzte Zeit habe ich es dir abgenommen, dass du so beschäftigt warst. Aber heute? Ich merke, wenn jemand nach Ausreden sucht. Und genau das tust du gerade. Ich dachte, wir verstehen uns gut und könnten Freundschaft schließen. Aber wenn du keine Lust hast, gemeinsam ein Bier zu trinken oder sonst was zu unternehmen, dann sag das doch einfach!«

Seine Worte trafen mich. Und in diesem Moment schämte ich mich, dass ich ihm nicht schon längst gesagt hatte, was mit mir los war. Ich musste das jetzt in Ordnung bringen. Das war ich ihm und auch mir schuldig.

»Florian, es tut mir leid. Ja, es waren Ausreden, aber ich …«, begann ich, doch er unterbrach mich.

»Hey, schon gut. Du hast keine Lust. Verstehe. Deswegen müssen wir kein großes Ding aufmachen. Wir sind schließlich kein altes Ehepaar oder Linda und Carmen, die sich streiten! Mach's gut, Ben!«

Er ging zu seinem Wagen.

»Florian, warte!«

Ich ging auf ihn zu.

»Du musst nicht …«

Doch diesmal ließ ich ihn nicht aussprechen. Es war Zeit, endlich mit der Wahrheit rauszurücken.

»Es gibt etwas, das du von mir noch nicht weißt. Warum ich es dir noch nicht längst gesagt habe, ist mir selbst ein Rätsel.«

»Ach ja, was denn?«

»Ich bin schwul, Florian. Ich stehe auf Männer!«

Ich machte eine kurze Pause, doch Florian sagte nichts, sah mich nur mit einem Blick an, den ich nicht deuten konnte.

»Ich bin schon eine ganze Weile Single. Und das war auch okay für mich. Aber als ich dich das erste Mal gesehen habe, als mir der Hut davongeflogen ist, da hat mich das echt durcheinandergebracht. Du hast mich neugierig gemacht, Florian. Ich habe bald gemerkt, dass ich mich zu dir hingezogen fühle. Du kannst dir gar nicht vorstellen, wie oft ich an dich denken musste. Ich wollte mehr Zeit mit dir verbringen, um dich besser kennenzulernen. Aber dann stand auf der Geburtstagsfeier plötzlich deine Verlobte vor dir …«

»Meine Ex-Verlobte!«, korrigierte er mich automatisch, ohne zu lächeln.

»Das spielt doch keine Rolle. Jedenfalls war mir da klar, dass ich mich in etwas verrannt hatte. Trotzdem wollte ich versuchen, mit dir eine *normale Freundschaft* …« – ich setzte die letzten beiden Worte mit Fingern in Anführungszeichen – »… hinzukriegen. Aber als wir in *Didis Oberstübchen* waren, da musste ich es mir eingestehen, dass ich das nicht kann, Florian. Ich will nicht, dass du mein Kumpel bist, ich will dich auf eine andere Weise kennenlernen. Das hätte ich dir gleich sagen sollen, es war dumm, das nicht zu tun. Diese Ausreden in den letzten Tagen … das tut mir echt leid.«

Er schwieg.

»Tja … jetzt weißt du es«, sagte ich leise und fühlte mich plötzlich völlig erschöpft.

Da er immer noch nichts sagte, ging ich einfach zu meinem Fahrrad, stieg auf und fuhr los.

Ich lag im Bett und starrte in der Dunkelheit an die Decke.

Einerseits war ich erleichtert, dass Florian nun Bescheid wusste. Gleichzeitig war ich zornig auf mich. Ich war mit

Anlauf in diese Misere hineingeschlittert. Hatte Gefühle zugelassen, mich in Träume verrannt und dabei mit einer hohen Wahrscheinlichkeit riskiert, ins Leere zu stürzen.

Plötzlich musste ich an Majas Versprechen denken, dass ich heute wunderbar entspannt und ausgeglichen im Bett liegen würde. Ich lachte auf. Bitter.

Kapitel 26

Vier Frauen und ein Video

»Na vielen Dank auch! Du machst es mir echt leicht, bald nach New York zu gehen, Ben«, fauchte Emma. Sie schleuderte das Geschirrtuch neben die Spüle und verließ stinksauer die Küche.

»Wieso musstest du sie so blöd anfahren?«, fragte Ilona und warf mir einen strengen Blick zu.

»Ich habe sie nicht angefahren«, fuhr ich Ilona an. »Ich habe ihr nur gesagt, dass sie den Kartoffelsalat versalzen hat. Und dass wir keine Zeit haben, einen neuen zu machen.«

»Und dir ist so was noch nie passiert?«

Natürlich war mir das auch schon passiert. Und nicht nur einmal. Aber ich antwortete nicht und ging in die Kühlung, um eine Gurke zu holen, die ich in den Salat hobeln würde, um ihn zu retten. Zu den Fleisch- und Gemüsepflanzerl, die wir für eine Vertretertagung heute Mittag machten, würde diese leichte Modifizierung geschmacklich auch gut passen.

Als ich wieder in die Küche kam, erwartete mich Ilona schon, hatte die Hände in den Hüften aufgestützt.

»Ben. So geht das nicht weiter. Seit drei Tagen bist du wie umgewandelt. Auch wenn mir die Sache mit Florian und dir leidtut, du musst dich zusammenreißen!«

Die Sache mit Florian? Als ob es so einfach wäre! Es ging nicht nur um Florian, sondern generell um das Leben, das ich momentan führte und das ich zum ersten Mal in Frage stellte.

»Du motzt uns alle nur noch an«, fuhr sie fort. »Noch nicht einmal die Kundschaft ist vor deinem Grant sicher. Langsam wird das schon geschäftsschädigend.«

»Ach ja? Wenn du denkst, dass ich eine Gefahr für den Laden bin, dann kann ich ja wieder aussteigen!«

»Was? Ich will doch nicht, dass du aussteigst, sondern verdammt noch mal deine schlechte Laune nicht an uns und den Kunden auslässt.«

In diesem Moment klingelte mein Handy.

»Ja?«

»Hi, Ben«, rief Zoe fröhlich. »Kannst du vielleicht heute Abend kurzfristig als Babysitter einspringen? Es gibt da nämlich …«

»Nein, kann ich nicht!«, unterbrach ich sie barsch. »Du musst dir jemand anders suchen, der auf die beiden aufpasst. Ich habe zu tun. Ciao.«

Ich legte auf und griff nach dem Gurkenschäler.

»War das Zoe?«, fragte Ilona mit großen Augen.

»Ja. Vielleicht willst du ja heute Abend bei ihr babysitten. Ich kann nicht ständig der Trottel für alle sein, der immer überall einspringt.«

Ich schälte die Gurke so energisch, dass ich abrutschte und mich in den Daumen schnitt.

»Verdammt!«

Ich warf die Gurke und den Schäler in die Spüle und riss ein Blatt von der Küchenrolle, das ich um die Wunde wickelte.

Ilona kam auf mich zu. Plötzlich wirkte sie besorgt.

»Du musst das desinfizieren und brauchst ein Pflaster!«

»Schon gut. Ist nicht schlimm!«

»Bitte, geh für heute nach Hause. Geh eine Runde am See laufen, oder tu sonst was, das dir guttut.«

Ihr Ton war freundlich, mitfühlend. Was mich noch viel ärgerlicher machte. Dabei wollte ich nicht ärgerlich sein. Ich wollte es einfach nur nicht mehr spüren, dieses verdammte Gefühl, das tief in mir steckte. Doch diese Wut auf mich selbst und auf meine Dummheit wollte einfach nicht verschwinden.

»Ich meine das ernst, Ben. Geh heim. Wir schaffen das heute auch ohne dich.«

»Ach ja? Wenn ihr das heute ohne mich schafft, dann schafft ihr es vielleicht auch sonst ohne mich! Vielleicht hätte ich mich doch im *Brillantine* in München vorstellen sollen, wie Bernhard es mir vorgeschlagen hat?«

»Er hat dir was vorgeschlagen?« Sie sah mich verdattert an.

»Mein Ex hat mich dort als neuen Chefkoch empfohlen. Aber das habe ich abgelehnt, weil ich dachte, ich wäre hier am richtigen Platz. Ich habe die Chance ausgeschlagen, mir in einem Spitzenrestaurant Sterne zu erkochen, um versalzenen Kartoffelsalat mit einer Gurke zu retten und für alle der Seelentröster in jeder Lebenslage zu sein. Oder als ständig verfügbarer Babysitter stinkende Windeln zu wechseln. Und weißt du was? Ich kann auch keine Gespräche mehr über die Menopause und Hormonschwankungen hören!«

Noch während ich die Worte sagte, taten sie mir auch schon leid.

Ilona sah mich betroffen an.

»Ben?« Ich hatte nicht mitbekommen, dass Emma wieder zurückgekommen war. Offensichtlich hatte sie meinen

Ausbruch von eben mitbekommen. In ihren Augen schwammen Tränen.

»Es tut mir leid«, murmelte ich und spürte, dass dieser Zorn auf mich noch weiterwuchs. Jetzt hatte ich mich auch noch wie der letzte Scheißkerl benommen.

Sie reagierten nicht.

»Besser, ich gehe jetzt!«, sagte ich, denn ich hatte keine Ahnung, wie ich das im Moment wiedergutmachen sollte.

Ilona nickte nur.

Ich nahm meine Schürze ab und verließ die Küche.

Seit drei Tagen verschanzte ich mich inzwischen in meiner Wohnung. Es standen keine großen Catering-Aufträge an, und so schafften es Ilona und Emma mit den Aushilfen auch gut ohne mich. Ich hatte den beiden je einen Blumenstrauß liefern lassen. Aber mir war klar, dass das nur eine schwache Geste war, um zumindest zu signalisieren, dass ich mir meiner Fehler bewusst war. Ja, ich wusste, dass ich mich unmöglich benommen hatte. Und ja, es tat mir sehr leid, und ich hoffte, dass ich es bald wiedergutmachen konnte. Doch ich fühlte mich noch nicht bereit für eine Rückkehr in den Alltag. Ich wusste im Moment nicht, wer ich war. Und auch nicht mehr, was ich wirklich wollte. Kurz gesagt, ich stellte mein derzeitiges Leben völlig in Frage.

Um nicht so viel nachdenken zu müssen, schaute ich Serien in Dauerschleife. Zuerst *Lupin,* und als ich damit durch war, *White Collar*. Da ich weder sonderlich Appetit noch Lust hatte zu kochen, ernährte ich mich von Chips, Joghurt, Schokolade, Müsli und Obst. Ich ignorierte sämtliche Anrufe und Nachrichten, hatte jedoch Ilona Bescheid gegeben, dass ich eine Auszeit brauchte, sie sich also keine Sorgen machen müssten.

Inzwischen war Sonntagnachmittag. Am kommenden Wochenende würde das große Familienfest stattfinden. Meine Eltern würden am Freitag anreisen. Und ich hatte keine Ahnung, ob ich mich bis dahin wieder besser fühlte. Oder überhaupt jemals. Gleichzeitig war mir klar, dass ich irgendwann wieder in den Laden musste. Ich wollte mich so gern wieder normal fühlen und glücklich sein. So wie an dem Tag, als ich mit Ilona auf dem Turm in San Gimignano gestanden und sie mich anschließend beim Eisessen gefragt hatte, ob ich als Partner einsteigen möchte.

Ich griff nach meinem Handy und rief die Fotos auf. Ich scrollte durch die Bilder zurück zu diesem Tag. Bis ich das Foto hatte, das die beiden jungen Frauen aus Hessen von Ilona und mir gemacht hatten. Dieses Funkeln und Strahlen in meinen Augen – wohin war das verschwunden? Im Spiegel hatte ich es jedenfalls schon seit Tagen nicht mehr gesehen.

Seufzend legte ich das Handy weg und suchte im Vorratsschrank nach Chips. Doch die waren inzwischen aus. Es gab nur noch Käsecracker, auf die ich jedoch keine Lust hatte. Auch die Milch für das Müsli war inzwischen alle. Morgen musste ich dringend einkaufen gehen. Ich nahm mir nur einen Apfel und ging ins Wohnzimmer, um mich an die dritte Staffel von *White Collar* zu machen.

Doch kaum hatte ich den Fernseher eingeschaltet, klingelte es an der Wohnungstür!

Nein!

Was ich jetzt als Letztes wollte, war Besuch. Nur wenige Sekunden später klingelte es erneut. Sicher war es Ilona, die sich mit eigenen Augen davon überzeugen wollte, dass ich in Ordnung war. Und sie würde nicht eher wieder gehen, bis ich sie hereingelassen hatte.

Seufzend stand ich auf und ging zur Wohnungstür. Doch es war nicht Ilona, die draußen stand.

»Leo!«, rief ich völlig perplex. »Aber … was machst du denn hier?«

»Wenn du deine Nachrichten abhören und lesen würdest, dann wüsstest du es«, sagte sie.

»Kommen Timo und Le-Lo auch gleich?« Ich sah zur Treppe.

»Nein. Und auch das wüsstest du, wenn du …«

»Schon gut, komm rein!«

Sie folgte mir ins Wohnzimmer und sah mich dann von oben bis unten an. Mir war klar, was ich für einen Anblick bot in der alten Jogginghose und dem ausgewaschenen grauen T-Shirt, unrasiert. Immerhin hatte ich mich nicht zu sehr gehen lassen und mich am Morgen geduscht.

Leo hingegen sah mit ihren feuerroten lockigen Haaren und in dem hellgrünen Kleid zauberhaft aus, wie das blühende Leben.

Ich erwartete eine Standpauke, die ich sicherlich auch verdiente. Doch zu meiner Überraschung warf Leo ihre Arme um meinen Hals und drückte mich ganz fest!

»Ach Ben.«

Für einen Moment beschlich mich Angst. War womöglich irgendwas passiert mit Timo oder meinen Eltern? War sie gekommen, um mir das zu sagen? Doch schon ihre nächsten Worte verscheuchten diese Sorgen.

»Du wirst sehen, es wird dir bald wieder besser gehen. Alles wird gut!«

Ich schluckte. Nachdem ich inzwischen erfahren hatte, dass Leo lange Zeit in mich verliebt gewesen war, bedeuteten mir ihre Worte umso mehr.

Wir lösten uns voneinander.

»Du bist aber nicht extra meinetwegen aus Wien gekommen?«, fragte ich heiser.

»Doch.«

Ich wusste nicht, was ich darauf sagen sollte.

»Timo und ich haben letzte Woche spontan beschlossen, nach Griechenland zu deinen Eltern zu fliegen und ein paar Tage bei ihnen Urlaub zu machen. Und dann gemeinsam am Freitag hierher zur Feier zu kommen.«

»Wann geht denn euer Flug?«

»Gestern Abend.«

»Wie?« Ich sah sie verwirrt an.

»Wie wär's, wenn du uns einen Kaffee machst, dann erzähle ich dir alles.«

»Okay …«

Zehn Minuten später saßen wir im Wohnzimmer, und ich war ihr sehr dankbar, dass Leo die – für mich eher untypische – Unordnung mit keinem Wort erwähnte.

»Wir waren gestern Mittag gerade am Packen, da kam diese Videobotschaft.«

Sie holte ihr Handy aus der Tasche, legte es vor uns auf den Tisch.

»Videobotschaft?«

»Mach dich auf was gefasst!«, sagte sie.

Ich schluckte.

Sie rief ein Video auf und drückte auf *Play*.

Ilona, Zoe und Anna saßen in Zoes Wohnzimmer. Als Erstes sprach Anna in die Kamera zu ihrer Tochter.

»Hallo, Leo, mein Schatz, du wirst dich jetzt sicher sehr wundern, warum wir dir dieses Video schicken. Aber wir haben hier ein echt großes Problem, und wir brauchen deine Hilfe.«

»Es geht um Ben«, mischte sich jetzt Zoe ein. »Wir wissen nicht, ob er mit dir darüber gesprochen hat, aber es hat ihn total erwischt, als er sich in diesen Florian verliebt hat. Unglücklich verliebt, denn dieser Florian steht leider auf Frauen.«

»Ben ist völlig von der Rolle, so haben wir ihn wirklich noch nie erlebt«, sprach nun Ilona weiter. Sie hatte Augenringe wie ein Pandabär. »Es scheint ihm fast noch schlechter zu gehen als damals nach der Trennung von Bernhard. Und das, obwohl er diesen Florian noch gar nicht lange kennt. Ich – wir alle möchten ihm so gern helfen, aber wir wissen nicht wie.«

Anna übernahm wieder.

»Ich vermute, dass es nicht nur um Florian geht. Er war wohl der Auslöser, aber Ben steckt womöglich in einer Sinnkrise. Das macht uns echt Sorgen. Ben ist immer für jeden von uns da, wenn wir ihn brauchen. Nie hört man von ihm ein *Nein*. Er kocht für uns, fährt Mina zum Arzt oder die Katze zum Tierarzt, wenn wir gerade keine Zeit haben …«

»Er ist für Jenny ein wichtiger Ansprechpartner und der beste Babysitter für die Jungs, den man sich nur wünschen kann. Außerdem hat er mich in der Schwangerschaft unterstützt, wo er nur konnte. Er hatte sogar angeboten, mich zur Frauenärztin zu begleiten«, verriet Zoe.

Ich schluckte.

»Ben hat damals nicht gezögert, bei mir im Laden einzuspringen, war mein geduldiger Seelentröster, als ich Liebeskummer hatte. Und einen besseren Partner für mein Geschäft könnte ich mir gar nicht vorstellen. Ben ist immer für uns alle da. Vielleicht hat er sich dabei selbst ein wenig zu sehr hinten angestellt. Er kann ja nicht *Nein* sagen. Und womöglich haben wir ihn deswegen manchmal auch zu sehr in Beschlag genommen.« Sie seufzte, und Anna fuhr fort.

»Jetzt müssen wir für ihn da sein. Aber wir hier erreichen ihn gerade nicht. Und deswegen haben wir eine große Bitte an dich, Leo. Komm nach Prien und rede mit ihm. Wir glauben, dass du im Moment die Einzige bist, die er an sich ranlässt.«

In diesem Moment drehte sich das Bild, und Emma war zu sehen, die das Ganze offenbar mit dem Handy gefilmt hatte.

»Du musst kommen, Schwesterchen! Wir brauchen dich hier! Bevor ich nach New York gehe, muss es Ben unbedingt wieder gut gehen. Sonst kann ich doch nicht weg! Also bitte, lass uns nicht hängen!«

Dann war das Video zu Ende.

Meine Kehle war wie zugeschnürt.

»Grundgütiger, was habe ich da nur angerichtet?«, murmelte ich schließlich betroffen.

Leo sah mich an und schüttelte den Kopf.

»Aber du hast doch nichts angerichtet, Ben!«

»Doch. Du siehst ja, wie besorgt alle sind, nur weil ich so ein Weichei bin und aus Liebeskummer in Selbstmitleid versinke. Du hast meinetwegen sogar auf deine Reise nach Griechenland mit deiner Familie verzichtet!«

»Ja und? Du bist mir sehr viel wichtiger als ein Urlaub, Ben!«

»Aber das habe ich doch alles nicht gewollt!«

Ich griff nach meinem Handy.

»Was machst du denn?«, fragte sie.

»Ich muss allen eine Nachricht schicken und das wiedergutmachen. Und dann werde ich …«

Leo nahm mir das Handy weg und sah mich eindringlich an.

»Ben, seit ich dich kenne, tust du immer alles, damit die Menschen, die dir wichtig sind, sich so gut wie möglich fühlen. Du hast gehört, was die drei gerade gesagt haben, oder besser gesagt, die vier. Du bist immer für alle da, sagst nie Nein und hast stets für jeden ein offenes Ohr. Und das alles ist für dich absolut selbstverständlich. Jetzt geht es dir schlecht, und du hast vielleicht mal nicht alles ganz richtig gemacht? Na und? Lass uns mal für dich da sein!«

»Trotzdem … ich!«

Sie nahm meine Hand und drückte sie.

»Ben, als du mir bei einem unserer Videogespräche von diesem Florian erzählt hast, da haben deine Augen gestrahlt, wie ich es schon lange nicht mehr bei dir gesehen habe. Du warst endlich wieder bereit für was Neues und hast dich in diesen Mann offenbar so richtig verknallt. Leider war das nur einseitig. Manchmal passiert so was im Leben, und man kann einfach nichts dagegen tun.«

Wir sahen uns an, und ich wusste in diesem Moment, dass sie wusste, dass ich es wusste. Wir mussten es nicht aussprechen.

»Es tut mir so leid«, flüsterte ich.

»Das muss es nicht, Ben«, sagte sie leise. »Es ist alles gut so, wie es ist. Ich wehre mich inzwischen nicht mehr dagegen, dass du neben Timo immer noch einen ziemlich großen Platz in meinem Herzen hast und wohl immer haben wirst. Und ich bin so froh, dass wir trotz allem unsere Freundschaft bewahren konnten.«

»Das bin ich auch. Du kannst dir gar nicht vorstellen, wie sehr! Und ich hätte mir so gewünscht, dass das auch mit Florian klappt – einfach nur mit ihm befreundet zu sein. Aber ich schaffe das nicht.«

»Vielleicht kommt das ja noch.«

Ich schüttelte den Kopf.

»Jetzt, wo ich es ihm gesagt habe, wird er nicht mehr an einer Freundschaft interessiert sein, dann hätte er ja ständig im Hinterkopf, dass ich eigentlich mehr von ihm möchte.«

»Du meinst Sex?«

Sie zwinkerte.

»Das auch.«

Leo seufzte.

»Jedenfalls ist das alles ein schöner Mist!«

Ich nickte, stand auf und ging herum, während ich mir durch die Haare fuhr. Dann blieb ich stehen und sah Leo an.

»Weißt du, Leo, es hat mir wirklich überhaupt nichts ausgemacht, dass ich nach der Trennung von Bernhard so lange Single war. Vielleicht habe ich die Zeit ja auch gebraucht. Aber als ich Florian kennenlernte … ich weiß auch nicht. Er hat mich umgehauen. Und mich zum Nachdenken gebracht. Plötzlich spürte ich, dass ich mich wieder ernsthaft nach einem Menschen sehne, mit dem ich zusammenleben kann, den ich lieben kann und der mich liebt. Und Florian – er war der erste Mann seit Langem, mit dem ich mir das wieder vorstellen konnte.«

Leo lächelte mir zu.

»Und damit dieser Traum nicht zu schnell platzen konnte, hast du ihm nicht gesagt, dass du auf Männer stehst. Bis dann diese Verlobte auftauchte?«, resümierte sie.

»Ex-Verlobte!«

Ich setzte mich wieder zu ihr.

»Aber weißt du was?«

»Was?«

»Das alles heute mit dir und dem Video hat einiges wieder zurechtgerückt. Liebeskummer und unerfüllte Liebe gehören nun mal leider zum Leben dazu. Dafür kann niemand was. Es tut mir nur leid, dass ich deswegen so ein Stinkstiefel war und alle so aufgemischt habe.«

»Die halten das schon mal aus.«

»Ihr bedeutet mir alle so viel. Ich bin ein Glückspilz, euch zu haben.«

»Und wir dich! Wir werden dir alle helfen, deinen Liebeskummer zu überwinden«, versprach sie.

»Ich fürchte, da muss ich allein durch.«

»Aber nicht mehr allein in deinem Kämmerlein! Ich frage mich nur …«

»Was?«

»Nachdem ich die Videobotschaft bekam, habe ich lange mit meiner Mutter telefoniert. Sie hat mir auch erzählt, dass Bernhard dich für die Stelle als Küchenchef im *Brillantine* vorgeschlagen hat. Bereust du es, dass du dich dort nicht vorgestellt hast?«

Ich ließ mir mit einer Antwort Zeit, doch dann sagte ich: »Vor ein paar Tagen dachte ich das für einen kurzen Augenblick. Da stellte ich überhaupt alles in Frage.«

»Solche Momente haben wir doch alle irgendwann mal im Leben«, meinte Leo.

»Vielleicht ist das ja auch gut, hin und wieder mal alles zu hinterfragen. Denn ich bin mehr denn je davon überzeugt, dass ich beruflich genau den richtigen Weg gehe.«

»Das freut mich, Ben. Aber ich möchte dir noch einen Rat geben.«

»Ja?«

»Du brauchst neben der Arbeit unbedingt auch andere Leute, mit denen du ab und zu was unternimmst. Nichts gegen Zoe, Ilona und meine Mutter – aber ich finde, du hängst ein wenig zu viel mit den Damen herum«, sagte sie flapsig, und ich musste schmunzeln.

»Womöglich hast du recht«, gab ich zu. »Aber sie sind für mich wie …«

»Stopp! Ben, das musst du mir sicher nicht erklären. Ich weiß, dass sie wie Familie für dich sind und dir viel bedeuten. Das soll sich ja auch nicht ändern. Trotzdem. Du musst auch dein eigenes Leben führen und hin und wieder dringend mal raus aus Prien, sonst kommt gleich die nächste Sinnkrise um die Ecke gekrochen.«

»Okay, Frau Therapeutin. Ich werde Ihren Rat beherzigen.«

»Das will ich aber hoffen!«

Ich musste schmunzeln.

»Fühlst du dich schon besser?«, fragte sie.

»Ja … dieses dumpfe Gefühl da drin, diese seltsame Wut auf mich und das Leben …«, ich legte eine Hand auf meine Brust, »… die haben sich tatsächlich aufgelöst. Und über die Sache mit Florian werde ich auch hinwegkommen.«

»Das wirst du ganz sicher! Wow – was bin ich für eine Supertherapeutin!«, scherzte sie.

»In dir stecken ungeahnte Talente!«

»Apropos Talente. Kennst du zufällig einen guten Koch, der mir ein Essen zaubern könnte? Ich hatte heute nur ein kleines Frühstück, als ich in Wien ins Auto gestiegen bin, und sterbe fast vor Hunger.«

»Ganz zufällig kenne ich da einen. Allerdings hat der einen inzwischen fast leeren Kühlschrank. Was hältst du davon, wenn wir einen langen Spaziergang zu einem Biergarten am See machen und ich dich zum Essen einlade?«

Ich hatte das dringende Bedürfnis, die Wohnung endlich mal wieder zu verlassen und an die frische Luft zu kommen.

»Biergarten ist auch gut. Aber das mit dem Spaziergang überspringen wir und fahren mit dem Auto. Ich habe echt schon ziemlich Hunger.«

»Okay. Dann hüpfe ich jetzt mal in andere Klamotten! Aber bevor wir gehen, nehme ich noch kurz ein Video für Anna, Zoe und Ilona auf. Und für Emma. Der hab ich es in den letzten Tagen auch ganz schön schwer gemacht. Ich möchte mich unbedingt entschuldigen und ihnen danken, dass sie dich hierhergelockt haben.«

»Das kannst du auch im Auto machen, während ich fahre!«, erklärte sie entschlossen.

Kapitel 27

Wurstsalat für vier

Bei dem schönen Wetter war es gar nicht so einfach, noch einen Tisch in meinem Lieblingsbiergarten zu ergattern. Wir mussten ein paar Minuten warten, bis etwas frei wurde.

»Ich hoffe, es dauert jetzt nicht ewig, bis wir was bekommen«, murmelte Leo, nachdem wir Platz genommen hatten. »Sonst esse ich das Tischtuch.«

Ich lachte.

»Wenn du hungrig bist, dann kannst du echt unausstehlich werden.«

So war sie schon als kleines Mädchen gewesen.

Sie zuckte nur mit den Schultern.

»Dass hier so viel los sein würde, daran habe ich vorher leider nicht gedacht, sonst hätte ich uns doch einfach nur einen Topf mit Spaghetti aglio e olio gekocht.«

Diese Zutaten hatte ich immer daheim.

Sie seufzte.

»Vielleicht haben wir ja Glück, und es geht schnell.«

Und tatsächlich kam in diesem Moment auch schon die Bedienung und nahm die Bestellung auf. Auch ich hatte zum ersten Mal seit Tagen nicht nur Hunger, sondern richtig Appetit.

»Ein alkoholfreies Radler und einen Schweizer Wurstsalat bitte«, bestellte Leo.

»Und ich nehme bitte ein Weißbier und auch einen Schweizer Wurstsalat.«

»Mit Brot oder Brezn?«, wollte die Bedienung wissen.

»Mit Brot«, antworteten wir beide.

Als sie weg war, sah Leo mich an.

»Ich hätte echt nicht gedacht, dass ich dich so schnell aus diesem Loch rausholen kann, und hatte schon befürchtet, dass wir bis tief in die Nacht hinein mehrere Flaschen Rotwein trinken und ich ewig auf dich einreden muss, damit es dir wieder besser geht.«

Auch ich hätte mir noch vor wenigen Stunden nicht vorstellen können, dass ich am späten Nachmittag mit Leo im Biergarten sitzen würde.

Ich grinste.

»Das hättest du alles auf dich genommen?«

»Aber klar!«

»Wann geht denn dein neuer Flug nach Kreta?«, fragte ich. »Den übrigens ich bezahlen werde.«

»Ich hab noch nichts gebucht. Eigentlich wollte ich versuchen, einen Flug für morgen zu bekommen, habe es mir aber anders überlegt. Vielleicht ist es für Timo und Lenchen ja schön, mal allein bei den Großeltern zu sein. Und ich habe wieder ein wenig mehr Zeit für meine Familie und für Emma, bevor sie von hier weggeht. Und auch für mich. Außerdem kann ich euch dann bei den Vorbereitungen für die Patchworkparty helfen.«

»Das wäre natürlich super!«

Die Bedienung kam mit den Getränken, und wir prosteten uns zu.

»Prost, Leo. Und danke.«

»Du hast dich jetzt schon oft genug bedankt. Prost, Ben!«

Ich nahm gerade den ersten Schluck, da entdeckte ich zwei Radfahrer, die ihre Räder abstellten und mit Schlössern sicherten. Ich verschluckte mich am Bier und musste husten.

»Nicht ersticken!«, sagte Leo.

»Das kann echt nicht wahr sein!«, keuchte ich und hustete noch mal.

»Was ist denn?«

»Das ist Florian. Mit seinem Großvater.«

»Du machst Scherze, oder?«

»Leider nicht!«

Leo drehte sich um und entdeckte die beiden Männer am Fahrradständer.

»Wie kann das sein, dass wir uns ausgerechnet hier über den Weg laufen?«, zischte ich, und mein Herz trommelte wild.

»Na ja. Prien ist eben nicht gerade eine Großstadt. Da ist es nicht so ungewöhnlich, sich zu begegnen. Oder es ist einfach Schicksal?«

»Das Schicksal wäre dann aber ziemlich sadistisch veranlagt!«, murmelte ich. Ich nahm die Speisekarte und klappte sie auf, in der Hoffnung, dass die beiden Männer mich dann nicht sehen konnten. Alle Tische waren belegt, vielleicht würden sie ja einfach wieder abziehen?

»Der ist aber echt richtig süß, dieser Florian.«

»Bitte! Nicht so laut!«, flüsterte ich.

»So habe ich dich ja noch nie erlebt!«, sagte sie amüsiert, doch dann runzelte sie die Stirn.

»Jetzt hab ich dich grad wieder so gut auf die Beine gebracht, hoffentlich gibt das keinen Rückfall!«, murmelte sie.

Das hoffte ich auch.

Ich sah, wie Werner zur Bedienung ging und sie ansprach. Die zuckte mit den Schultern und sah sich um. Ihr Blick blieb an unserem Tisch hängen, und sie kam auf uns zu.

O nein!

»Entschuldigung, macht es Ihnen was aus, wenn die Herrschaften sich auf die beiden freien Plätze bei Ihnen am Tisch setzen?«, fragte sie in einem Ton, der es nicht erlaubte, Nein zu sagen.

»Das geht leider …«, begann Leo, die mir beistehen wollte. Doch da hatte Werner mich bereits erkannt.

»Ach, der Ben! Wie schön, dass ausgerechnet bei euch noch was frei ist!«

Florian hatte mich inzwischen ebenfalls entdeckt, und ich merkte ihm an, dass ihm der Vorstoß seines Opas unangenehm war.

Doch Werner nahm bereits neben Leo Platz.

»Mein liebes Lottchen, was für eine herrliche Haarfarbe, junge Dame«, schwärmte Werner in gewohnter Manier.

»Opa …«

»Ist ja schon gut, Junge. Jetzt setz dich doch endlich!«

Florian musste wohl oder übel auf dem Stuhl neben mir Platz nehmen. Ich merkte ihm an, dass er etwas angespannt war. Kein Wunder, nach meinem unerwarteten Geständnis. Seitdem hatten wir uns nicht mehr gesehen. Es machte mich ziemlich nervös, dass ich nicht wusste, wie er darüber dachte. Aber ich konnte es mir schon ausmalen.

»Tut mir leid, wir wollten euch jetzt aber nicht stören«, beteuerte er.

»Ach, schon gut!«, winkte ich rasch ab. Was sollte ich sonst sagen, ohne dass es für Florian und mich noch peinlicher wurde?

»Das ist Leonie, also Leo, meine Schwägerin. Und das sind Herr Peters und Florian. Wir kennen uns von einem Auftrag«, fügte ich hinzu, obwohl Leo das natürlich längst wusste.

»Ihr könnt gern Werner und *Du* zu mir sagen, ihr beiden!«

Leo und ich nickten gleichzeitig.

»Dann also Werner! Freut mich.« Sie lächelte.

»Mich auch, Leonie. Ein sehr schöner Name übrigens.«

»Danke.«

»Heute ist mein letzter Tag hier am Chiemsee. Morgen geht es wieder zurück nach Nürnberg. Da wollten wir das schöne Wetter noch ausnutzen, mein Enkel und ich«, verriet Werner, als die Bedienung gerade unser Essen brachte und ihren Block zückte.

»Was darf's denn bei Ihnen sein?«

»Dieser Wurstsalat sieht gut aus, den nehme ich. Und dazu ein Wasser bitte!«, bestellte Werner. »Wissen Sie, wenn ich mit dem Fahrrad unterwegs bin, dann verzichte ich auf Alkohol. Nicht dass ich noch stürze und mir die Hüften breche. Die müssen für gewisse Aktionen noch ein Weilchen beweglich bleiben.«

Leo, die gerade getrunken hatte, verschluckte sich fast an ihrem Radler und kicherte.

Und auch ich musste grinsen. Werner nahm wirklich kein Blatt vor den Mund.

Die Bedienung verdrehte die Augen, und Florian schüttelte ebenfalls den Kopf.

»Was denn?« Werner zuckte mit den Schultern. »Ich meine natürlich Treppensteigen. Und so.«

»Bringen Sie mir bitte auch einen Wurstsalat und ein Wasser«, sagte Florian rasch zur Bedienung.

Die Bedienung nickte und ging davon.

Ich überlegte krampfhaft, was für ein unverfängliches Gespräch ich beginnen könnte. Doch mir fiel absolut nichts ein. Gut, dass Werner so mitteilungsbedürftig war.

»Lebst du auch hier in Prien?«, wollte er von Leo wissen.

»Nicht mehr. Im letzten Herbst sind mein Mann und ich mit unserer Tochter nach Wien gezogen.«

»Damit haben sie mir meine kleine Nichte geraubt«, fügte ich hinzu.

»Du musst sie nur öfter besuchen kommen.«

»Wie alt ist sie denn?«, fragte Florian.

»Dreizehn Monate.«

Werner seufzte.

»Ich hoffe ja immer, dass ich es noch erleben darf, Uropa zu werden. Aber mein einziger Enkel macht diesbezüglich keinerlei Anstalten.«

Leo warf Florian einen mitfühlenden Blick zu.

»Diesen Druck hatte ich auch von allen Seiten«, sagte sie zu ihm. »Schrecklich, oder?«

»Ziemlich schrecklich!«, bestätigte er und lächelte.

»Ich werde einfach so lange leben, bis es klappt! Das habt ihr dann davon«, beschloss Werner.

»Dann lass ich mir besonders viel Zeit, Opa! Oder verzichte am besten ganz darauf«, erklärte Florian.

Auch wenn der alte Herr mit seinen Sprüchen manchmal ein wenig übers Ziel hinausschoss, so war ganz offensichtlich, dass die beiden einen engen Draht zueinander hatten.

»Aber jetzt lasst euch bitte nicht aufhalten mit eurem Essen!« Werner deutete auf unsere Teller.

»Der wird ja nicht kalt«, sagte ich.

»Aber ich muss jetzt echt anfangen, bin schon kurz vorm Verhungern«, erklärte Leo und griff nach dem Besteck.

»Guten Appetit!«, wünschte Werner.

»Danke!«

Die Bedienung brachte kurz darauf die Getränke für Werner und Florian, und wir prosteten uns alle zu. Es war eine sehr schräge Situation, und ich wusste nicht so recht, wie ich mich verhalten sollte. So nah neben Florian fühlte ich mich fast wie elektrisch aufgeladen.

»Gehst du morgen zum Kurs von Maja?«, fragte er mich zu meiner Überraschung. Inzwischen wirkte er ein wenig entspannter als vorhin. Im Gegensatz zu mir.

Ich zuckte mit den Schultern.

»Ich weiß noch nicht. Du?«

»Vielleicht. Irgendwie würde es mich schon interessieren, ob Linda und Carmen sich wieder vertragen haben. Jedenfalls fände ich es schön, wenn sie sich ausgesprochen hätten.«

Hörte ich aus seinen Worten irgendeine doppelte Botschaft heraus? Spielte er darauf an, dass wir uns auch wieder vertragen sollten? Oder war hier nur der Wunsch der Vater meiner Gedanken? Wobei eine Aussprache an meinem grundsätzlichen Problem nichts ändern würde. Aber vielleicht könnte man damit einen anständigen Abschluss finden.

»Wer sind denn Linda und Carmen?«, fragte Leo neugierig mit vollem Mund.

»Das sind zwei Teilnehmerinnen beim Meditationskurs, den Ben und ich zufällig gleichzeitig besucht haben«, antwortete Florian.

»Und die haben sich während des Kurses so zerstritten, dass sie wütend auf und davon sind«, fügte ich hinzu.

»Man möchte meinen, dass man beim Meditieren eher friedlich wird, nicht wahr?«, meinte Werner.

»Bei denen hatte sich wohl schon länger was aufgestaut«, sagte Florian. »Vielleicht sollte man einfach viel eher miteinander sprechen!«

Er warf mir einen kurzen Blick zu, und diesmal war es offensichtlich, dass er nicht nur Carmen und Linda meinte.

»Manchmal ist das aber nicht so einfach«, murmelte ich und nahm einen großen Schluck Bier.

»Was hat dich denn von hier nach Wien verschlagen, Leonie?«, wechselte Werner das Thema.

»Mein Mann hat dort in einer Klinik ein Jobangebot als Physiotherapeut bekommen. Und ich arbeite als wissenschaftliche Mitarbeiterin an der Uni und schreibe gerade an meiner Doktorarbeit. Wenn auch ziemlich langsam.«

Florian sah sie interessiert an.

»Ach ja? Welches Fachgebiet denn?«

»Organische Chemie.«

»Interessant!«

Sie nickte.

»Mein Enkel hat kürzlich in Astrophysik promoviert«, erklärte Werner sichtlich stolz.

»Glückwunsch! Und was machst du jetzt?«, fragte Leo Florian.

»Bis Ende des Jahres lege ich eine Pause ein. Noch ist alles offen. Es gab schon erste Gespräche mit dem Max-Planck-Institut für Astrophysik und mit dem Observatorium in Straßburg. Aber seit Kurzem kann ich mir auch Kanada vorstellen oder Edinburgh. Mal sehen, wo es mich am Ende hin verschlägt. Auf jeden Fall will ich in die Forschung.«

Und weg von hier, dachte ich traurig. Aber letztlich war es gut, wenn er nicht mehr in meiner Nähe war, dann würde ich ihn hoffentlich leichter aus meinen Gedanken bekommen.

»Astrophysik, das ist echt spannend«, schwärmte Leo. »Ich habe selbst mal über Astrochemie nachgedacht.«

»Ach, ehrlich?« Florian schien interessiert.

»Ja. Und es würde mich immer noch reizen.«

»Das wusste ich ja gar nicht!«, warf ich ein.

»So wirklich interessiert für mein Studium hast du dich doch nie, Ben.«

»Weil ich nicht verstanden habe, was du mir da immer erzählt hast.«

»Und genau deswegen haben wir darüber auch nicht viel gesprochen«, meinte sie mit einem Lächeln.

Nun kam das Essen für Werner und Florian. Als Florian nach dem Besteck griff, streifte er zufällig meinen Handrücken. Ich zuckte zusammen.

»Entschuldige«, sagten wir beide gleichzeitig.

Leo sah zwischen uns hin und her.

Während Werner mit Appetit zulangte, stocherte Florian ähnlich wie ich nur in seinem Wurstsalat herum.

»Schmeckt es euch nicht?«, fragte Werner nach einer Weile.

»Doch, doch«, beteuerte ich. »Ich habe nur nicht so viel Hunger und bin eigentlich nur wegen Leo hier.«

Leo nickte. Ihr war klar, warum es mir den Appetit verschlagen hatte.

»Ich helfe dir gern, wenn du nicht mehr kannst, Ben«, bot sie an.

»Klar, nimm dir, was du magst.«

Das ließ sie sich nicht zweimal sagen.

»Ich bin eigentlich auch immer noch satt von unserem späten Frühstück«, meinte Florian. »Wenn du noch was von mir möchtest, Opa …?«

Doch Werner schüttelte den Kopf.

»Danke, aber die Portion reicht mir völlig. Ich verbrenne ja längst nicht mehr so viele Kalorien wie ihr jungen Leute.«

»Sind deine Eltern eigentlich schon in Peru?«, fragte ich.

»Sie sind heute früh zum Flughafen gefahren«, antwortete Florian.

»Peru? Wie toll!«, sagte Leo.

»Wir haben meinem Vater die Reise zum Geburtstag geschenkt. Davon hat er schon seit vielen Jahren geträumt.«

»Wie lange bleiben sie denn?«, fragte sie.

»Sie sind vier Wochen unterwegs.«

»Wow!«

Ich unterdrückte ein Seufzen. Einen richtigen Urlaub hatte ich schon ewig nicht mehr. Vor allem nicht mit einem besonderen Menschen an meiner Seite. *Einem Menschen wie Florian.*

Es war bittersüß, ihm so nah zu sein, und gleichzeitig war er mir so fern. Irgendwie fühlte es sich an, als ob diese zufällige Begegnung heute gleichzeitig eine Art endgültiger Abschied wäre.

Leo warf mir einen Blick zu und holte dann kurz darauf ihr Handy heraus.

»Wir müssen dann leider bald los, Ben«, sagte sie. »Emma wartet schon auf uns.«

Wir hatten natürlich nichts mit Emma ausgemacht. Aber Leo wollte offensichtlich, dass ich nicht mehr länger in Florians Nähe war.

Ich winkte der Bedienung.

»Komme gleich!«, rief sie. »Ich muss erst noch zwei andere Tische abkassieren!«

»Und ich muss mal kurz für kleine Senioren!«, sagte Werner und stand auf. »Ich hoffe, ihr seid noch da, wenn ich zurückkomme, damit wir uns ordentlich verabschieden können. Denn wer weiß, ob wir uns jemals wieder begegnen werden.«

Leo lächelte.

»So lange warten wir auf jeden Fall, Werner.«

Als er durch die Tische hindurch auf dem Weg zum Gasthaus war, hörten wir die hysterische Stimme einer Frau, die nach ihrem Hund rief, der ihr offenbar davongelaufen war.

»Susi! Hierher! Susi!«

Doch der kleine Pudel sauste wie der Blitz im Zickzack zwischen den Tischen hindurch und steuerte auf einen Golden Retriever zu, der in unserer Nähe brav bei seinem Herrchen saß. Kläffend zog der kleine Hund seine Leine hinter sich her. Werner wollte dem Pudel ausweichen, verlor dabei aber das Gleichgewicht.

»Opa, pass auf!«, rief Florian erschrocken, doch da stürzte Werner bereits und schlug sich im Fallen den Kopf an der Tischkante an.

Florian war schon aufgesprungen und eilte zu seinem Opa, der benommen und mit einer heftig blutenden Wunde am Kopf im Kies lag. Eine ältere Frau vom Nebentisch reichte Florian eine frische Serviette, die er vorsichtig auf die Wunde drückte.

»Ich rufe den Rettungsdienst!«, rief ich und griff nach dem Handy.

»Opa, sieh mich bitte an!«, forderte Florian ihn auf. Doch Werner stöhnte nur und griff nach Florians Hand, um sich hochzuziehen.

»Halt. Er muss ruhig liegen bleiben!«, rief ein älterer Mann und kniete sich neben Werner. »Ich bin Arzt.«

»Das ist Doktor Geiger!«, sagte Leo zu mir, und in dem Moment erkannte auch ich ihn. Er war schon seit vielen Jahren der Hausarzt ihrer Familie.

Eine Viertelstunde später wurde Werner in den Rettungswagen geschoben.

»Danke, Herr Kollege, dass Sie gleich gehandelt haben«, sagte der Notarzt zu Doktor Geiger. »Das waren wertvolle Minuten.«

»Es war ein Zufall, dass ich gerade da war.«

»Ein glücklicher Zufall … wir müssen gleich los!«

»Kann ich mitfahren?«, bat Florian.

»Das geht leider nicht.« Der Notarzt schüttelte den Kopf.

»Leo und ich sind mit dem Auto hier. Wir fahren dich ins Krankenhaus, Florian!«

»Danke!«

»Das Auto steht dort hinten auf dem Parkplatz. Es sind nur zwei oder drei Minuten zu gehen.« Leo deutete in die besagte Richtung, und wir marschierten eilig los. Doch nach wenigen Metern blieb Florian stehen.

»Moment. Ich muss erst noch bezahlen.«

»Schon erledigt. Komm!«

Kapitel 28

Abendrot

Inzwischen saßen wir schon seit über zwei Stunden im Wartebereich der Notaufnahme, nachdem Florian die Anmeldeformulare für seinen Großvater ausgefüllt und die Versicherungskarte abgegeben hatte.

Leo war vor einer Dreiviertelstunde zu ihren Eltern nach Hause gefahren.

»Du hättest wirklich nicht bleiben müssen«, meinte Florian.

»Ich weiß, dass ich das nicht muss, aber ich dachte mir, vielleicht bist du ja froh, wenn du nicht ganz allein hier warten musst.«

»Danke.« Er lächelte erschöpft. »Das bin ich tatsächlich, ehrlich gesagt.«

Die Sorge um seinen Großvater war ihm deutlich anzusehen. Am liebsten hätte ich ihn in den Arm genommen und getröstet. Doch das schien mir aus diversen Gründen nicht angebracht.

Er griff nach dem Handy, wählte eine Nummer und legte gleich wieder auf.

»Du erreichst sie immer noch nicht?«, fragte ich unnötigerweise.

Er schüttelte den Kopf.

»Ich hatte gehofft, dass einer der beiden im Flugzeug vielleicht WLAN nutzt. Aber eigentlich tun das beide nicht.«

»Mist!«

»Sie werden wohl frühestens beim Zwischenstopp in Atlanta mal ihre Nachrichten auf dem Handy abhören und erfahren, dass sie mich anrufen sollen.«

Bis dahin waren es noch fast drei Stunden.

»Dann weißt du bestimmt schon mehr«, vermutete ich.

»Ich hoffe es. Aber das Warten macht mich ganz verrückt.«

Florian stand auf und ging ruhelos auf und ab. Bis jetzt hatten wir nur erfahren, dass Werner sich während der Fahrt ins Krankenhaus übergeben und offenbar für ein paar Sekunden das Bewusstsein verloren hatte.

»Hoffentlich hat er keine Gehirnblutung. Oder Schlimmeres.«

»Ich weiß schon, es ist viel leichter gesagt als getan, aber du darfst dich jetzt nicht mit irgendwelchen wilden Spekulationen verrückt machen. Das hilft weder ihm noch dir«, redete ich auf Florian ein. »Er ist hier in guten Händen.«

Florian atmete einmal tief durch und nickte dann.

»Ja, du hast recht … Ich hole uns mal einen Kaffee«, sagte er und ging in Richtung des Kaffeeautomaten.

Als er weg war, griff ich nach meinem Handy. Leo hatte ihrer Familie erzählt, was passiert war, und natürlich wussten auch Ilona und Zoe schon Bescheid. Ilona hatte gefragt, ob es schon Neuigkeiten gab.

Leider noch nicht!

Sag Werner bitte alles Gute von mir, wenn das möglich ist. Und er soll schnell wieder gesund werden, damit wir demnächst mal wieder einen Tanz aufs Parkett legen können!

Ich musste lächeln.

Ich richte es aus, schrieb ich zurück und steckte das Handy wieder weg.

Eine Ärztin kam in den Wartebereich, sah sich kurz um und ging auf eine ältere Frau und einen jüngeren Mann zu, der vermutlich ihr Sohn war. Beide sahen ihr mit bangen Blicken entgegen und standen auf.

»Frau Doktor, was haben die Untersuchungen ergeben? Wie geht es meinem Mann?«, fragte die Frau voller Angst und hielt sich am Arm des jungen Mannes fest.

»Bitte kommen Sie mit mir, dann reden wir in Ruhe«, sagte die Ärztin, ohne sich anmerken zu lassen, welche Nachricht sie den Angehörigen gleich mitteilen würde. Der Wartebereich der Notaufnahme war ein Ort der Angst und Hoffnung gleichermaßen. Es war bedrückend zu wissen, dass einige Menschen nach qualvollen Stunden des Wartens von hier nach Hause gehen würden, in der schrecklichen Gewissheit, ihre Liebsten nicht mehr wiederzusehen.

Inzwischen kam Florian mit zwei Bechern zurück und reichte mir einen davon.

»Ich habe für dich auch Cappuccino genommen, ich hoffe, das passt?«

»Ja, klar. Danke.«

Ich nahm einen Schluck und verzog das Gesicht.

»Oh, mit deinem kann der aber echt nicht mithalten.«

»Hauptsache Koffein«, meinte Florian und trank. Doch ihm war anzusehen, dass auch er nicht sonderlich begeistert war.

»Ein harmloser Ausflug in einen Biergarten, und dann landet man schwer verletzt im Krankenhaus«, murmelte Florian kopfschüttelnd.

»Das ging echt so schnell alles. Dieser Hund ist ihm direkt zwischen die Füße gelaufen … Leo hat sich die Adresse der Hundehalterin aufgeschrieben. Die war total fertig, dass dein Opa wegen ihres Pudels gestürzt ist. Sie hat eine Haftpflichtversicherung und wird dort gleich Bescheid sagen.«

Florian seufzte.

»Die Frau kann ja auch nichts dafür. So was passiert eben manchmal … Ich hoffe nur, dass es nichts allzu Schlimmes ist und Opa … ich darf gar nicht dran denken. Ich weiß, er hat schon ein gewisses Alter, aber ich bin einfach noch nicht bereit, ihn schon gehen zu lassen.«

»Das musst du vermutlich auch gar nicht. Stell dir vor, dass er sich wieder gut erholen wird.«

Florian sah mich an und nickte langsam.

»Er war immer schon einer der wichtigsten Menschen in meinem Leben. Mutter war oft beruflich länger unterwegs und Vater im Notariat eingespannt. Als Melli und ich noch ganz klein waren, haben Opa und Oma regelmäßig auf uns aufgepasst. Opa war Pilot und ist schon früh in Pension gegangen. Also hatte er viel Zeit für uns. Er liebte uns Kinder und war ganz vernarrt in Melli. Sie war seine Prinzessin, und er hat ihr von Anfang an viel mehr zugetraut, als meine Eltern das taten. Auch das Schwimmen hat er uns beiden beigebracht, als wir noch nicht mal in der Schule waren. Bei schlechtem Wetter saßen wir in einem selbst gebauten Zelt im Zimmer, und er hat uns Geschichten vorgelesen. Und mindestens einmal in der Woche machte er mit uns einen langen Spaziergang im Wald. Dort gab es immer besonders viel zu entdecken. Melli war mal ganz aus dem Häuschen, als er uns einen riesigen Ameisenhügel zeigte.«

Ich lächelte.

»Das hört sich nach einer schönen Kindheit an.«

Er nickte.

»Bis Melli starb. Opa war am Boden zerstört, so wie wir alle, aber er versuchte, für mich der Fels in der Brandung zu sein. Meine Eltern waren damals völlig überfordert mit allem. Ich weiß nicht, wie ich es ohne Opa geschafft hätte, und deswegen …«

»Herr Peters?«

»Ja. Der bin ich.«

Ein Arzt etwa Mitte fünfzig kam auf uns zu.

Wir standen beide auf.

»Und Sie sind?«, fragte er mich.

»Ben gehört zu mir!«, beteuerte Florian, bevor ich etwas sagen konnte.

Der Arzt nickte.

»Gut. Mein Name ist Taubner, ich habe Ihren Großvater untersucht.«

»Wie geht es ihm?«

Ich entdeckte die Angst in Florians Augen.

»Er hat eine Gehirnerschütterung!«, begann der Arzt, und mir fiel auf, dass er uns nicht in sein Sprechzimmer bat. War das ein gutes Zeichen?

»Bei der Computertomografie zeigten sich keine Anzeichen einer Gehirnblutung. Das werden wir aber die nächsten Tage sorgfältig beobachten.«

»Gott sei Dank!«, sprach Florian erleichtert aus, was ich dachte.

»Allerdings hat er sich beim Aufprall auf den Boden eine Hüftfraktur rechtsseitig zugezogen, und wir müssen operieren.«

»Er hat sich die Hüfte gebrochen?«, fragte Florian ungläubig.

»Ja. Und je früher wir operieren, desto geringer ist die Wahrscheinlichkeit für Komplikationen und umso größer für eine schnellere Genesung.«

»Okay …«

»Ihr Großvater hat große Schmerzen, und wir haben ihm starke Medikamente gegeben. Deswegen ist er ein wenig benommen. Aber zuvor meinte er, dass wir alles mit Ihnen besprechen dürfen und er notwendigen Behandlungen zustimmt. Sobald der OP frei ist, würden wir noch heute Nacht operieren.«

»Okay … kann ich ihn vorher noch sehen?«, bat Florian.

»Seine Kopfwunde wird gerade genäht …«, er sah auf seine Uhr, »… aber in einer halben Stunde etwa können Sie kurz zu ihm.«

»Danke. Vielen Dank!«

Der Arzt nickte uns noch mal zu, dann warf er einen kurzen Blick auf eine Klemm-Mappe mit Patientendaten und sah sich um.

»Familie Kordoschek?«

Ein älteres Paar stand auf, und er ging auf sie zu.

»O Gott, ich bin so froh!«, murmelte Florian und umarmte mich in seiner Erleichterung überschwänglich.

»Das bin ich auch für euch!«, sagte ich und drückte ihn. Ihn so unverhofft so nah zu spüren war ein Gefühl, das ich kaum beschreiben konnte. Es fühlte sich so richtig und gut an.

»Danke, Ben«, flüsterte er an meinem Ohr, und meine Beine waren plötzlich wie Wackelpudding. Ich bekam eine Gänsehaut und löste mich von ihm.

»Willst du vielleicht mal kurz frische Luft schnappen?«, fragte ich und versuchte, meine Stimme fest klingen zu lassen, was mir einigermaßen gelang.

»Ja, gern.«

Auch ich musste jetzt dringend raus, um mich wieder zu fassen.

Draußen schien die Welt in rotgoldenes Licht getaucht. Ein spektakuläres Abendrot spiegelte sich im nahen See.

»Wow!«, schwärmte Florian, während wir langsam nebeneinander herliefen. »Das passt perfekt zu den beruhigenden Nachrichten.«

Ich nickte nur.

»Ach Ben, was für eine Erleichterung. Ich hatte mir echt die schrecklichsten Dinge ausgemalt.«

»Das ist doch absolut normal in so einer Situation.«

»Jetzt muss er nur die OP gut überstehen.«

»Das wird er bestimmt.«

Für einen kurzen Moment schwiegen wir.

»Wie gut, dass ich meine Eltern vorhin noch nicht erreicht habe. Sie werden zwar erschrecken bei der Nachricht, dass er im Krankenhaus ist, aber sie müssen ihre Reise nicht abbrechen. Ich kann mich um Opa kümmern.«

»Nach dem Krankenhaus wird er sicher gleich in eine Reha-Klinik kommen!«, vermutete ich.

Er nickte.

»Bestimmt!«

»Irgendwie verrückt. Vorhin sprach Werner noch darüber, dass er keinen Alkohol trinkt, wenn er mit dem Fahrrad unterwegs ist, damit er nicht womöglich stürzt und sich die Hüfte bricht«, sagte ich. »Und nun ist ihm ausgerechnet das passiert.«

»Ja, und das wird ihm gar nicht gefallen. Aber es hätte viel schlimmer ausgehen können, also muss er da durch.«

»Sicher gibt es in der Reha-Klinik jede Menge nette Damen, die er mit seinem Charme um den Finger wickeln kann«, scherzte ich. »Trotz Hüft-OP.«

»Die können sich auf was gefasst machen.«

Nun lachten wir beide. Und ich war froh, dass er es mir offenbar nicht angemerkt hatte, wie sehr er mich vorhin kurz aus der Fassung gebracht hatte.

Florian sah auf die Uhr.

»Möchtest du wieder reingehen?«, fragte ich.

»Ja ... Und du fahr jetzt bitte nach Hause, Ben. Die Rechnung für das Taxi übernehme ich.«

»So ein Unsinn. Du musst gar nichts übernehmen. Und ich kann gerne noch bleiben und warten, bis du zu deinem Opa gehst«, bot ich an.

Doch er schüttelte den Kopf.

»Das muss wirklich nicht sein, Ben.«

»Okay.« Ich griff nach meinem Handy und bestellte über die App ein Taxi.

»Es kommt in fünf Minuten!«

»Kannst du mir vielleicht die Handynummer von Leo geben? Ich würde mich gern bei ihr bedanken, dass sie uns hergefahren hat. Und überhaupt für ihre Unterstützung vorhin.«

»Klar ... Moment.«

Ich schickte ihm die Nummer. Leo würde in diesem Fall sicher nichts dagegen haben, dass ich sie vorher nicht um Erlaubnis gefragt habe.

»Schon erledigt!«

»Danke, Ben. Und danke vor allem für deine Unterstützung! Ich war echt froh, dass du hier mit mir gewartet hast.«

»Kein Ding!«, winkte ich ab.

»Von wegen … ich werde mich dafür auch ganz sicher revanchieren!«

Ich schüttelte den Kopf.

»Das musst du echt nicht, Florian. Das hätte doch jeder gemacht.«

»Sicher nicht … Vor allem nicht nach unserem Gespräch letzte Woche nach dem Meditationskurs.«

»Florian, ich …«

Er griff nach meinem Arm und sah mich ernst an.

»Das, was du mir dort gesagt hast, hat mich echt überrumpelt, Ben. Deswegen war ich buchstäblich sprachlos und wusste nicht, was ich dazu sagen sollte. Ich weiß, du denkst, dass für dich Freundschaft allein nicht klappt …« Er zögerte und schien nach den richtigen Worten zu suchen. »Aber es wäre doch echt ziemlich schade, wenn wir uns deswegen nicht mehr sehen würden, meinst du nicht?«

Ich schluckte.

»Hör mal, Florian, du bist heute emotional total aufgeladen durch Werners Sturz …«

»Du hast recht, heute ist nicht der richtige Zeitpunkt, aber lass uns doch bitte zumindest noch einmal in Ruhe darüber reden. Okay?«

»Okay«, antwortete ich, aber ich wusste nicht, ob es tatsächlich okay war. »Hältst du mich auf dem Laufenden mit Werner?«

»Klar. Und wir treffen uns in den nächsten Tagen mal und reden?«

»Das wird leider nicht klappen. Am Wochenende ist unser großes Patchworkfamilienfest, und da gibt es neben der Arbeit im Laden noch viel zu organisieren. Das ist jetzt echt auch keine Ausrede. Meine Eltern kommen, und ich muss noch meine Wohnung für sie vorbereiten und hab noch tausend Dinge zu tun.«

»Verstehe. Dann treffen wir uns einfach danach.«

In diesem Moment kam das Taxi.

»Ich muss los.«

»Ciao, Ben.«

»Servus, Florian.«

Kapitel 29

Ein neuer Follower

Die Tage bis zum Familienwochenende waren gefüllt mit Arbeit und Vorbereitungen und schienen nur so zu verfliegen. Werner hatte die Operation gut überstanden und war schon auf dem Weg der Besserung. Schon in der kommenden Woche würde er in eine Reha-Klinik verlegt werden.

Florian hatte mich über seinen Zustand auf dem Laufenden gehalten. Der Kontakt zwischen uns war inzwischen so, wie es für gewöhnlich bei guten Freunden üblich war. Ich hatte den Eindruck, dass er darüber erleichtert war. Und solange wir uns nicht sahen, sondern nur schrieben oder Sprachnachrichten schickten, funktionierte es auch für mich. Wobei ich jedes Mal Herzklopfen bekam, wenn ich seinen Absender las. Ich zweifelte daran, dass ich in naher Zukunft einen Schalter umlegen konnte, was meine Gefühle für ihn betraf. Trotzdem wollte ich ihn gerade jetzt nicht hängen lassen. Seine Eltern waren auf Reisen, sein Großvater im Krankenhaus, und sonderlich viele Bekannte schien er hier am Chiemsee nicht zu haben. Und das mit seiner Verlobten – Ex-Verlobten – hatte sich inzwischen wohl auch endgültig erledigt.

Eine Nachricht von Leo kam. Sie war zum Flughafen gefahren, um meine Eltern, Timo und Le-Lo abzuholen.

Wir stecken im Stau auf der Autobahn! Wird wohl noch länger dauern, schrieb sie.

Fast war ich ein wenig froh darüber. Nicht dass ich meine Familie nicht sehen wollte, im Gegenteil, ich konnte es kaum mehr erwarten, endlich die kleine Le-Lo zu knuddeln, doch ich hatte noch jede Menge im Laden zu tun. Ilona hatte sich heute freigenommen. Ihr Freund Chris, seine Schwester Claudia und deren Freundin Alessia waren gestern Nachmittag aus Italien angereist.

Wir hatten am Abend zusammen mit Anna und Zoe in kleiner Runde mit bayerischen Schmankerln und Bier auf den Besuch aus der Toskana angestoßen. Es waren vergnügliche Stunden gewesen, und ich hatte so viel gelacht wie schon lange nicht mehr.

Am Vormittag war Ilona mit ihnen zu einem Ausflug auf die Fraueninsel aufgebrochen.

Martina und ich kümmerten uns um den Laden. Und ausgerechnet heute schienen die Leute uns die Bude einzurennen.

Emma half ihrer Mutter und Paul daheim bei den Vorbereitungen für das morgige Fest und hatte auch noch eine Probe mit ihrer Band angesetzt. Die Feier sollte am Nachmittag in einem kleineren Kreis mit Kaffee und Kuchen losgehen. Am Abend stieg dann die eigentliche Party mit Essen vom Dolce Vita und Livemusik. Nachdem die Prognose für schönes Wetter am Wochenende Anfang der Woche noch schlecht ausgesehen hatte, war ich froh, dass es doch noch sonnig geworden war, sonst wäre es eng geworden in Annas Haus.

Kurz nach achtzehn Uhr hängte ich ein Schild an die Ladentür: *Diesen Samstag geschlossen* und machte den Laden dicht.

Leo hatte vor ein paar Minuten angerufen. Mit fast eineinhalb Stunden Verspätung würden sie endlich in Prien bei Anna ankommen. Genau dahin wollte ich auch gleich aufbrechen. Doch gerade als ich loswollte, kamen Ilona, Chris, Claudia und Alessia von ihrem Ausflug zurück.

»Na, wie war's?«, fragte ich.

»Es ist so wunderschön hier«, schwärmte Alessia mit funkelnden Augen. »Ich kann gut verstehen, weshalb Ilona nicht von Bayern weg möchte.«

»Genau so geht es uns, wenn wir bei euch in der Toskana sind. Da würde man auch am liebsten für immer bleiben«, beteuerte ich.

»Aber darüber reden wir jetzt nicht!«, sagte Ilona, die seit der Ankunft ihres Freundes ein Dauergrinsen im Gesicht hatte. Chris hatte einen Arm um sie gelegt, und auch ihm war anzusehen, wie glücklich er war, bei seiner Ilona zu sein.

»Wir wollen noch in den Biergarten. Kommst du mit, Ben?«, fragte er.

»Tut mir leid, aber meine Eltern und mein Bruder mit meiner Nichte sind gerade bei Anna angekommen. Die warten schon auf mich. Das mit dem Biergarten schaffen wir sicher noch an einem anderen Tag.«

»Okay. Dann sehen wir uns spätestens morgen Nachmittag auf der Feier.«

Ich nickte.

»Wenn wir etwas helfen sollen, dann sagt bitte unbedingt Bescheid, Ben und Ilona!«, bot Alessia in ihrem zauberhaften italienischen Akzent an.

»Danke, wenn wir Hilfe brauchen, dann komme ich gerne darauf zurück«, versprach ich. Sie waren zwar unsere Gäste, aber ich wusste, dass Alessia das nicht nur aus Höflichkeit angeboten hatte, sondern dass sie gern half.

»Hey, kleiner Bruder!« Timo wartete schon vor dem Haus, um mich zu begrüßen. Er kam auf mich zu und umarmte mich.

»Hey, Großer!«

»Schon viel zu lange nicht mehr gesehen«, sagte er.

»Stimmt, aber wenn ihr eure Wochenenden lieber mit einem Darmvirus verbringt als mit eurer Familie, dann brauchst du dich nicht zu wundern«, scherzte ich.

Er grinste.

»Sei froh, dass wir euch gerade noch rechtzeitig davor bewahrt haben … Und in Zukunft müssen wir das echt ändern mit den Besuchen. Lenchen will ihren Onkel nämlich viel öfter sehen. Und Leo und ich könnten auch hin und wieder einen zuverlässigen Babysitter gebrauchen«, meinte er mit einem eindringlichen Blick.

»Schon verstanden, Timo.«

»Mit dem Zug ist man in dreieinhalb Stunden in Wien«, ließ er nicht locker.

»Mal sehen, was sich machen lässt … Wo ist denn meine kleine Nichte?«

»Leo ist mit ihr oben beim Wickeln. Sie kommen sicher gleich wieder runter. Und jetzt rein mit dir.«

Als wir die Diele betraten, drang Musik vom Keller nach oben.

»*Crazyblubb* probt noch ein letztes Mal für den Auftritt morgen«, sagte Timo, was ohnehin nicht zu überhören war.

Wir gingen in die Wohnküche. Dort saßen meine Eltern zusammen mit Mina am Tisch, während Anna eine Torte mit frischen Erdbeeren dekorierte. Durch das Zimmer zog ein aromatischer Duft von Lasagne, die im Ofen vor sich hin brutzelte.

»Da ist ja unser Junior!«, rief mein Vater erfreut und stand auf.

»Hallo, Paps!«, begrüßte ich ihn mit einer Umarmung. »Das Rentnerleben auf Kreta scheint euch echt gut zu tun! Ihr seht beide toll aus.«

Vater war braun gebrannt und hatte offenbar ein wenig abgenommen. Und meiner Mutter sah man ihre dreiundsechzig Jahre ebenfalls nicht an.

»Das war die beste Entscheidung unseres Lebens. Auch wenn es schade ist, dass wir uns deswegen nicht oft sehen können«, sagte sie.

Ich beugte mich zu ihr und gab ihr einen Kuss auf die Wange.

»Hallo, Mama!«

»Grüß dich, mein Schatz!«

Sie streichelte kurz über meinen Arm.

»Hallo, Mina.« Auch sie bekam eine Umarmung.

»Schön, dass du da bist, Ben!«

»Kann ich hier was helfen, Anna?«, fragte ich.

»Jetzt setz dich doch einfach mal zu uns, damit wir uns ein wenig unterhalten können«, forderte meine Mutter, bevor Anna antworten konnte.

Sie war noch nie der Typ Mensch gewesen, der von sich aus Hilfe anbot.

»Nein, schon gut, Ben«, sagte Anna. »Das meiste ist schon erledigt.«

In diesem Moment steckte Paul den Kopf zur Tür rein.

»Hi, Ben. Hast du mal einen Moment?«, fragte er.

»Ja klar.«

Ich folgte ihm hinaus in den Garten.

»Brauchen wir noch mehr Tische?«, fragte ich.

»Nein. Das müsste reichen für morgen. Pass auf, ich habe ziemlich gute Neuigkeiten.«

»Was denn?«

»Frau Korb, also die Lektorin, von der ich erzählt habe, hat mich heute Nachmittag angerufen.«

»Und?«, fragte ich gespannt.

»Sie meinte, dass sie so etwas in dieser Art noch nie gelesen hätte und diese Zeilen etwas mit ihr gemacht hätten.«

Ich nickte.

»Genau so ging es mir auch!«

»Ja … Jennys Worte haben echt einen ganz eigenen kraftvollen Zauber.«

»Das drückt es ziemlich gut aus«, stimmte ich ihm zu.

»Sie möchte Jenny ein Angebot für einen Buchvertrag machen. Der Text im Buch soll dabei zweisprachig bleiben.«

»Mensch, Paul. Das ist ja großartig!«, rief ich begeistert.

Frau Korb will Jenny ein Angebot für einen Buchvertrag machen!

Nun war ich mir absolut sicher, dass Mama Blanca besondere Fähigkeiten hatte, auch wenn man das mit dem normalen Menschenverstand nicht erklären konnte.

»Absolut. Und sie hat gefragt, ob Jenny noch weitere solche Texte schreibt.«

»Das tut sie.«

»Was meinst du, sollen wir noch gleich zu Jenny fahren und es ihr erzählen?«, fragte Paul.

»Oder wir machen das morgen als Überraschung beim Fest?«

»Vielleicht noch besser!«

»Ich hoffe nur, dass sie mir nicht böse ist, dass wir das Buch aus der Hand gegeben haben, ohne sie zu fragen.«

Das lag mir doch ein wenig im Magen, auch wenn ich es aus guten Gründen getan hatte.

»Weißt du, diese Texte sind zu besonders, um in einer Schublade zu verstauben. Und ich gehe davon aus, dass Jenny sich letztlich darüber freuen wird, dass die Lektorin so begeistert davon ist und sie damit ihr eigenes Geld verdienen kann.«

»Das hoffe ich auch, Paul.«

»Und falls sie keine Veröffentlichung möchte, kann sie immer noch Nein sagen. Es ist ja nur ein Angebot, das sie annehmen oder ablehnen kann. Die Entscheidung liegt ganz bei ihr.«

»Stimmt. Jedenfalls schon mal vielen Dank, dass du das deiner Lektorin gezeigt hast.«

»Sehr gern. Ich freue mich schon jetzt auf Jennys Gesicht morgen.«

»Ich mich auch!«

Leo kam mit Le-Lo an der Hand in den Garten.

»Schau mal, Lenchen, hier haben sich dein Opa Paul und Onkel Ben versteckt!«

Paul war zwar nur der Stiefgroßvater, aber das spielte in unserer Patchworkfamilie keine Rolle.

»Hey, sie kann ja schon gehen!«, rief ich verblüfft. »Warum habt ihr mir das denn nicht gesagt?«

»Das sollte eine Überraschung für dich sein!«

»Toll machst du das, du Süße. Und du wirst immer hübscher. Wie deine Mama!«

Sie hatte tatsächlich das rote Haar ihrer Mutter geerbt.

»Wow, dein Onkel macht aber heute Komplimente«, sagte Leo verschmitzt.

»Sie ist wirklich ganz bezaubernd«, schwärmte auch Paul. Dann sah er auf die Uhr.

»Tut mir leid. Ich muss noch mal kurz in mein Büro!«, sagte er.

»Abendessen gibt es in einer halben Stunde!«

»Bis dahin bin ich längst fertig.«

Er winkte noch mal zu Le-Lo, dann verschwand er ins Haus.

Ich ging in die Hocke.

»Hey, du süße Maus! Kommst du mal her zu deinem Onkel Ben?«, tastete ich mich vorsichtig heran. Immerhin hatte sie mich schon eine Weile nicht mehr in echt, sondern nur bei Videogesprächen gesehen.

Sie zögerte kurz, dann schenkte sie mir ein kleines Lächeln.

»Magst du mit mir die Blumen anschauen im Garten und die Miezekatze suchen?«

»Sie liebt die Katze!«, meinte Leo.

»Na, dann schauen wir mal, wo Conny sich versteckt hat.«

Ich nahm die Kleine und hob sie hoch.

»Übrigens, Florians Opa kommt schon nächste Woche in die Reha«, informierte ich Leo.

»Ich weiß.«

»Hat Ilona es dir schon gesagt?«

»Nein. Ich habe mit Florian telefoniert.«

»Aha.« Ich sah sie erstaunt an.

»Nichts aha. Er hat mich vor ein paar Tagen angerufen, um sich für die Hilfe zu bedanken. Und ich habe ihn gebeten, mich auf dem Laufenden zu halten.«

Es fühlte sich ein wenig seltsam an, dass meine beste Freundin Kontakt zu Florian hatte.

Le-Lo deutete auf einen Schmetterling und brabbelte ein Wort, das ich jedoch nicht verstehen konnte.

»Kann ich sie kurz bei dir lassen, Ben?«

»Aber klar. Komm, Schätzchen, wir drehen jetzt hier mal eine Runde.«

Wir entdeckten weitere Schmetterlinge, beobachteten Vögel, rochen an Rosen, pflückten Gänseblümchen und versuchten, Conny einzufangen, als sie vom Nachbargrundstück über den Zaun sprang. Doch die Katze flitzte wie der Blitz an uns vorbei ins Haus.

Le-Lo lachte herzlich, als ich niesen musste, und das Strahlen aus ihren großen grünen Kinderaugen konnte einen alles andere vergessen lassen.

Nachdem wir gemeinsam Lasagne und Salat gegessen hatten, brachte Timo meine Eltern und mich mit dem Auto zu meiner Wohnung.

»Schön hast du es hier, Ben«, sagte mein Vater.

Das letzte Mal, als meine Eltern in Prien gewesen waren, hatte ich noch bei Bernhard gewohnt.

»Aber groß ist die Wohnung nicht gerade. Und ein wenig mehr Deko könnte auch nicht schaden«, meinte meine Mutter. Sie hatte immer etwas zu kritisieren, aber das stresste mich inzwischen nicht mehr so wie früher. Ich ging gar nicht darauf ein.

»Für euch habe ich das Schlafzimmer vorbereitet. Wenn ihr irgendwas braucht, sagt bitte Bescheid. Ansonsten nehmt euch einfach, was ihr möchtet.«

»Hast du daran gedacht, stilles Wasser für mich zu besorgen?«

»Aber sicher, Mutter. Im Schlafzimmer stehen zwei Flaschen, und in der Vorratskammer ist noch ein ganzer Kasten.«

Mein Vater gähnte verhalten. Obwohl es noch gar nicht so spät war, waren sie erschöpft von der langen Reise.

»Danke, Ben. Wir brauchen nur eine große Mütze Schlaf, damit wir morgen für die Feier fit sind«, erklärte er.

Eine halbe Stunde später hatten sich die beiden ins Schlafzimmer zurückgezogen, und ich legte mich aufs Sofa. Hier würde ich während ihres Besuches schlafen. Da ich noch nicht allzu müde war, las ich am Handy meine Nachrichten und scrollte durch die Beiträge auf Instagram. Bisher hatte ich es mir immer verkniffen, dort nach Florian zu suchen. Doch jetzt konnte ich der Versuchung nicht länger widerstehen. Sein Account bestand ausschließlich aus Fotos, die er mit seinem Teleskop von verschiedenen Himmelskörpern gemacht hatte. Und ich erkannte einige der Bilder, die er mir in jener Nacht in der Sternwarte auf seinem iPad gezeigt hatte. Ich war nicht überrascht, dass er über viertausend Follower hatte. Die Aufnahmen waren wirklich spektakulär. Mein Daumen schwebte über dem blauen Button *Folgen.*

Folgen oder nicht folgen?

Mein Herz klopfte plötzlich schneller. Und obwohl ich es besser wusste, tippte ich auf den Button. Nun war ich einer seiner Follower.

Ich schloss für einen Moment die Augen. Warum tat ich das? Ich quälte mich doch nur selbst, wenn mir nun auch noch regelmäßig seine Beiträge angezeigt wurden.

Wenige Minuten später bekam ich die Nachricht, dass Florian jetzt meinem Account folgte, der aus Landschaftsfotos und vor allem Food-Bildern bestand. Meist mit Hinweisen auf unseren Catering-Service. Ich hatte auch einige Fotos der Gerichte online gestellt, die wir für die Geburtstagsparty von Hajo Peters gemacht hatten.

Ich sah, dass Florian einige der Bilder geliked hatte, auch das mit den japanischen Hackfleischspießen, und darunter einen Kommentar geschrieben hatte.

Die Tsukune waren mein absoluter Favorit – neben den Rinderrouladen :-)

Dahinter hatte er ein grinsendes Smiley gesetzt.

Nun musste ich ebenfalls grinsen.

Kapitel 30

Die Patchworkparty am Nachmittag

Ein Teil der Patchworkfamilie saß an einer langen Kaffeetafel im Garten und ließ sich verschiedene Torten und Kuchen schmecken. Jana und Jenny hockten mit den beiden Jungs und Le-Lo auf einer großen Decke in der Wiese und spielten mit ihnen.

»Möchte noch jemand ein Stück Erdbeertorte?«, fragte Mina, mit dem Kuchenmesser in der Hand. Sie war ein wenig grantig, weil ihre ältere Tochter Monika es leider wieder einmal nicht geschafft hatte, zur Feier zu kommen. Sie musste in der Klinik für eine kranke Kollegin einspringen. Zumindest war das die offizielle Ausrede. Doch eigentlich waren wir das von ihr schon gewohnt.

»Sehr gern, Mina!«, sagte Karl Obermeier, Minas besonderer Freund und Nachbar.

»Für mich bitte auch noch ein Stück«, bat Alessia. »Sie ist … molto delizioso.«

»Freut mich, dass es schmeckt.«

Mina verteilte die Tortenstücke

»Gibt es vielleicht noch Kaffee?«, fragte Hendrik. »Die hier ist leer!«

Er hob eine Thermoskanne hoch.

»Ich mache gleich noch welchen«, sagte Anna und stand auf.

»Wenn du mir sagst, wo ich alles finde, kann ich das auch übernehmen«, meinte Hendrik.

»Schon gut. Bis ich dir das erklärt habe, hab ich es selbst gemacht«, winkte Anna ab und lächelte.

»Wir könnten auch noch Mineralwasser brauchen«, rief meine Mutter, die mal wieder keine Anstalten machte, selbst ihren Hintern hochzubekommen, um zu helfen.

»Ich komme mit«, rief Emma.

»Ob die zwei das mit dem Kaffee und dem Wasser heute noch hinkriegen?«, fragte meine Mutter nach einer Weile.

Tatsächlich waren Anna und Emma jetzt schon länger im Haus.

»Ich schau mal, ob ich was helfen kann«, sagte ich.

Als ich in die Wohnküche kam, saß Anna am Tisch. Neben ihr Karla, die zweite Ehefrau von Emmas und Leos Vater. Sie hatte den kleinen Vincent auf dem Schoß, der im Dezember zwei Jahre alt werden würde. Die fünfjährigen Zwillinge Pia und Lina hockten über ein Tablet gebeugt am Boden und beschäftigten sich mit einem Lernspiel für Vorschulkinder.

»Hallo, Karla!«, begrüßte ich sie erfreut, doch da bemerkte ich die betretenen Mienen der beiden Frauen.

»Hallo, Ben!«, sagte Karla. Sie wirkte total erschöpft und hatte dunkle Augenringe.

»Ist was passiert?«

Anna legte einen Arm um Karlas Schultern.

»Gerald hat Karla letzte Nacht verlassen«, erklärte Anna.

»Ich habe gestern herausgefunden, dass er mich schon seit einer Weile betrügt«, fügte Karla mit heiserer Stimme hinzu.

»Was? So ein Idiot!«, platzte ich heraus.

»Genau so hat er es damals auch bei mir gemacht«, erzählte Anna. Allerdings war nicht Karla der Grund gewesen, die hatte Harald erst ein paar Jahre später kennengelernt.

»Tut mir echt leid, Karla. Wenn ich irgendwas tun kann …«

»Danke, Ben.«

»Du könntest wirklich was tun und nach Emma sehen«, bat Anna mich und wirkte dabei ganz besorgt.

»Klar.«

Ich ging nach oben in Emmas Zimmer. Doch dort war sie nicht. Erst im Keller fand ich sie. Sie saß im Probenraum auf einer Matratze und zupfte an ihrer Gitarre herum. Ich sah, dass sie geweint hatte.

»Darf ich mich ein wenig zu dir setzen, Hexlein?«

»Klar.«

»Du bist wütend auf ihn.«

Sie nickte und legte die Gitarre weg.

»Wie kann Papa das tun? Schon wieder?«, fragte sie aufgebracht.

»Keine Ahnung, Emma. Ich weiß nicht, was in ihm vorgeht.«

»Er lässt Karla und die Kleinen sitzen und …« Sie winkte ab. »Ach egal.«

»Nein, es ist nicht egal. Er hat nicht nur Karla betrogen und sie und deine Halbgeschwister verlassen, er ist heute auch nicht gekommen, obwohl du schon in einer Woche nach New York fliegst und ihn dann länger nicht sehen wirst.«

Sie holte ihr Handy heraus.

»Er hat mir vorhin geschrieben. Dass er sich nächste Woche mit mir treffen möchte, um mir alles zu erklären und sich zu verabschieden.«

»Immerhin …«

»Ich weiß nicht, ob ich ihn überhaupt sehen möchte!«

»Das kannst du dir ja noch überlegen.«

»Es hätte heute so ein schöner Tag werden sollen!«, murmelte sie traurig. »Jetzt fühl ich mich mies, weil ich Karla nicht helfen kann mit den Kindern, wenn ich nicht mehr da bin.«

»Hey, Hexlein, du musst dich überhaupt nicht mies fühlen deswegen. Karla freut sich bestimmt genauso wie wir über dein Stipendium. Und du wirst das auch genießen. Verstanden?«

Ich sah sie streng an.

»Verstanden?«

»Okay.«

»Und klar ist das echt bescheuert mit deinem Papa. Noch dazu ausgerechnet heute. Aber trotzdem werden wir uns die Party nicht verderben lassen. Es ist vor allem so etwas wie dein Abschiedsfest, und ich freue mich schon sehr, wenn ihr später mit der Band spielt. Dein Vater kann einem echt leidtun, weil er hier was verpasst.«

»Ja. Der verpasst wirklich einiges!«

Anna und Karla waren inzwischen nach draußen gegangen. Innerhalb kurzer Zeit hatte sich die Sache mit Harald und Karla herumgesprochen. Es war schön zu sehen, wie alle Karla Mut zusprachen und sich um die Kinder kümmerten. Sogar Mina, die anfangs ziemliche Vorbehalte gegen Karla gehabt hatte, beteuerte ihre uneingeschränkte Unterstützung.

»Eine Frau mit drei kleinen Kindern sitzen lassen – so eine Sauerei!«, schimpfte sie. »Möchtest du vielleicht einen Eierlikör oder einen Obstler?«

Karla schüttelte den Kopf.

»Nein danke, ich muss ja heute Abend wieder nach München fahren.«

»Ich finde, das solltest du nicht. Bleib doch heute Nacht einfach bei uns«, schlug Leo vor.

»Hier ist zwar alles ein wenig eng mit den vielen Leuten, aber Emma und Jana können auf Matratzen im Probenraum schlafen. Dort haben schon öfter mal Freunde übernachtet. Und du schläfst oben mit den Kindern«, sagte Anna.

»Aber ich möchte euch keine Umstände machen.«

»Heute ist unsere große Patchworkfamilienfeier. Und da gehören du und die Kinder auch dazu«, mischte ich mich nun ebenfalls ein.

»Eben!«, sagte Leo. »Und Papa kann sich warm anziehen, wenn ich den am Handy erwische.«

»Wenn ich wirklich hier schlafen kann, dann würde ich doch gern einen Obstler trinken«, meinte Karla.

»So einen können wir jetzt alle gebrauchen«, sagte Mina und schenkte ein.

Nach dem dritten Schnaps wurde Karla glücklicherweise nicht sentimental, was eigentlich zu erwarten gewesen wäre, sondern kämpferisch und entschlossen!

»Und jetzt reden wir nicht mehr über ihn. Harald wird uns nicht den Tag verderben. Heute wird gefeiert … Kann ich vielleicht noch einen haben, Mina?« Sie schob ihr das leere Glas hin.

»Freilich! Aber vielleicht besser nur noch einen kleinen.«

Inzwischen war es später Nachmittag geworden. Im Garten hatten sich Grüppchen gebildet, die sich unterhielten. Etwas angetrunken nach dem vierten Schnaps und einer schlaflosen Nacht zuvor, hatte Karla sich überreden lassen, sich eine Weile hinzulegen. Die Kinder waren bei uns gut aufgehoben. Ich war erstaunt, als ich meine Mutter sah, die mit Pia und Lina im Sandkasten saß und eine Burg baute. Sie schien dabei tatsächlich Spaß zu haben.

Ich hielt Ausschau nach Zoe und entdeckte sie in ein Gespräch vertieft mit Alessia und Claudia.

»Zoe?«

»Ja?«

»Paul und ich möchten was mit dir besprechen. Es geht um Jenny.«

»Was ist denn mit ihr?«, fragte sie etwas verwundert.

»Komm einfach kurz mit.«

Jenny war zwar schon neunzehn, aber trotzdem hatte Zoe während ihrer Zeit in Bayern die Verantwortung für sie übernommen, deswegen wollten wir sie vorher einweihen.

»Ist das euer Ernst?«, fragte sie ein paar Minuten später verdutzt.

»Unser völliger Ernst«, bestätigte Paul.

»Wieso habt ihr nicht mit mir darüber gesprochen?«

»Es ging alles viel schneller, als wir gedacht haben«, erklärte ich.

»Erst gestern habe ich die Rückmeldung der Lektorin bekommen!«, sagte Paul.

»Jungs! Das ist … also, wirklich. Das ist der Wahnsinn! Ein Buchvertrag?«

»Nicht so laut!«, mahnte Paul. »Sonst verdirbst du noch die Überraschung.«

Sie lachte leise.

»Das ist doch verrückt. Genau das hatte ich mir für Jenny gewünscht. Dass sie während ihrer Zeit hier etwas mitnehmen kann in ihre Heimat, mit dem sie sich dort für ihre Zukunft etwas aufbauen kann. Aber natürlich hätte ich nie im Leben an so etwas gedacht.«

Paul grinste.

»Der angebotene Vorschuss ist jetzt zwar nicht riesig, aber immerhin ein kleines Polster und für die Verhältnisse auf den Kapverden sicher nicht übel«, verriet er. »Und wenn das Buch gut läuft, ergibt sich vielleicht noch mehr daraus.«

»Hach, jetzt bin ich ganz aufgeregt! Kommt! Wir müssen ihr die Neuigkeit unbedingt erzählen.«

»Ich trommle die Bande mal zusammen!«, sagte Paul.

Ein paar Minuten später sahen uns alle erwartungsvoll an.

»Sag du es, Ben. Von dir ging es schließlich aus«, forderte Paul mich auf.

»Ja, jetzt mach bitte!« Zoe nickte mir zu.

»Was habt ihr drei denn vor?«, fragte Ilona neugierig.

»Wir machen gleich eine Tanzeinlage!«, sagte Zoe trocken.

»Das machen wir natürlich nicht!«, winkte Paul mit einem Grinsen ab. »Aber Ben hat eine schöne Nachricht. Und zwar für Jenny.«

Jenny, die Klein-Sebastian auf dem Arm hielt, sah uns fast ein wenig erschrocken an. Vermutlich hatte sie nach Zoes Vorstoß mit der Optikerausbildung Angst, noch mal so ein gut gemeintes Angebot ablehnen zu müssen.

»Keine Sorge, Jenny, es geht nicht darum, dass wir dich zu etwas überreden wollen, für das du nicht bereit bist«, sagte ich schnell. »Trotzdem hoffe ich sehr, dass du mir jetzt nicht böse bist. Uns nicht böse bist. Denn Paul und ich haben etwas gemacht, ohne dich zu fragen.«

Ich merkte, dass uns alle neugierig anschauten. Sogar die Kinder verhielten sich ruhig.

»Jenny, du hast mir vor einer Weile ein Buch anvertraut … Du weißt, welches ich meine?«

Sie nickte.

»Beim Lesen habe ich bemerkt, wie besonders deine Texte sind. Und deswegen habe ich das Buch Paul gezeigt, der sich mit Texten gut auskennt.«

»Das hast du mir gar nicht erzählt!«, sagte Anna zu ihrem Mann.

»Ich bin eben keine Plaudertasche!«

»Jedenfalls war auch Paul sofort gefangen. Und er hat der Lektorin, mit der er oft zusammenarbeitet, Auszüge aus dem Buch gezeigt. Sie hat sich ganz schnell gemeldet und wollte unbedingt mehr von diesen Texten lesen.«

Jenny sah mich mit großen Augen an.

»Paul und ich haben es dir nur deswegen vorher nicht gesagt, weil wir keine Hoffnungen wecken wollten, die sich dann womöglich doch nicht erfüllen. Also sei uns deswegen bitte nicht böse.«

Paul nahm ein großes Kuvert, das auf dem Tisch lag, und holte die Kladde und einen Brief heraus und gab beides Jenny.

»Jenny, die Lektorin war begeistert von deinen Texten, und sie bietet dir für die Veröffentlichung einen Buchvertrag an. Die Konditionen stehen in dem Brief hier.«

Die Neuigkeit schlug ein wie eine Bombe! Alle redeten durcheinander. Ich hatte Mühe, wieder zu Wort zu kommen.

»Hey, Leute. Das ist noch nicht alles. Der Verlag will auch noch weitere Texte von dir lesen, Jenny. Die kannst du hier und bei dir zu Hause auf den Kapverden schreiben, wenn du wieder zurück bist. Natürlich nur, wenn du das möchtest! Das ist ganz allein deine Entscheidung.«

Jenny hatte immer noch nichts gesagt.

»Bist du mir böse?«, fragte ich.

Plötzlich lächelte sie mit strahlenden Augen und schüttelte den Kopf.

»Nein! Aber ist das wirklich wahr?«, fragte sie ungläubig.

»Können diese Augen lügen?« Ich zwinkerte. »Natürlich ist es wahr!«

Paul und ich erklärten ihr noch mal alles ausführlich in Ruhe. Jenny war überglücklich und konnte es gar nicht fassen, dass jemand für das, was sie geschrieben hatte, Geld zahlen wollte. Ich hatte am Vormittag organisiert, dass wir am späten Nachmittag ein kurzes Videogespräch mit Mama Blanca führen konnten. Auch die alte Dame freute sich sehr über die gute Nachricht, schien jedoch nicht allzu überrascht darüber zu sein. Inzwischen wunderte mich bei ihr gar nichts mehr. Sie nickte mir lächelnd zu. Dann sagte sie etwas zu ihrer Enkelin.

»Meine Oma meint, dass dein kunterbuntes Herz heute noch tanzen wird!«, übersetzte Jenny für mich.

Diesmal wollte ich unbedingt nachhaken, doch da hatte Mama Blanca sich schon verabschiedet. Ich seufzte und fragte mich, was das nun wieder bedeuten sollte.

Kapitel 31

Die Patchworkparty am Abend

Inzwischen war es Abend geworden, und der zweite Teil unseres Festes begann. Dazu hatten wir noch ein paar weitere Leute eingeladen, die nicht direkt zur Familie gehörten, aber die wir trotzdem gerne bei der Party dabeihaben wollten. Unsere Ganztagsmitarbeiterin Martina kam sowie die Aushilfszahnärztin Dr. Hiltrud Kruse und Sprechstundenhilfe Oxana aus Zoes und Hendriks Praxis. Natürlich durfte auch Minas alte Freundin Gundi nicht fehlen, mit der Karl und sie regelmäßig Karten spielten. Maja kam mit einem Geschenkkorb voller verschiedener Teesorten und Früchte und mischte sich gleich unter die Leute.

Die Bandmitglieder von *Crazyblubb* trafen ebenfalls nach und nach ein und bauten die Anlage auf. Jana hatte Judy abgeholt, die sich riesig freute, dass sie heute dabei sein durfte. Sie hatte sich ein buntes Tuch um den kahlen Kopf geschlungen, war hübsch geschminkt und trug ein fröhliches Flatterkleid.

Auch wenn Anna nicht ganz glücklich darüber war, hatte Emma Jo Ranke zum Fest eingeladen.

Ilona stellte Chris und Jo einander vor. Ich musste mir ein Grinsen verkneifen, wie sie da mit leicht geröteten Wangen zwischen den beiden Männern stand und sich an ihrem leeren Proseccoglas festzuhalten schien.

»Ilona? Könntest du bitte mal kurz mit in die Küche kommen?«, bat ich sie.

»Klar … Ihr entschuldigt mich kurz?«

Chris und Jo nickten.

Ilona hatte mich natürlich durchschaut. Auf dem Weg zum Haus murmelte sie: »Danke, dass du mich gerettet hast, Tiger.«

»Aber immer gerne, Kätzchen!«

Kurz bevor das Essen vom Dolce Vita geliefert wurde, kam Karla wieder zu uns. Sie wirkte ein wenig mitgenommen, versuchte aber weiterhin, ihre Stimmung nicht davon beeinflussen zu lassen, dass ihr Mann sich von ihr getrennt hatte.

Schließlich saßen wir alle an den Tischen, ließen uns Pizza, Pasta und Salate schmecken. Dazu gab es Weine aus dem Elsass und niederbayerisches Bier.

»Super, dass es auch vegane Gerichte gibt!«, fand Maja, während sie sich mit Gundi und Mina über Wildkräuter aus dem Garten unterhielt, die sich besonders für Teemischungen eigneten.

Plötzlich kamen Emma und Leo zu mir.

»Kommst du mal bitte mit uns? Wir haben ein kleines Problem!«

»Was ist denn?«

»Nicht hier. Komm mit.«

Hoffentlich nichts Schlimmes! Jetzt, wo alles so gut lief.

Ich folgte ihnen in die Wohnküche und traute meinen Augen kaum.

Florian!

»Hi, Ben. Emma und Leo haben mich eingeladen. Ich hoffe, das ist okay für dich?«

»Äh, ja. Klar!«

Emma und Leo grinsten.

Ich spürte, wie meine Wangen heiß wurden. Damit hatte ich nicht gerechnet.

»Hast du Hunger?«, fragte ich, weil ich nicht wusste, was ich sonst sagen sollte. »Es ist noch genug da.«

»Super!«

»Geht schon mal raus. Ich komme gleich nach!«

Emma führte Florian in den Garten, doch Leo blieb noch kurz.

»Nach dem, was mit seinem Opa passiert ist, dachte ich mir, dass er ein wenig Abwechslung brauchen könnte. Ich hoffe, du bist uns deswegen nicht böse?«

»Nein. Bin ich nicht.«

Kurz darauf saß Florian mit uns am Tisch, aß ein großes Stück Pizza und trank dazu ein Bier. Mein Vater setzte sich zu uns.

»Wir kennen uns noch nicht!«, sagte er zu Florian. »Ich bin Jakob, der Vater von Ben und Timo.«

»Freut mich. Ich bin Florian.«

Sie stießen mit dem Bier an.

»Und was spielst du für eine Rolle in dieser großen Patchworkblase? Mit wem bist du verwandt oder verbandelt?«, fragte mein Vater interessiert.

»Mit niemandem. Ich habe für Florians Eltern kürzlich einen großen Cateringauftrag erledigt, daher kennen wir uns«, erklärte ich rasch, damit mein Vater nicht auf falsche Gedanken kommen und ihn für meinen neuen Freund halten würde.

»Ach so. Nun ja, was nicht ist, kann ja noch werden«, meinte mein Vater und lachte. »Darauf sollten wir ein Schnäpschen trinken.«

»Ich hole ihn euch«, sagte Emma und ging zu einem Tisch, den wir als provisorische Bar umfunktioniert hatten. Gleich darauf kam sie mit einem kleinen Tablett mit drei gut gefüllten Gläsern zurück und stellte es vor uns ab.

»Ich wusste nicht, welchen ihr mögt. Das ist Birnenschnaps. Passt das?«

»Ja. Danke, Emma!« Mein Vater und Florian griffen zu den Gläsern.

»Der ist für dich«, sagte Florian und schob ein Glas zu mir.

Eigentlich war mir im Moment gar nicht so sehr nach Hochprozentigem. Trotzdem nahm ich das Glas.

»Auf die verrückte Patchworkbande, möge sie noch weiterwachsen!«, sagte mein Vater. »Prost!«

»Prost!« Florian warf mir einen vergnügten Blick zu.

»Prost!«, sagte ich ebenfalls und kippte den Schnaps runter.

In diesem Moment ging Anna zum Mikrofon der Anlage und bat uns kurz um unsere Aufmerksamkeit. Doch bevor sie loslegte, überkam sie offenbar eine ihrer lästigen Hitzewellen.

»Kleinen Moment noch!« Sie sah sich um, griff nach einem Tamburin und fächelte sich damit Luft zu.

»Irgendwann kaufe ich dir doch noch einen richtig schönen Fächer!«, rief Zoe.

»Sicher brauchst du selbst auch bald einen!«, scherzte Ilona, und wir lachten.

»Ihr Lieben«, sagte Anna schließlich, und ihr Blick wurde ernst. »Als ich vor wenigen Wochen erfahren habe, dass Emma ein Stipendium bekommen hat und für zwei Jahre nach New York gehen wird, war ich zunächst schon etwas geschockt. Das muss ich zugeben. Und ich hatte eine ziemliche Wut auf dich, Jo Ranke, weil du das eingefädelt hast!«

Sie sah in seine Richtung. Er zog mit einem schrägen Lächeln die Schultern hoch.

»Doch was wäre ich für eine Mutter, wenn ich nicht vor allem stolz auf meine Emma wäre. Und weil du deinen Teil dazu beigetragen hast, dass sie die Möglichkeit hat, auf diese Akademie zu gehen, möchte ich mich doch auch bei dir bedanken, Jo.«

»Gern geschehen, Anna!«, rief er. »Ich bin mir sicher, sie wird dort ihren Weg gehen!«

Alle sahen zu Emma.

»Emma, kommst du mal zu mir bitte?«

Sie stand auf und ging zu ihrer Mutter.

»Mama, bitte, ich glaub, es reicht jetzt schon!«, sagte sie verlegen. »Sonst wird es echt noch peinlich.«

Anna lächelte.

»Na und. Dann bin ich heute eben peinlich. Das ist mir verdammt noch mal scheißegal! An so einem Tag darf man das! Ich bin stolz auf dich, Emma. Und auf dich, Leo.«

Sie sah zu ihrer älteren Tochter, die neben meinem Bruder und meiner Mutter saß.

»Und ich auf euch drei!«, rief Mina dazwischen.

»Ja. Wir vier waren immer ein super Team«, beteuerte Anna. Sie wandte sich wieder an Emma.

»Damit du uns von New York aus immer gut erreichen kannst, haben wir zusammengelegt und möchten dir das schenken.«

Leo war inzwischen nach vorn gekommen und reichte Emma ein Paket.

»Was ist das denn?«

»Mach es doch einfach auf!«, forderte Leo sie auf.

Emma riss das Geschenkpapier ab, und zum Vorschein kam eine Schachtel mit einem MacBook.

»Das ist für mich?«, fragte sie ungläubig.

»Ja. Ich kenne mich nicht so aus damit, aber es ist wohl ein ziemlich cooles Gerät«, sagte Anna.

Auf der Schachtel war noch eine Karte befestigt.

»Die musst du auch aufmachen!«

Als sie die Karte aufklappte, begann eine Melodie zu spielen: *New York, New York!*

Emma schüttelte lachend den Kopf.

»Hier siehst du, wer sich alles beteiligt hat.«

Leo deutete auf unsere Unterschriften in der Karte.

Emma fiel ihrer Mutter und Leo um den Hals.

Dann drehte sie sich zu uns.

»Das ist der Wahnsinn! Ihr seid ja verrückt. Am besten bedanke ich mich bei euch allen dann gleich mit Musik!«, sagte sie ein wenig heiser.

Ich schluckte. In einer Woche würde sie sich auf den Weg machen. Ich wusste jetzt schon, wie sehr sie mir fehlen würde.

Mina war aufgestanden und ging zu Emma. Sie drückte ihr ebenfalls ein Kuvert in die Hand.

»Da drin ist ein Gutschein eines Reisebüros. Falls du mal Heimweh hast und uns zwischendrin mal besuchen möchtest, kannst du ihn jederzeit einlösen«, sagte Mina.

»Ach Oma!« Emma umarmte sie fest. »Ich werde euch alle echt vermissen!«

»Keine Sorge!«, rief ich, damit es nicht allzu rührselig wurde. »Wir werden dich besuchen kommen!«

»Außerdem wird sie an der Akademie so viel zu tun haben, dass ihr für Heimweh gar keine Zeit bleibt!«, beteuerte Jo. »Wann bekommen wir denn eine Kostprobe?«

»In zehn Minuten geht es los!« versprach Emma.

»Dann bringe ich besser vorher Sebastian ins Bett«, sagte Jenny. »Er ist schon ziemlich müde.«

Hendrik hatte im Wohnzimmer von Minas Einliegerwohnung zwei Reisebetten für die Jungs aufgestellt. Jenny würde bei Sebastian bleiben, bis er eingeschlafen war, und dann die Babykamera einschalten, mit der sie ihn vom Handy aus überwachen konnte.

Die größeren Kinder durften alle ein wenig länger aufbleiben, und auch Le-Lo war noch quietschfidel.

Endlich war es so weit, und *Crazyblubb* begannen ihren Auftritt. Sie spielten überwiegend Coversongs, aber auch einige selbst komponierte Lieder. Emma zeigte beim vorerst letzten Konzert der Band noch einmal, was in ihr steckte. Es dauerte nicht lange, und die Ersten fingen an zu tanzen. Ich räumte währenddessen Gläser weg und sorgte für Nachschub an Getränken für die Bar.

»Kann ich was helfen?«, fragte Florian, der plötzlich neben mir stand.

»Nein danke, passt schon.«

»Vorsicht, Mücke!«

Er schlug leicht gegen meinen Oberarm.

»Erwischt, das Biest!« Er grinste. Ihm war anzumerken, dass der Alkohol ihm offenbar schon ein klein wenig zu Kopf gestiegen war. Seine olivgrünen Augen funkelten schelmisch. Florian machte es mir nicht gerade leicht, meine Gefühle für ihn ziehen zu lassen.

»Ich geh mal nachsehen, ob ich im Bad Insektenspray finde«, sagte ich und ging rasch ins Haus. Ich fand das Spray und nahm auch gleich den Korb mit Teelichtern in kleinen Gläsern mit nach draußen, die ich auf den Tischen verteilte und anzündete.

Florian hatte sich inzwischen zu Maja und Alessia gesetzt, die sich gestenreich mit ihm unterhielten.

Ich stellte mich ein wenig abseits und lauschte dem Lied, das die Band spielte. *Tainted Love* von Soft Cell in einer ziemlich coolen Version. Emma war unglaublich, und auch Jana machte am Bass eine gute Figur.

Als das Lied zu Ende war, ging Chris zu Emma und flüsterte ihr etwas ins Ohr. Sie sah ihn perplex an und nickte dann grinsend.

Sie reichte ihm das Mikrofon.

»Chris, was machst du denn da?«, rief Ilona.

»Das wirst du gleich sehen, meine Süße!«, antwortete er. Er räusperte sich kurz, und alle waren neugierig, was jetzt kam. Auch ich war total gespannt. Der Tag heute steckte voller Überraschungen.

»Also … ich bin ja nicht so der geborene Redner, aber heute muss es sein«, begann er, und man sah ihm an, wie nervös er war.

Seine Schwester und Alessia nickten ihm aufmunternd zu. Offenbar wussten sie Bescheid, was er sagen wollte.

»Vor nicht ganz zwei Jahren habe ich Ilona zur Vertiefung unserer Geschäftsverbindung auf unseren Hof in die Toskana eingeladen. Sicherlich können sich die meisten von euch noch an diese ziemlich turbulenten Zeiten erinnern. Vor allem ihr, Zoe, Anna und natürlich du, Ilona.«

Die drei nickten.

»Nun ja, was soll ich sagen … erwartet hatte ich bei ihrer Ankunft eine schlanke, sportliche, etwa vierzigjährige Geschäftsfrau aus Prien, so wie Ilona sich bei unserem Telefonat beschrieben hatte.«

»Deswegen hat er auch gleich mich umarmt statt Ilona!«, rief Zoe dazwischen.

Wir lachten, da wir die Geschichte nur zu gut kannten. Ilona war bei ihrem ersten Telefonat ein wenig beschwipst gewesen und hatte sich dazu hinreißen lassen, bei ihrer Figur und ihrem Alter etwas zu schummeln. Schließlich hatte sie damals gedacht, dass sie Chris niemals persönlich begegnen würde. Das hatte zu einigen Verwicklungen geführt.

»Nun«, fuhr Chris fort. »Glücklicherweise ist Ilona genau so, wie sie ist. Denn genau so liebe ich sie.«

»Ach Chris!« Ilona schob sich ein wenig verlegen eine Haarsträhne aus der Stirn.

»Ilona und ich führen eine Fernbeziehung. Und bisher lief das auch einigermaßen gut. Aber wir wissen beide, dass es auf Dauer so nicht weitergehen kann. Ich habe es schon länger geahnt, dass Ilona sich von hier nicht loseisen kann. Ich selbst war bislang auch noch nicht so weit, die Toskana zu verlassen. Aber jeder Tag, den ich nicht mit Ilona verbringe, ist ein verlorener Tag. Alessia und meine Schwester kommen inzwischen gut allein auf dem Hof klar, beziehungsweise sie können es sich leisten, Helfer einzustellen. Und natürlich werde ich sie weiterhin besuchen und bei der Olivenernte mithelfen. Aber den Rest schaffen sie auch ganz gut ohne mich. Deswegen habe ich in

Prien mit dem Geschäftsführer eines Informatikbüros gesprochen, der einen freiberuflichen IT-Spezialisten sucht.«

Bevor er mit seiner Schwester zu Alessia nach Italien gezogen war, hatte Chris eine eigene kleine Computerfirma.

»Was?« Ilona sah ihn völlig überrascht an.

Er lächelte.

»Ich hoffe, es ist okay für dich, denn ab dem 1. September beginnt dort meine neue Arbeit.«

Statt einer Antwort flog Ilona in seine Arme und riss ihn dabei fast um.

Wir lachten wieder. Bis auf Jo, der sich einen Obstler einschenkte und rasch hinunterkippte.

Chris hatte sich wieder von Ilona gelöst.

»Und weil ich keine halben Sachen machen möchte ...« Er griff in seine Jackentasche und holte einen Ring heraus. »Ilona Heubach, willst du mich heiraten?«

»Ja klar!«, rief sie und umarmte ihn erneut, und wir applaudierten begeistert.

Ich spürte, wie meine Augen brannten. Diesmal hatte sich einer meiner Wünsche aus Kategorie B erfüllt. Ich freute mich riesig für Ilona. Und natürlich auch für Chris.

Kapitel 32

Die Patchworkparty in der Nacht

Inzwischen war es dunkel geworden. Doch überall brannten Kerzen, und bunte Lampions sorgten für ein stimmungsvolles Licht. Es war eine herrliche Sommernacht. Alle hatten Chris und Ilona zur Verlobung gratuliert. Nur ich hatte noch nicht den richtigen Augenblick gefunden, eine meiner besten Freundinnen zu drücken. Dafür wollte ich mit ihr einen Moment allein sein, und genau das hatte ich bisher noch nicht geschafft.

Die Gäste feierten ausgelassen, und ich freute mich besonders, als ich Judy sah, die mit Maja tanzte. Karla hatte sich Jo geschnappt und schien es als gute Medizin gegen ihren Liebeskummer zu sehen, mit ihm wild die Hüften zu schwingen.

»Gibt es noch irgendwo Crémant?«, fragte meine Mutter.

»Im Kühlschrank!«

»Da war nur noch eine Flasche!«

»Ich glaube, Anna hat vorhin noch welchen in den Gefrierschrank im Keller gesteckt. Ich geh ihn mal holen«, sagte ich und ging ins Haus. Bevor ich die Tür zur Kellertreppe öffnete, kam Florian aus dem Badezimmer.

»Hey …«, sagte er. »Das ist echt eine super Party. Ehrlich gesagt, ich beneide dich ein wenig um diesen Patchworkfamilien-Clan.«

Ich lächelte.

»Es kann zwar manchmal auch ein wenig anstrengend sein, aber es ist schon toll, so einen kunterbunten Haufen um sich zu haben.«

Er fuhr plötzlich durch seinen Lockenkopf.

»Ben ... ich weiß nicht, ob das heute der richtige Tag ist oder überhaupt der beste Zeitpunkt. Aber ich muss dir was sagen.«

»Hier? Im Flur?«, fragte ich, ein wenig nervös, weil ich nicht wusste, was gleich auf mich zukommen würde. Vermutlich hatte auch er inzwischen eingesehen, dass eine normale Männerfreundschaft zwischen uns nicht funktionieren konnte.

Er zuckte mit den Schultern und grinste.

»Hier ist momentan am wenigsten los.«

Ich lächelte.

»Das stimmt. Na gut, schieß los.«

Dann haben wir es hinter uns.

»Ich bin zwar nicht mehr ganz nüchtern, weil ich mir vorhin ein wenig Mut angetrunken habe, aber ich meine jedes Wort ernst, das ich dir jetzt sagen werde.«

»Okaaay ...«

»Du hast mich mit deinem Geständnis letztens ziemlich durcheinandergebracht.«

»Ich weiß. Das tut mir auch leid. Ich wollte nicht ...«

Er hob die Hand.

»Bitte hör mir einfach zu, ich muss jetzt nämlich weit ausholen. An dem Tag, als meine Zwillingsschwester starb, da starb irgendwie auch ein Teil von mir. Ich wusste, dass sie gewollt hätte, dass ich glücklich bin und lache, denn das hat sie auch so gern getan. Ihr Lachen war ...« Er musste sich für einen Moment fassen. »Ihr Lachen war so wunderbar ansteckend. Ich habe es immer noch im Ohr. Sie konnte es nie ertragen, wenn ich mal traurig war. Deswegen habe ich auch nach ihrem Tod immer versucht, fröhlich zu sein. Zumindest sollte es für andere so aussehen. Aber in meinem Inneren, da war alles kalt. Nur wenn ich durch mein Teleskop in den Himmel schaute, dann habe ich etwas gespürt. Als ich später die ersten Freundinnen hatte, war da nie ein großes Feuer, nie wirkliche Leidenschaft. Nur eher freundliche Zuneigung, die ich bei Simone sogar für Liebe hielt. Ich dachte immer, dass ich nicht mehr empfinden konnte, weil ein Teil von mir sich damals mit Mellis Tod irgendwie aufgelöst hatte. Deswegen konnte es vermutlich auch mit Simone nicht gut gehen. Tja, und dann flog vor ein paar Wochen ein Hut in unseren Garten.«

Er lächelte, und ich spürte, wie mein Herz plötzlich schneller schlug.

»Ich war amüsiert, als ich gemerkt habe, dass du dachtest, ich wäre ein Angestellter meiner Eltern. Am nächsten Tag hast du leckeres Essen und den Kuchen vorbeigebracht. Und später an diesem Tag waren wir dann in meiner Sternwarte. Es fühlte sich gut an, dir von den Sternen und Melli zu erzählen. Und dann mochtest du auch noch dieselbe Musik. Ich habe mich jedes Mal gefreut, wenn wir uns sahen, und gehofft, dass wir mehr zusammen unternehmen. Ich dachte, das könnte eine tolle Freundschaft zwischen uns werden. Dann kam dein Geständnis, dass du mehr als Freundschaft mit mir wolltest. Das hat mich echt aus meiner Umlaufbahn geschleudert.«

Er lachte leise.

Ich lächelte, während meine Beine zitterten.

»Plötzlich habe ich mich gefragt, ob es einen bestimmten Grund gab, weshalb ich dieses Feuer bei Simone und den anderen Frauen nicht empfunden hatte. Hatte ich mich vielleicht damals durch die Trauer um Melli so sehr verschlossen, dass ich nicht spüren konnte, wer ich wirklich bin? Für mich ist das alles neu, aber ich fühle mich total zu dir hingezogen, Ben. Und ich will unbedingt herausfinden, was das bedeutet.«

Ich starrte ihn an und konnte kaum glauben, was er sagte, auch wenn alles Sinn ergab.

»Und jetzt bin ich neugierig darauf, wie es sich anfühlt, dich zu küssen«, sagte er leise.

Es war Florian, der seine Hand an meinen Kopf legte und mich an sich zog. Dann küssten wir uns. Vorsichtig, voller Neugierde. Die ganze Welt schien mit einem Mal auf dem Kopf zu stehen.

Plötzlich hörten wir aus dem Wohnzimmer Stimmen, prompt lösten wir uns voneinander und traten beide einen Schritt zurück.

»Ich muss im Keller den Crémant holen«, sagte ich mit heiserer Stimme.

»Und ich geh mal wieder raus!«

Er lächelte mir zu, gerade als Ilona in den Flur kam.

»*Crazyblubb* sind super!«, schwärmte er im Vorbeigehen.

»Aber hallo, und wie!«, stimmte sie zu und schaute ihm kurz hinterher. Dann sah sie mich an.

»Deine Mutter hat gesagt, du bist schon vor einer Weile weg, um den Crémant zu holen. Ich habe mir glatt ein wenig Sorgen gemacht.«

Ich bemühte mich um ein unverfängliches Lächeln.

»Hey, an diesem Tag musst du dir um gar nichts Sorgen machen! Endlich erwisch ich dich mal allein. Komm her, und lass dich drücken!«

Ich umarmte sie und zog sie fest an mich.

»Ich freue mich so für dich und Chris, mein Kätzchen.«

Ich hörte sie leise an meiner Schulter lachen.

»Danke, mein Tiger! Ich bin immer noch völlig aus dem Häuschen. Damit hatte ich nicht gerechnet.«

»Manchmal passieren solche Dinge wie aus heiterem Himmel«, murmelte ich.

Wir lösten uns voneinander. Sie sah mich prüfend an.

»Was ist los mit dir? Du siehst total verwirrt aus, Ben.«

»So fühle ich mich auch.«

»Florian?«

Ich nickte.

»Er hat gesagt, dass er sich zu mir hingezogen fühlt, aber noch keine Ahnung hat, was das für ihn bedeutet. Und dann hat er mich geküsst.«

»Er hat was?« Sie schien über diese Nachricht noch verblüffter zu sein als über den Heiratsantrag von Chris.

»Aber ich dachte …«

»Manchmal passieren eben wirklich sehr überraschende Dinge.«

»O ja! Und du strahlst wie ein Honigkuchenpferd – da brauch ich dich wohl nicht zu fragen, ob Florian gut küssen kann«, meinte sie vergnügt.

»Florian kann gut küssen?«, fragte Zoe, die aus dem Wohnzimmer in den Flur kam.

Langsam sollten wir hier Stehtische aufstellen.

»Das erzähl ich dir später, Zoe.« Ich wollte jetzt noch keine so große Sache daraus machen.

»O nein, so einfach kommst du mir jetzt nicht davon, Ben.«

»Aber ich muss dringend den Crémant aus dem Keller holen.«

»Deswegen bin ich da. Weil sie draußen schon darauf warten, aber trotzdem will ich das jetzt wissen – du und Florian habt euch geküsst?«

Sie ließ einfach nicht locker.

»Ja.«

»Wahnsinn!«

Nun grinsten wir alle drei wie die Honigkuchenpferde.

In diesem Moment klingelte es an der Haustür.

Zoe öffnete. Und drehte sich dann zu Ilona um.

»Hat da jemand von uns einen Stripper bestellt?«, fragte sie.

»Einen Stripper?«, riefen Ilona und ich gleichzeitig und gingen zur Tür. Draußen stand ein Mann in Uniform.

»Das ist ein echter Polizist«, flüsterte ich.

»Ganz genau«, bestätigte der Mann und setzte einen strengeren Blick auf. »Wir haben aus der Nachbarschaft einen Anruf wegen Ruhestörung bekommen.«

»Ich bitte Sie, es ist Wochenende und noch nicht mal halb elf«, erklärte Zoe, dann kniff sie plötzlich die Augen zusammen und sah den Mann genauer an.

»Kennen wir uns?«, fragte sie.

»Mir kommen Sie auch bekannt vor«, meinte Ilona.

Ich hatte den Mann noch nie gesehen.

»Sie … Sie sind der Gurkenmann!«, rief Ilona plötzlich, und der Polizist zuckte zusammen.

»Ja genau!« Zoe nickte. »Ich sage nur Melone und Gurke und ein gesungener Heiratsantrag.«

Der Gurkenmann!

Als Ilona und Zoe noch Singles und auf verschiedenen Dating-Plattformen unterwegs waren, hatten beide unabhängig voneinander ein Blind Date mit diesem Typen gehabt. Das Erkennungszeichen waren eine Gurke und eine Melone gewesen, und das Date hatte bei beiden in einem Fiasko geendet.

Der Polizist lief rot an.

»Hören Sie«, er sprach plötzlich leiser. »Damals hatte ich eine schwierige Phase. Das war gleich nach der schlimmen Trennung von meiner Frau. Ich bekam deswegen beruflich Probleme und Auflagen von meiner Dienststelle, ich musste eine Therapie machen. Aber ich habe das schon fast zwei Jahre hinter mir. Es tut mir leid, wenn ich Sie damals …«

»Schon gut«, winkte Ilona ab. »Aber als kleine Wiedergutmachung erklären Sie bitte diesem Nachbarn, dass wir noch ein wenig draußen feiern wollen. Notfalls soll er halt kommen und mit uns ein Bier trinken, anstatt die Polizei anzurufen. Wäre das ein Vorschlag zur Güte?«

Der Gurkenmann nickte.

»Ich schlage es ihm vor.«

»Danke!«, flötete Zoe.

»Trotzdem. Machen Sie nicht mehr allzu lange. Okay?«

»Versprochen.«

Als Ilona die Tür schloss, sahen wir drei uns an und prusteten los. Was für ein verrückter Tag!

»Hey! Da seid ihr ja! Habt ihr den Crémant schon allein ausgetrunken?«, fragte Anna.

»Ich gehe ihn holen!«, versprach ich. »Diesmal wirklich.«

Als ich mit vier eisgekühlten Flaschen nach draußen ging und sie an die Bar stellte, saß Jo Ranke am Keyboard und begleitete

Emma bei dem Lied *Empire State Of Mind – New York* von Alicia Keys. Ich bekam eine Gänsehaut. Und vermutlich ging es auch den anderen so. Alle hörten gebannt zu, und einige filmten den Auftritt. Ich wusste, dass das eines der Lieder war, mit denen sie sich auf der Akademie beworben hatte. Kein Wunder, dass sie das Stipendium erhalten hatte.

Plötzlich spürte ich, dass jemand neben mir stand. Florian. Mein Herz begann wieder schneller zu schlagen.

Als das Lied zu Ende war, gab es tosenden Applaus.

Emma strahlte auf der Bühne, und Jo nickte ihr zu, bevor er vom Keyboard aufstand und sich ein Bier holte. Ilona ging zu Emma und redete kurz mit ihr. Emma nickte, dann grinste sie. Sie besprach sich kurz mit den Musikern.

Dann nahm sie das Mikrofon in die Hand.

»Leute, ich habe grade gehört, dass sich jemand wegen der Lautstärke beschwert hat und wir bald mit der Musik aufhören müssen. Deswegen spielen wir jetzt unser letztes Lied als Band *Crazyblubb*. Für heute Abend, vielleicht für längere Zeit oder für immer.« Sie schluckte. »Also genießt es. Dieser letzte Song ist für Ben und Florian. Aus Gründen.«

Sie lächelte in unsere Richtung. Alle folgten überrascht ihrem Blick.

Florian und ich sahen uns verdutzt und ein wenig verlegen an.

»Wir spielen *Harvest Moon* von Neil Young. Und jetzt kommt schon nach vorne ihr zwei.«

»Keiner von uns fällt hier in Ohnmacht, wenn ihr miteinander tanzt!«, rief Ilona.

Emma nickte Jana am Bass und den anderen Musikern zu, dann begannen sie zu spielen.

»Hey, das ist alles ziemlich verrückt für mich, aber wir müssen tanzen, hast du gehört?« Florian sah mich an.

»Okay … Dann … dann mal los.«

Ich fing den Blick meines Vaters ein, als wir nach vorne gingen. Er streckte den Daumen hoch und zwinkerte mir zu.

Es kam zu einer kurzen Irritation, als Florian genau wie ich führen wollte. Er grinste.

»Ich glaube, fürs Erste überlasse ich es dir, die Führung zu übernehmen, Ben.«

»Aber ich kann für nichts garantieren …«

»Schon gut … wer kann das schon?«

Wir begannen, uns zur Musik zu bewegen. Es dauerte nicht lange, bis wir einen gemeinsamen Rhythmus fanden.

»Hey, klappt doch ganz gut, oder?«, sagte ich.

»Besser als gedacht … Und weißt du, was besonders ist?«

»Was?«

»Dass ich nicht in den Sternenhimmel sehen muss, um mich gut zu fühlen.«

Ich lächelte, und wir schwiegen einen Moment.

»Aber du bandelst jetzt nicht nur mit mir an, weil du scharf darauf bist, ein Teil unseres Patchwork-Clans zu werden?«, scherzte ich dann.

»Mist! Du hast mich ertappt!«

Wir lachten.

»Vergiss nicht, dass ich auch noch Mitbringsel im Gepäck habe. Meinen Opa, meinen Vater und …«

»Deine Mutter!«

Herrje! Das wird noch eine Herausforderung werden!

Inzwischen tanzten auch die anderen zum letzten Lied des Abends. Meine Eltern, Zoe und Hendrik, Anna und Paul,

Ilona und Chris, Leo und Timo, Mina und Karl, Alessia und Claudia, Judy und Maja, Oxana und Hiltrud Krause, Jo mit Karla und Jenny mit Martina. Nur die alte Gundi tanzte nicht. Sie saß mit der schlafenden Conny auf dem Schoß in einem Liegestuhl und schaute zu.

Ich lächelte.

Was waren wir doch für ein schillernder Haufen.

Ich dachte an Mama Blanca.

Dein kunterbuntes Herz wird heute noch tanzen!

Und genau das tat es!

Epilog

Ein Geheimnis wird gelüftet

Sechs Wochen später

Noch vor vier Monaten hätte ich mir nicht träumen lassen, dass meine Wünsche aus Kategorie A – eine Reise nach Volterra – und aus Kategorie C – eine neue Partnerschaft – sich so schnell und auf so wundersame Weise erfüllen würden. Und doch saß ich hier zusammen mit Florian in einem Ristorante auf der herrlichen Piazza dei Priori in der Altstadt von Volterra bei Pizza und Bier.

Vor drei Tagen waren wir auf dem Biohof bei Alessia und Claudia in der Toskana angekommen. Von dort aus waren wir heute früh zu einem Ausflug in die geschichtsträchtige Stadt Volterra aufgebrochen. Wir waren mit einem Eis in der Hand durch die mittelalterlichen Gassen flaniert, hatten von der Piazza XX Settembre aus den Blick über die sanften Hügel der Toskana bewundert, in einem Geschäft Mitbringsel aus Alabaster gekauft und in einer Bar Espresso getrunken. Besonders beeindruckt hatten uns das sehr gut erhaltene römische Amphitheater und die alte Festung der Stadt.

»Ich schaffe nicht alles, magst du noch ein Stück von meiner Pizza?«, fragte Florian.

»Nein danke, ich bin froh, wenn ich meine ganz essen kann«, winkte ich ab.

Er lächelte.

»Ich weiß nicht, ob ich je einen Urlaub so genossen habe wie diesen mit dir!«, sagte Florian.

»Geht mir genauso.«

»Es ist herrlich in der Toskana, und Volterra ist eine beeindruckende Stadt.«

»Wusstest du eigentlich, dass einige Szenen für die Twilight-Saga hier gedreht wurden?«

»Nein. Aber ich muss gestehen, dass ich das nicht geschaut habe ... Was machen wir denn morgen?«

»Wir könnten einen Ausflug nach Pisa machen. Oder in San Gimignano auf den Bell Tower steigen«, schlug ich vor. »Ich sag's dir, der Blick von dort oben ist fantastisch ... Oder wir fahren ans Meer, solange das Wetter noch so schön ist. Laut Vorhersage soll es ab Mittwoch kühler werden.«

»Dann lieber morgen ans Meer.«

»Okay ... Und übermorgen?«, fragte ich.

»Warst du schon mal in Pisa?«

»Noch nicht.«

»Ich auch nicht. Dann lass uns das doch gemeinsam entdecken.«

»Gern.«

Ich bekam eine Nachricht mit einem Foto aufs Handy.

Das ist mein Kostüm für einen Auftritt morgen.

»Von Emma. Schau mal, diese verrückte Nudel.«

Ich zeigte Florian das Selfie. Emma trug einen überdimensionalen giftgrünen Hut und eine riesige rosa Brille und grinste uns schielend an.

»Sie scheint viel Spaß in New York zu haben!«, sagte Florian.

»Ja. Sie hat sich an der Akademie auch schon gut eingelebt. Bis auf diesen einen Typen in ihrer WG. Der nervt sie wohl mega.«

»Ach, damit kommt sie schon klar.«

»Hoffentlich.«

Ich wollte mein Handy gerade weglegen, da meldete es einen Videoanruf. *Ilona!*

»Hi, Ben! Alles gut bei euch?«

»Ja klar. Wir sind in Volterra und haben gerade Pizza verputzt.«

»Wo ist denn Florian?«

»Hier.« Er rutschte zu mir und winkte in die Kamera.

»Wir haben heute unseren Freundinnenabend im Dolce Vita.«

Neben Ilona tauchten Zoe und Anna auf und prosteten uns mit Weißwein zu.

»Hi, ihr zwei. Wir wollen euch auch gar nicht lange stören«, erklärte Anna.

»Ihr stört nicht«, beteuerte Florian.

»Wir müssen dir unbedingt was verraten, Ben«, rief Ilona vergnügt.

»Was denn?«, fragte ich neugierig.

»Du wolltest doch die geheime Zutat in der Füllung von Ronaldos Tortellini herausfinden«, sagte Zoe.

»Ja. Ihr habt doch nicht etwa …?«

»Doch. Anna hat Ronaldo vorhin so lange bearbeitet, bis er damit herausgerückt ist.« Ilona grinste in die Kamera.

»Echt? Wie toll, Anna! Was ist es denn?«

Jetzt war ich aber echt gespannt.

»Maronencreme. Er gibt davon einen Esslöffel mit in die Füllung«, erklärte sie.

»Maronencreme! Das ist es! Vielen Dank!«, rief ich, erfreut, dass das Rätsel für mich nun endlich gelöst war. »Dafür lade ich euch demnächst zum Essen ein.«

»Das wollen wir aber auch hoffen!«, meinte Zoe.

»Und da gibt es natürlich Tortellini«, versprach ich.

»Super! Habt noch eine schöne Zeit!«, rief Ilona.

»Ihr auch!«, riefen Florian und ich gleichzeitig.

Sie winkten uns noch kurz zu, dann war die Verbindung weg.

»Die drei Freundinnen sind einfach besonders!«, sagte Florian mit einem Grinsen.

»Ja. Das sind sie.«

Florian nahm einen Schluck Bier, dann sah er mich an.

»Ben?«

»Ja?«

»Ich muss mit dir über etwas reden. Es geht um meine Arbeit. Ich habe jetzt zwei ernsthafte Angebote. Eines vom Max-Planck-Institut in Garching und das andere vom Royal Observatorium in Edinburgh.«

»Und du hast dich schon entschieden?«, fragte ich, und plötzlich war mir ein wenig flau im Magen. Was, wenn er nach Edinburgh wollte? Würde eine Fernbeziehung bei uns funktionieren?

»Ja. Und auch schon zugesagt.«

»Und? Jetzt mach es nicht so spannend.«

Ein Lächeln umspielte seine Lippen.

»Ich habe mich für Garching entschieden.«

»Das … das find ich super!«, sagte ich und merkte, dass mir ein Stein vom Herzen fiel.

»Da kann ich von Prien aus pendeln. Oder mir ein kleines Apartment nehmen, damit ich vielleicht nicht täglich fahren muss. Es kann nur sein, dass ich ab und zu mal eine Weile beruflich ins Ausland muss.«

»Umso mehr wirst du dich darauf freuen, wieder nach Hause zu kommen!«, sagte ich mit einem Zwinkern.

»Eben ... Sag mal, hättest du Lust, noch ein wenig durch die Geschäfte zu bummeln, bevor sie schließen?«

»Na klar. Möchtest du etwas Bestimmtes kaufen?«

»Ja. Einen Hut!«

Wir sahen uns an und lachten!

Danksagung

Die Reihe um die Freundinnen vom Chiemsee mit all ihren kunterbunten Figuren ist mir inzwischen ganz besonders ans Herz gewachsen. Ich bin glücklich und dankbar, dass ich mit dem vierten Band auch noch die Geschichte um den jungen Koch Ben erzählen darf, der von Anfang an mit dabei ist und mit seiner liebenswerten und hilfsbereiten Art immer ein offenes Ohr für alle hat.

Danke, liebe Anna-Lisa Hollerbach und dem ganzen wunderbaren Team von Blanvalet, dass ihr diese ziemlich hitzige, turbulente, runde und bunte Reihe ermöglicht habt.

Danke, liebe Alexandra Baisch, dass du als meine Redakteurin stets alles im Blick hast und mich bremst, wenn die emotionalen Pferde mal wieder mit mir durchgehen wollen. Ich schätze unsere Zusammenarbeit sehr!

Danke, lieber Johannes Wiebel und lieber Max Meinzold für die superschönen Cover! Ich liebe sie alle!

Danke, meine lieben Agentinnen Franka Zastrow und Christina Gattys, dass ihr mir zur Seite steht.

Danke, liebe Mama, lieber Felix, lieber Elias – und dem Rest meiner wunderbaren Familie im bunten Patchwork-Style. Es ist das größte Geschenk, dass es euch alle gibt. Und du mein lieber kleiner Leon hast mein Herz sowieso schon im Sturm erobert.

Danke, Jojo und Lucky, ihr zwei supercoolen Kater, dass ihr mir jeden Tag ein Lächeln ins Gesicht zaubert.

Und last, but not least:

Danke, meine lieben Leserinnen und Leser, für eure Treue und auch für die vielen Nachrichten, die mich erreichen und über die ich mich sehr freue.

Eine kulinarische Reise durch sieben Länder

In meinen Romanen gibt es am Ende stets einige Rezepte, die in der Geschichte eine besondere Rolle spielen. In diesem Buch sind es Gerichte aus der kulinarischen Reise durch sieben Länder. Natürlich bin ich keine Spitzenköchin, Konditorin und schon gar keine Sushi-Meisterin. Mir geht es darum, alltagstaugliche, leckere und vielfältige Rezepte vorzuschlagen, die man relativ einfach nachkochen kann und die manchmal auch vom Original abweichen. Ich experimentiere eben gerne. ☺ Es handelt sich um Gerichte, die ich – meist zusammen mit meinem Sohn Felix – ausprobiert und für lecker befunden habe, oder um unsere Lieblingsspeisen. Dabei gilt immer, dass der Kreativität keine Grenzen gesetzt sind und man die Rezepte natürlich nach eigenem Geschmack variieren und einzelne Zutaten ersetzen kann.

Ich wünsche gutes Gelingen beim Nachkochen und freue mich auch immer sehr, wenn ich dazu Rückmeldungen bekomme.

Noch ein Hinweis: Die Portionsgrößen bei den nachfolgenden Gerichten entsprechen nicht immer denen, die in der Geschichte auf der Party als Fingerfood serviert wurden. Dort sind es jeweils nur sehr kleine Portionen.

Rezepte aus sieben Ländern

Frankreich:

Coq au Vin

(für 4 Personen)

Zutaten:

4 große Hähnchenschenkel
3 EL Olivenöl
4 Karotten
4 Zwiebeln
2 rote Paprikaschoten
5 große Zehen Knoblauch
500–600 ml Rotwein (z. B. Bordeaux)
500 ml Gemüsebrühe
3 EL Tomatenmark
Salz, Pfeffer
3–4 TL getrockneter Estragon
frische Petersilie

Zubereitung:

Hähnchenschenkel waschen und trocken tupfen. Salzen und pfeffern und in einer großen Pfanne in heißem Olivenöl von beiden Seiten kurz anbraten. Fleisch aus der Pfanne nehmen, in einen großen Bräter geben und etwas Estragon darüberstreuen.

Das in grobe Stücke geschnittene Gemüse und 4 ungeschälte Knoblauchzehen in die noch heiße Pfanne geben. Gemüse kurz anrösten, dann mit Rotwein und Gemüsebrühe aufgießen. Tomatenmark und restlichen Estragon dazugeben und alles über das Fleisch gießen.

Das Gericht bei ca. 180–200 Grad etwa eine Stunde im vorgeheizten Ofen schmoren lassen. Nach ca. 30 Minuten eine Knoblauchzehe fein hacken und in die Soße geben.

Bei Bedarf und je nach Geschmack noch mit Gewürzen abschmecken. Vor dem Servieren etwas frisch gehackte Petersilie darüberstreuen.

Dazu passen sehr gut frisches Baguette und gemischter Salat sowie auch Reis oder Kartoffeln.

Indien

Samosas – frittierte Teigtaschen

(für 4 Personen)

Zutaten:

Teig:
200 g Mehl + ca. 50 g für die Arbeitsfläche
80 ml Wasser
1 TL Salz
4 EL Öl (Sonnenblumenöl)

Füllung:
5 kleine Kartoffeln
1 Paprikaschote
1 mittelgroße Zwiebel
Ingwer (eine Scheibe fein gerieben)
½ Chilischote (mild)
1 Knoblauchzehe
3 EL Erbsen (gefrorene)
5 EL Olivenöl
Gewürze:
Salz, Pfeffer, Koriander, Kreuzkümmel, Garam Masala, getrocknetes Zitronengras (optional)
Sonnenblumenöl zum Frittieren

Zubereitung:

Aus Mehl, Wasser, Salz und Öl einen geschmeidigen Teig kneten und mindestens eine halbe Stunde im Kühlschrank ruhen lassen.

Kartoffeln in Salzwasser kochen. Schälen und noch warm zerdrücken. Etwas abkühlen lassen. Währenddessen sehr fein gewürfelte Paprikaschoten und Zwiebel in Olivenöl in einer Pfanne anbraten. Geriebenen Ingwer dazugeben. Gut mit den Gewürzen abschmecken – Schärfe nach Geschmack.

Die zerdrückten Kartoffeln unter das Gemüse mischen. Aufgetaute Erbsen vorsichtig unterheben.

Den Teig in 8 gleiche Teile teilen und daraus Kugeln formen. Auf einer bemehlten Arbeitsfläche rund ausrollen (*etwa so groß wie eine gespreizte Hand*) und in der Mitte teilen. Auf die halbmondförmigen Hälften jeweils etwas Kartoffel-Gemüse-Mischung geben und zu Taschen zusammenklappen. Die Ränder gut zusammendrücken, evtl. etwas Wasser verwenden, damit der Teig zusammenhält.

Im schwimmenden Fett ausbacken, bis die Samosas auf beiden Seiten goldbraun sind. (*Achtung, Fett nicht zu heiß werden lassen!*) Auf Küchenpapier abtropfen lassen und servieren. Dazu passt gut ein Dip aus Joghurt und Minze oder ein gemischter Salat.

Die Samosas kann man nach Lust und Laune füllen. Z.B. auch mit Resten von Reis und Currygerichten oder mit klein geschnittenem Hühnchen und Gemüse.
Die Samosas schmecken auch kalt sehr lecker.

Italien:

Melanzane alla Schwarzhuber
(ein Gericht, das es oft bei uns gibt)

(für 4 Personen)

Zutaten:

2 Zwiebeln
6 EL Olivenöl
1 EL Zucker
3 Knoblauchzehen
2 Dosen geschälte Tomaten, jeweils 400 g
½ Dose Wasser
frischer Basilikum – ca. 2 Handvoll
2 TL Oregano, getrocknet
2 TL Balsamicoessig
Salz
Kräuter nach Geschmack
3 Auberginen
2 rote Paprikaschoten
200 g Parmesan
1 Kugel Mozzarella

Zubereitung:

Zwiebeln fein hacken und in heißem Olivenöl mit dem Zucker glasig anbraten, dann den ebenfalls fein gehackten Knoblauch dazugeben. Die kleinen Strünke an den Tomaten entfernen und zusammen mit einer halben Dose Wasser in den Topf geben. Eine Handvoll fein geschnittener Basilikum und Oregano hinzugeben. Deckel darauf und die Soße ca. 45 Minuten mit geschlossenem Deckel auf kleiner Hitze köcheln lassen. Ab und zu umrühren. Bei Bedarf noch etwas Wasser zugeben. Am Ende mit dem Balsamico, Salz und Kräutern je nach Geschmack verfeinern. Wer es schärfer mag, kann etwas Chili dazugeben.

Auberginen waschen und in knapp 1 cm dicke Scheiben schneiden. Auf beiden Seiten salzen und für ca. 15 Minuten zur Seite stellen. Danach gut mit Küchenkrepp abtupfen.

Paprikaschoten waschen, halbieren, Kerne entfernen.

Die Auberginenscheiben zusammen mit den halbierten Paprikaschoten auf ein mit Backpapier ausgelegtes Backblech legen. Bei ca. 180–200 Grad Umluft für 30 Minuten in den Backofen stellen.

In der Zwischenzeit Parmesan reiben und Mozzarella in Würfel schneiden.

Nach ca. 30 Minuten die Auberginen und Paprikaschoten aus dem Ofen holen. Die Haut der Paprikaschoten abschaben und die Paprika fein schneiden und kurz zur Seite stellen.

In eine Auflaufform etwa 4 Esslöffel Tomatensoße geben

und auf dem Boden verstreichen, dann eine Schicht mit den Auberginen auslegen und schwach mit Soße bedecken. Etwas Parmesan darüberstreuen. Es folgen weitere Schichten, bis alles aufgebraucht ist. Auf der obersten Schicht die fein geschnittenen Paprika verteilen; Basilikum, den Rest des Parmesans und den Mozzarella darübergeben. Für ca. 30–35 Minuten bei ca. 200 Grad Umluft in den Backofen geben.

Dazu passen gut Weißbrot oder Grissini und Salat. Auch mit Reis als Beilage gibt es das Gericht bei uns öfter.

Japan:

Vegetarisches Sushi

(für 3–4 Personen)

300 g Sushi-Reis
4 EL Reisessig
1 TL Salz
2 EL Zucker

1 Packung Noriblätter
100–150 g Frischkäse
½ kleine Salatgurke
½ halbe rote Paprikaschote
1 Avocado
Sojasoße

Zubereitung:

Den Sushi-Reis nach den Angaben auf der Packung kochen. Währenddessen den Reisessig mit Salz und Zucker verrühren und leicht erhitzen, bis sich Salz und Zucker aufgelöst haben. Zur Seite stellen.

Den fertig gekochten Reis in eine Schüssel geben und lauwarm abkühlen lassen. Dann die Essigmischung über den Reis geben und vorsichtig mischen. Danach den Reis ganz abkühlen lassen.

Um das Sushi einfacher zu rollen, empfiehlt es sich, eine kleine Rollmatte zu besorgen, über die man eine Klarsichtfolie gibt.

Ein Noriblatt (mit der rauen Seite nach oben) auf die Rollmatte mit Klarsichtfolie legen. Finger in etwas Wasser anfeuchten und ein wenig Reis auf dem Noriblatt locker verteilen. Dann etwa mittig einen Streifen Frischkäse und die Streifen des jeweils gewünschten Gemüses daraufgeben.

Mit Hilfe der Matte kompakt rollen, dann die nächste Platte auslegen und befüllen.

Es empfiehlt sich, im Internet Videos anzusehen, wie man das Sushi fachgerecht belegt und rollt. Es erfordert ein wenig Fingerspitzengefühl, aber auch wenn das Sushi am Ende keinen Schönheitspreis gewinnt, schmeckt es trotzdem.

Die fertigen Sushi-Rollen mit einem sehr scharfen Messer in jeweils 6–8 Stücke schneiden. Dazu ein Schälchen mit Sojasoße zum Dippen servieren. Auch in feine Scheiben geschnittener eingelegter Ingwer kann dazu gereicht werden.

Mexiko

Tortilla-Chips mit Guacamole

(Snack für 3–4 Personen)

Zutaten:

Teig:

300 g Maismehl
5 EL Öl
ca. 150 ml lauwarmes Wasser
1 TL Salz

Guacamole:

2 reife Avocados
1 Knoblauchzehe
½ Limette (Saft)
1 Tomate
Salz, Pfeffer

Zubereitung Teig/Tortilla-Chips:

Alle Zutaten zu einem geschmeidigen Teig verarbeiten und ein paar Minuten gut durchkneten. Falls nötig, noch etwas Wasser hinzugeben, damit der Teig nicht zu trocken ist. Teig zu einer großen Kugel formen, etwas plattdrücken und für ca. ½ Stunde eingewickelt in Frischhaltefolie in den Kühlschrank stellen. Nach der Ruhezeit den Teig nochmals gut durchkneten und jeweils knapp tischtennisballgroße Kugeln formen.

Wenn man keine spezielle Presse für die Zubereitung von Tortillas hat, kann man den Teig mit dem Nudelholz dünn auswalken, noch einfacher geht es folgendermaßen:

Frischhaltebeutel an zwei Seiten aufschneiden, eine Kugel Teig dazwischenlegen. Die Teigkugel mit dem Boden eines Topfes zu einem dünnen Fladen drücken. Vorsichtig aus dem Frischhaltebeutel herausnehmen und in einer heißen beschichteten Pfanne ohne Öl auf jeder Seite ca. 2 Minuten backen. Auf einen Teller legen und mit Alufolie zudecken, bis alle Tortillas gebacken sind.

In einem kleinen Topf ca. 1 große Tasse Sonnenblumenöl erhitzen.

Die gebackenen Tortillas achteln, sodass acht etwa gleich große Dreiecke entstehen, die man im heißen Öl frittiert, bis sie eine schöne goldbraune Farbe haben. (Achtung, nicht zu viele Ecken auf einmal in den Topf geben.) Aus dem Fett nehmen und auf ein Küchenkrepp zum Abtropfen geben. Zum Schluss noch mit etwas Meersalz würzen.

Zubereitung Guacamole:

Avocados halbieren, Kern herausnehmen und das Fruchtfleisch mit einer Gabel grob zerdrücken, Knoblauch sehr fein hacken und mit dem Saft einer halben Limette dazugeben, vermischen und mit Salz abschmecken. 1 Tomate in sehr feine kleine

Würfel schneiden und vorsichtig unter die Guacamole rühren. Eventuell noch mal abschmecken und mit den Tortilla-Chips servieren.

Österreich:

Mini-Aprikosenstrudel

3 Blätter Strudelteig (Fertigteig)
80–100 g geschmolzene Butter

250 g Topfen (Quark Mittelstufe)
200 g Schmand
1 Ei, mittelgroß
1 Päckchen Vanillezucker
5 EL Zucker
½ Zitrone (unbehandelt)
ca. 15 frische Aprikosen, je nach Größe evtl. auch mehr
Puderzucker zum Bestäuben

Zubereitung:

Topfen, Schmand, Ei, Vanillezucker, Zucker und abgeriebene Schale und Saft einer halben Zitrone verrühren.

Aprikosen schälen und in kleine Stücke schneiden.

Außerhalb der Saison kann man auch Aprikosen aus der Konserve verwenden oder auf anderes Obst ausweichen, z. B. Mango oder Heidelbeeren. Ich habe die kleinen Strudel jeweils mit Heidelbeeren, Aprikosen aus der Dose und frischen Nektarinen gefüllt.

Strudelblätter jeweils in 9 etwa gleiche Teile schneiden *(Achtung, bitte die übrigen Strudelblätter mit einem feuchten Küchentuch bedecken, damit sie nicht austrocknen.)*

Die Strudelblätter mit geschmolzener Butter einpinseln.

Mit einer Spritztülle (*oder mit einem Löffel*) einen Streifen Quarkcreme mittig auf das Strudelblatt geben, etwas Obst darauf. Die Seiten einklappen, damit nichts auslaufen kann, und kleine Rollen drehen. Auf ein mit Backpapier ausgelegtes Backblech setzen.

Im vorgeheizten Ofen bei ca. 170 Grad ca. 30–35 Minuten backen. Über die noch warmen Ministrudel etwas Puderzucker stäuben.

Ergibt ca. 2 Bleche.

Es kann auch selbst gemachter Strudelteig verwendet werden. Bitte sehr dünn auswalzen und gegebenenfalls die Backzeit etwas verlängern.

Türkei:

Pide

(Für 4–5 Personen)

Zutaten:

Teig:

½ Würfel Hefe
200 ml lauwarmes Wasser
1 TL Zucker
500 g Mehl + ca. 50 g für die Arbeitsfläche
1½ TL Salz
4 EL Olivenöl
120 g Joghurt

Belag:

6 EL Olivenöl
2 Zwiebeln
2 rote Paprika
2 Zehen Knoblauch
800 g Hackfleisch (Rind oder gemischt)
½ TL Koriander gemahlen (nach Geschmack)
1 TL Kreuzkümmel gemahlen
Salz und Pfeffer

3–4 EL Tomatenmark
3–4 EL Wasser
frische Petersilie

200 g Feta (nach Geschmack)

Zubereitung:

Hefe in lauwarmes Wasser bröseln und mit Zucker verrühren, bis sich die Hefe aufgelöst hat. Ca. 5 Minuten stehen lassen. Mischung über das fein gesiebte Mehl gießen. Leicht verrühren. Joghurt, Olivenöl und Salz dazugeben und zu einem Teig kneten. Abgedeckt an einem warmem Platz ca. eine Stunde gehen lassen.

Währenddessen gewürfelte Zwiebel und Paprika in Olivenöl glasig anbraten. Hackfleisch und Knoblauch dazugeben. Mit Salz, Pfeffer, Koriander und Kreuzkümmel würzen, noch mal kurz anbraten und nach ca. 5 Minuten Tomatenmark und Wasser dazugeben, noch mal umrühren und zur Seite stellen.

Nach einer Stunde den aufgegangenen Hefeteig noch mal kurz durchkneten und in 8–10 Stücke teilen. Jedes Teigstück auf einer bemehlten Arbeitsfläche oval ausrollen. Etwas Hackfleisch darauf verteilen und die beiden Enden des Teiges so zusammendrücken und den Rand ein wenig nach oben schieben, dass es wie ein Schiffchen aussieht. Mit etwas frisch gehackter Petersilie bestreuen.

Nach Geschmack gewürfelten Feta darübergeben. (Wir haben die Pide teilweise zusätzlich noch mit Oliven und halbierten Cocktailtomaten belegt.)

Bei ca. 180 Grad ca. 25–30 Minuten im vorgeheizten Ofen backen.

Dazu passt gut gemischter Salat.

Pide kann man mit ganz unterschiedlichem Belag zubereiten, auch vegetarisch, z. B. mit Spinat und Feta.

Eine chaotisch-liebenswerte Familie, eine alte Liebe, die plötzlich wieder ins Leben tritt und ein paar kleine Hitzewallungen …

384 Seiten. ISBN 978-3-7341-0715-3

Von der Liebe hat Anna die Nase gestrichen voll. Auch ohne Mann geht es in ihrem Leben turbulent zu: Hochzeitsvorbereitungen der einen Tochter und Abiturstress der anderen. Dazu eine eigenwillige Mutter und lästige Hitzewallungen. Als ihr Jugendschwarm Jo zurück in die Stadt kommt, erwachen jedoch Gefühle, die sie längst für ausgestorben hielt. Doch Jo kann sich nicht einmal mehr an ihre damalige Nacht erinnern. Zudem nervt sie Paul, der Vater einer Mitschülerin ihrer Tochter. Frustriert lässt sie sich von ihren Freundinnen Zoe und Ilona dazu ermuntern, sich auf die Einladung eines jungen Mannes einzulassen. Und damit nimmt das Chaos seinen Lauf …

Lesen Sie mehr unter: **www.blanvalet.de**

Klug, lebensfroh und charmant verpackt Angelika Schwarzhuber Themen, die Frauen bewegen: Freundschaft, Beziehung, Selbstakzeptanz und Body-Positivity!

384 Seiten. ISBN 978-3-7341-0908-9

Singlefrau Ilona führt einen Delikatessenladen am Chiemsee und ist selbst den Leckereien gegenüber nicht abgeneigt. Umso mehr, als ihr Leben derzeit kaum etwas Aufregendes zu bieten hat. Den passenden Mann zu finden, hat sie nach diversen Fehlversuchen abgehakt. Bis Biobauer Chris sie zur Vertiefung ihrer Geschäftsbeziehung in die Toskana einlädt. Dumm nur, dass Ilona sich als etwas jünger und schlanker ausgegeben hat. Sie will die Einladung deswegen ablehnen, da greifen ihre Freundinnen Anna und Zoe ein. Gemeinsam machen sie sich auf eine turbulente Reise in den sonnigen Süden, die Ilonas Leben auf den Kopf stellen wird.

Lesen Sie mehr unter: **www.blanvalet.de**